U0578340

Exploring Translation Teacher's Formative Assessment in
English to Chinese Translation Course : A Case Study

英译汉课程教师
形成性评价个案研究

黄　剑　著

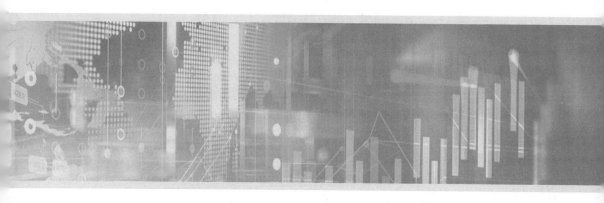

中国财经出版传媒集团
经济科学出版社
Economic Science Press

图书在版编目(C I P)数据

英译汉课程教师形成性评价个案研究 / 黄剑著. —
北京：经济科学出版社，2022.6
ISBN 978-7-5218-3793-3

Ⅰ. ①英⋯ Ⅱ. ①黄⋯ Ⅲ. ①英语–翻译–人才培养
–研究–中国 Ⅳ. ①H315.9

中国版本图书馆 CIP 数据核字(2022)第 114549 号

责任编辑：王　娟　徐汇宽
责任校对：杨　海
责任印制：张佳裕

英译汉课程教师形成性评价个案研究

黄　剑　著

经济科学出版社出版、发行　新华书店经销
社址：北京市海淀区阜成路甲 28 号　邮编：100142
总编部电话：010-88191217　发行部电话：010-88191522
网址：www.esp.com.cn
电子邮箱：esp@esp.com.cn
天猫网店：经济科学出版社旗舰店
网址：http://jjkxcbs.tmall.com
北京季蜂印刷有限公司印装
710×1000　16 开　15 印张　270000 字
2023 年 6 月第 1 版　2023 年 6 月第 1 次印刷
ISBN 978-7-5218-3793-3　定价：68.00 元
(图书出现印装问题，本社负责调换。电话：010-88191545)
(版权所有　侵权必究　打击盗版　举报热线：010-88191661
QQ：2242791300　营销中心电话：010-88191537
电子邮箱：dbts@esp.com.cn)

前　言

　　近年来，形成性评价因其卓越的教育价值越来越受到各学科教育研究者的关注，产生了大量的研究成果和相关文献。然而，目前的形成性评价研究仍存在概念尚未厘清、质性研究匮乏和理论构建不足的问题。这三大问题在翻译教育领域中显得尤为突出。因此，对于决定翻译教育品格和质量的翻译教师日常形成性评价实践，学界仍知之甚少。为缓解上述问题，增进对翻译教师形成性评价实践的认知，本书试图通过对相关文献的梳理和分析对形成性评价的概念进行重构，并在此基础上探索具有一定代表性的英译汉笔译课程教师林老师的形成性评价实践。为此，本书设置了三个主要研究问题：（1）林老师是如何分步实施形成性评价的？（2）林老师形成性评价实践的理论模型是什么样的？（3）林老师形成性评价实践的学习理论基础是什么样的？

　　为回答上述三大研究问题，本书选择采用质性研究取向的个案研究法。围绕个案教师的评价实践，本书收集了教师课件、测试和任务、一个学期的课堂录音、田野笔记、教师访谈、接触摘要单以及研究日志等质性数据，并以类属分析和情境分析相结合的方式对所收集的数据进行了分析。

　　基于数据分析的结果，本书发现，在形成性评价实践的分步实施方面：（1）就学习目标与成功标准的选择而言，个案教师选择的学习目标可分为高计划性目标和低计划性目标，成功标准可分为高识别性标准和低识别性标准且选择过程体现出以下特点：首先，学习目标与成功标准的选择体现了学习经验的继承性；其次，教师根据自己的实践经验选择呈现自己认为重要的学习目标和成功标准；最后，教师倾向于在评价实践中选择比较容易评价的学习目标和成功标准。（2）就翻译文本的选择而言，个案教师选择的翻译文本在来源、主题、体裁、形式／篇幅和质量凸显性这五个维度上体现了明显的特色且选择过程体现出以下特点：首先，不以预先计划的学习目标与成功标准为统领性的选择原则；其次，考虑文本作为工作对象、知识载体和激励工具的教育价值；最后，文本选择是一个教育惯性的继承与突破相结合的过程。（3）就信息的阐释与使用而言，个案教师的学习信息使用包括教学调整和教师反馈，教师反馈又可分为横向扩展型反馈和纵向提升型反馈，并体现出以下特点：首先，不以预先计划的学习目标和成功标准为统领性的原则；其次，从功能的角度看，反馈的意义在于扩展知识、引发思考；最后，从产生的机制看，反馈是教师知识与能力倾向的投射。

在形成性评价实践的理论模型方面：（1）分类框架模型由计划性评价和非计划性评价两种类型的形成性评价构成。（2）过程理论模型由"形成性目的""信息收集、阐释和使用""目标和标准"三大结构要素构成，其中要素 1 指导要素 2，而要素 2 与要素 3 为互动关系。（3）活动理论模型的特点是其评价主体为教师的多元身份，而这种多元身份在形塑教师形成性评价实践的同时，亦被教师所处的社会文化语境所形塑。

在形成性评价实践的学习理论基础方面：（1）个案教师的形成性评价是有学习理论基础的。（2）整个形成性评价过程（包括学习目标与成功标准的选择、翻译文本的选择以及信息的阐释和使用）都以行为主义学习理论为主，社会建构主义学习理论为辅。

本书具有理论和实践两个层面的意义。理论意义包括：（1）对形成性评价的概念进行了重构，更新了人们对形成性评价的理解。（2）提炼出的学习目标与成功标准、翻译文本以及教师反馈方面的新的类属，构建的实践理论模型以及评价学习理论方面的发现在一定程度上丰富了现有的形成性评价理论。（3）提出分类框架模型、过程理论模型和活动理论模型的结合构成了概念化和理论化形成性评价实践过程的完整系统，推进了概念化和理论化形成性评价实践的方法。实践意义包括：（1）为教育管理者制定相关政策提供启示性的参照。（2）为教师教育者开发教师培训项目提供启示性的参照。（3）为教师改进自己的评价实践、提升评价素养提供启示性的参照。

目　　录

第 1 章 导　　论

1.1　研究背景

自 1967 年斯克里文（Scriven）首次提出形成性评价①这一概念以来，形成性评价已经历了 50 多年的发展。在过去的 50 多年中，形成性评价因其重要的教育价值受到了教育管理者、教育研究者和教育实践者的广泛关注、认可和传播（Black & Wiliam, 1998a; Black et al., 2003; Black & Wiliam, 2009; Bennett, 2011; Shepard, 2012; Wiliam, 2011a; Popham, 2011; 罗少茜, 2003; 罗少茜、黄剑、马晓蕾, 2015）。不同层次、不同学科的教育者和研究者都强调在评价系统中融入形成性评价、鼓励教师在教学实践中实施形成性评价，外语教育和翻译教育领域亦是如此（Pacte, 2005; Colina, 2003; 文军, 2012; 肖维青, 2012; 彭萍, 2015）。然而，尽管教育界对于形成性评价热情高涨，产出了大量的研究成果和相关文献，但从学术研究的角度来看，形成性评价研究的进一步发展和推进还存在以下三个方面的不足。

第一，形成性评价的概念界定不统一。尽管经历了 50 多年的发展，对于"形成性评价"的概念与内涵，学界的认识依然存在分歧，主要体现在：形成性评价是工具（Kahl, 2005; Pearson, 2005）还是过程 (Popham, 2008; Mcmanus, 2008)；是计划的（Popham, 2011）还是非计划的（Ruiz et al., 2010; Cowie & Bell, 1999）；是功能（Wiliam & Black, 1996）、使用（Sadler, 1989）还是效果（Wiliam, 2000）；受益当下学生（Moss & Brookhart, 2009）还是受益未来学生（Audibert, 1980）；涉及部分评价（Stiggins & Chappuis, 2006）还是所有评价（曹荣平, 2012）。概念界定的不统一给形成性评价的研究者和实践者带来了诸多挑战。在概念界定不明确的情况下，研究者很难整合、报告和推广相关的研究成果，也很难在现有研究成果的基础上发现研究问题，展开进一步的研究。在概念界定不明确的情况下，实践者难以将现有的研究成果运用到评价实践中，也很难对自己的评价实践进行总结、提炼或发展创新性的评价实践方法。简言之，概念的不统一不利于形成性

---

① 这一术语的英文表达有 formative evaluation 和 formative assessment，对应的中文表达为形成性评估和形成性评价。尽管有对评估与评价两个术语的细微差别的辨析，但这两个术语一般通用，而后者更为常用。因此，本书统一采用形成性评价这一表达。

评价这一领域的健康发展。

第二，系统的质性取向的实证研究匮乏。形成性评价的研究主要关注什么样的评价实践有助于促进学习（Stobart, 2008; Taras, 2012a）。因此，大部分形成性评价研究为量化的实验性研究以及基于实验性研究的综述研究（Bloom, 1984; Bangert-Drowns et al., 1991; Black & Wiliam, 1998a; Kluger & Denisi, 1996; Hattie & Timperley, 2007; Meisels, 2003; Nyquist, 2003）。这种研究方法的优势在于可以提供形成性评价实践的效果以及效应量的数据。但对于形成性评价研究而言，量化的实验性的研究方法的问题也十分明显。一方面，决定评价实践效果的因素非常多，以限定和控制为特征的实验性研究设计很难考虑到所有影响实践效果的因素（Black & Wiliam, 1998a），无法满足大多数非纯净的学习环境的生态效度要求。另一方面，这种研究方法无法抓住自然环境下形成性评价实践的丰富性（Yorke, 2003）。因此，许多研究者建议采用质性的研究方法探索形成性评价实践（Black & Wiliam, 1998a; Yorke, 2003; Mcmillan, 2010）。质性研究方法的优势在于它可以捕捉到形成性评价策略在具体语境中的实施情况（如课堂互动的复杂性和教师阐释的复杂性），协助研究者分析评价实践在如何促进或阻碍学生学习，促进教师投入反思性实践之中（Mcmillan, 2010; Yorke, 2003）。除此之外，质性的研究方法还具有构建新理论和创造新的实践方法的潜力。目前已经有一些研究者采用质性的研究方法进行了形成性评价实践的研究（Torrance & Pryor, 1998; Bell & Cowie, 2002; 杨华, 2012; 曹荣平, 2012），但总的来说这种研究的数量很少，所涉及的学科和课程十分有限。

第三，形成性评价的理论构建不足。除了形成性评价概念之外，形成性评价的理论构建主要包括两个方面的内容：形成性评价实践理论模型的构建和形成性评价理论基础的构建①。形成性评价实践理论模型是对形成性评价实践进行进一步提炼的概念化成果，属于质性研究中的"实质理论"②或"小理论"③（陈向明, 2000），主要包括形成性评价分类框架模型（Black et al., 2003; Cowie & Bell, 1999; Torrance & Pryor, 2001）、过程理论模型（Wiliam & Thompson, 2008; Cowie & Bell, 1999; Torrance & Pryor, 2001）以及活动理论模型（Black & Wiliam, 2006;

---

① 从现有的文献来看，除实践理论模型和实践理论基础之外，形成性评价理论构建的内容还包括信度和效度概念及框架在形成性评价语境中的重构。考虑到：（1）本书关注的是教师的形成性评价实践过程，而非信度和效度的论证；（2）形成性评价中，信度并不是重要的考量；（3）理论证据，特别是学习理论是效度证据的重要来源，且已有专门章节讨论评价的理论基础，特别是学习理论基础，本书没有单辟章节对信度和效度方面的理论探索进行论述。

② "实质理论"指的是在原始资料的基础上建立起来的，适于在特定情境中解释特定社会现象的理论。

③ "小理论"指的是区域性的、针对某一个（些）特殊情况而言的理论，其抽象程度一般比较低，旨在说明一个（些）具体的问题，与上面所说的"实质性理论"有类似之处。

Pryor & Crossouard, 2008）。但是，这些理论模型大多是基于基础教育阶段的教师评价实证研究的成果，所涉及的课程主要为数学、科学和语言等，基于其他教育层次、学科和课程教师评价的实践理论模型较为匮乏（Gardner & Gardner, 2006; Marshall, 2007）。与形成性评价的实践理论的模型构建相比，形成性评价实践理论基础的构建问题显得更为突出。斯托巴特（Stobart, 2008）指出：“即使是形成性评价最热情的支持者也承认虽然形成性评价是由学者推动的，但令人惊奇的是，形成性评价的理论基础非常薄弱。”塔拉斯（Taras, 2012b）认为很难想象一个激励和启发世界范围内的那么多学者和教师的主要的教师实践形式没有深厚的理论支持。这种理论构建上的不足导致形成性评价越来越被看作是一系列实用的课堂建议而不是由理论驱动的教与学的方法（Stobart, 2008）以及对于形成性评价的肤浅运用（Black, 2007）。

形成性评价在这三个方面的不足在翻译教育领域中体现得尤为明显。在概念理解层面，翻译教育领域的评价文献主要是借用了主流的形成性评价定义。除了曹荣平（曹荣平, 2012; 曹荣平、陈亚平, 2013）提出了“所有评价都是形成性评价”这一观点之外，翻译教育领域几乎没有对普通教育评价领域内的关于形成性评价概念的主要分歧和争论的关注。在实践探索层面，关于翻译课堂形成性评价实践的实证研究十分匮乏。以“形成性评价”和“形成性评估”为关键词，对 CSSCI 外语类期刊（包括翻译类）自动检索，并经人工筛选发现，只有 3 篇形成性评价实证研究（张秋云、朱英汉, 2015; 曹荣平、陈亚平, 2013; 万宏瑜, 2013），其中两篇关注的是口译教学（曹荣平、陈亚平, 2013; 万宏瑜, 2013）。用同样方法对 SSCI 翻译类期刊进行检索和筛选发现，形成性评价研究也很少。为数不多评价实践研究主要是研究者以自我报告的形式报告了自己或所在机构研发的评价方案（Dollerup, 1994; Washbourne, 2014）。这些研究由于缺乏对课堂实践的长期系统观察，无法揭示翻译教师在课堂中的形成性评价“过程和互动”（Black & Wiliam, 1998a）。在理论构建层面，由于关于评价的实证研究本身的匮乏，翻译领域几乎没有基于实证数据的关于翻译教师形成性评价理论的提炼。为数不多的理论探讨，主要是为现有的形成性评价实践形式寻找来自哲学和学习领域的理论支持（曹荣平、陈亚平, 2013），如杜威的经验哲学（Dewey, 1938）和维果茨基的社会建构理论（Vygotsky, 1978）等。但这些理论讨论通常篇幅较小、内容不深，因此，在揭示教师形成性评价实践背后的机制和为实践改进提供启示方面的作用都相对有限。

由此可见，翻译教师的形成性评价实践还是一个亟待探索的“黑匣子”，翻译课堂的形成性评价研究目前还是一块亟待开垦的处女地。采用质性方法对翻译课堂的教师形成性实践进行研究，将在一定程度上帮助透视这一“黑匣子”，弥补翻译教育领域（特别是笔译课程）形成性评价实证研究和理论建构的不足。这激发了本人作为研究者的求知动机和"求知热情"（Polanyi, 1958）。

除了作为研究者的求知动机和热情之外，选择形成性评价作为研究主题，聚焦于翻译教师的评价实践，还源于研究者作为人类一员对评价这一复杂的、人类专属行为的兴趣以及作为翻译教师对翻译教师教学质量的关切。首先，评价是一种"自然、自动的人类活动"（Rowntree, 1987），是一种"无处不在的过程"（Taras, 2012a），渗透贯穿于我们生活的方方面面，以或直接或间接、显性或隐性的方式影响着我们的生活。作为社会性动物的人类时时刻刻处在评价他人和被他人评价的过程之中，因此而产生各种各样的认知和情感反应。直觉和常识告诉我们，我们如何评价和如何处理受到的评价在很大程度上反映了我们的个性、价值观、思维方式、人生态度、知识构成等。因此，对评价进行思考和研究，从某种意义上就是对自我进行探索和反思，是了解"我是谁"的方法，是成就"最好的自己"，获得个人成长的重要路径。其次，作为教师，评价在教师的职业生涯中占据着重要的地位。斯蒂金斯（Stiggins, 1991, 1993）指出教师职业生涯中至少有 1/3 的时间用于完成与评价相关的工作，普莱克等（Plake et al., 1993）则认为教师要花费一半的工作时间处理评价工作。在教学过程中，教师不断运用评价作出各种各样的教学决策，影响着学生的学习经历，包括学生的认知、情感和行为等（Brown, 2001; Gibbs et al., 2005; Shepard, 2006）。谢巴德（Shepard, 2012）指出"课堂中使用的评价不如心理测量模型那样优雅，对于每个教师的课堂来说，形成性评价都是高度情境的和私人的，但正是教师这种日常的评价决定了教育的品格和质量，设立了真实的、接地气的学习目标，限定了学生所获得的学习机会，向学生传递着学习的重点"。对于翻译教师而言，评价的重要性更为凸显。由于翻译课程本身的性质，对学生的翻译进行评价是翻译教师义不容辞的责任和教学传统。由此可见，翻译教师评价实践的质量在很大程度上影响翻译教育教学的质量，探索翻译课程教师的形成性评价实践将有助于提升翻译教师的评价意识，为改进教学提供实证参照。

简言之，对于笔者来说，无论是作为一个希望更加了解自己的人类、渴望提升教学质量的翻译教师还是以知识生产为责任的研究者，将探索英译汉课程教师的形成性评价实践作为研究的主题都是一个适当的选择。

1.2 研究目的

本书首先试图厘清形成性评价的概念，然后在此基础上，通过质性研究中的案例研究的方法，探索一个具有一定代表性的翻译教师在英译汉笔译课堂中的形成性评价实践。为此，本书首先对形成性评价的概念、理论和实践研究成果进行了批判性的分析，尝试性地提出了本书中的形成性评价的定义以及实施案例研究所需要的概念框架。以概念框架为基础，通过收集和分析教师课件、课堂录音、教师访谈、田野观察、研究日志和接触摘要单等多种质性研究资料，本书对英译汉笔译课程教师林老师的形成性评价实践进行了分步描述。包括：（1）如何选择学习目标和成功标准；（2）如何收集学习信息（主要是如何选择翻译文本）；（3）如何阐释以及使用收集到的学习信息。在此基础上，本书提炼出林老师英译汉评价实践的理论模型（包括分类框架模型、过程理论模型和活动理论模型）并探索了林老师评价实践的学习理论基础（包括行为主义学习理论基础和社会建构主义学习理论基础）。研究者希望通过对林老师形成性评价实践的分步描述、理论模型的构建和学习理论基础的挖掘，深化人们对形成性评价的本质、内涵以及翻译教师形成性评价实践样态的理解，为形成性评价理论的构建和实践质量的提升贡献一份力量。

1.3　研　究　意　义

本书对形成性评价的概念进行了重构，并在此基础上对林老师在英译汉课程中的形成性评价实践进行了描述，具有一定的理论和实践意义。

本书的理论意义体现在如下三个方面。首先，对形成性评价的概念进行了批判性的分析和重构，在一定程度上解决了形成性评价概念不清的问题，更新了人们对形成性评价的理解，为学术研究提供了概念基础。其次，提炼出的形成性评价的新类属（包括高计划与低计划性目标，高识别性和低识别性标准；翻译文本的三大属性：工作对象、知识载体和激励工具以及横向扩展型反馈和纵向提升型反馈）、构建的形成性评价实践的理论模型（包括分类框架模型、过程理论模型和活动理论模型）以及林老师形成性实践的学习理论基础的相关发现进一步丰富了目前的形成性评价理论，支持和补充了现有形成性评价文献中的相关结论和观点。最后，本书提出的分类框架模型、过程理论模型和活动理论模型层层递进且互为补充，构成了概念化形成性评价实践的完整系统，进一步完善了理论化形成性评价实践的方法。

本书的实践意义主要体现在对林老师丰富的形成性评价实践数据的呈现和分析有利于深化人们对形成性评价的理解，为形成性评价在各个层面的实施和推进提供启示与参考。教育管理者可以通过本书了解到政策层面因素对教师评价实践的影响，从而制定和调整相关政策促进形成性评价的发展；教师教育者可以通过本书了解翻译教师形成性评价实践的状况，从而开发出更为合理的教师教育项目；翻译教师可以通过本书提升对形成性评价的理解，以研究结果为参照反思并改进自己的评价实践，提升评价素养。

1.4   本 书 架 构

本书由 7 章组成。

第 1 章为导论，简述了研究背景和选题依据、研究目的、研究意义以及各个章节的主要内容。

第 2 章为文献综述。这一章梳理了形成性评价的概念（包括现有定义的共性、差异和本书对形成性评价的定义）、理论研究（包括实践理论模型和实践的学习理论基础）以及实践研究（包括非翻译教育领域中的评价实践和翻译教育领域中的评价实践）。

第 3 章为概念框架与研究设计。这一章探讨了本书的概念框架以及研究设计（包括研究问题，研究方法，研究场域，研究对象，数据收集方法，数据整理、分析、综合与再现以及研究的效度、推论和伦理）。

第 4 章为研究发现。这一章描述和分析林老师形成性评价的分步实践（包括学习目标与成功标准的选择、学习信息的收集以及学习信息的阐释与使用）、林老师形成性评价实践的描述模型（包括分类框架模型、过程理论模型和活动理论模型）以及林老师形成性评价实践的学习理论基础（包括行为主义学习理论基础和社会建构主义学习理论基础）。

第 5 章为研究讨论。这一章将第 4 章的研究发现与现有文献中的相关结论和观点进行了对比并探讨了林老师评价实践的形成性潜力。

第 6 章为研究结论与启示。这一章总结了本书的研究发现与结论、理论与实践贡献以及研究的局限与未来研究建议。

第 7 章为研究者反思。这一章总结了研究者对研究过程的反思以及研究者作为教师、研究者和个人的成长。

第 2 章 文 献 综 述

为确定本书的研究目的和研究问题并找到适当的研究取向与方法，本章将从以下三个方面入手，对相关文献进行综述，即形成性评价的概念界定、形成性评价的理论构建，以及形成性评价的实践方法。

2.1 形成性评价的概念界定

自 1967 年诞生以来，形成性评价这一术语的内涵一直处于发展与变化之中（Brookhart, 2005; Cizek, 2010; Wiliam, 2010），同时也产生了许多关于"什么是形成性评价"的诸多不同、甚至矛盾对立的观点（Black & Wiliam, 1998a）。定义的多元、冲突甚至对立，一方面可以促进思考，推进对形成性评价的认识；另一方面也给研究者和实践者带来了诸多的困扰。本小节将对形成性概念在过去 50 多年发展历程中的主要内容扩展以及矛盾争议进行梳理与分析，并在此基础上重构形成性评价的概念，以期缓解概念不统一带来的问题，为进一步的实证研究提供概念基础。

2.1.1 形成性评价的概念发展

形成性评价这一术语由斯克里文（1967）创造，被布鲁姆（Bloom, 1969）引入课堂教学领域。布莱克和威廉（Black & Wiliam, 1998a）的综述研究充分肯定了形成性实践的促学价值。自此，形成性评价越来越受到各个不同学科的教育研究者和实践者的关注、认可和探究，产生了大量的研究文献。对相关文献的梳理显示，形成性评价这一术语没有严谨的定义和广泛接受的含义（Black & Wiliam, 1998a），其内容一直处于扩展之中（Brookhart, 2005; Cizek, 2010; Wiliam, 2010），主要体现在以下五个方面。

2.1.1.1 评价目的

斯克里文（1967）针对教育项目评估提出了形成性评价的概念，并指出形成性评价是教育者在项目进行过程中实施的评价，其目的不是评判，而是修正，找出项目中的潜在问题，作出如何改进项目的决定。布鲁姆（1969）将这一概念引入课堂教学领域并对其进行了如下界定。

"……与之相对的是在教学过程中的每一个阶段提供反馈和纠正措施的'形成性评价'的使用。我们所说的形成性评价指的是教师和学生用简短测试进行的评价，其目的是辅助教学过程。虽然这些测试也可以评分，完成判断和分类功能，但它们如果与评分过程分离，主要用于辅助教学，能更有效地发挥形成性评价的作用。"（P.48）

布鲁姆等（1971）对这一概念进行了进一步提炼。

"在课程建设、教学和学习过程中实施系统评价，其目的是为了改进课程建设、教学和学习过程。"（P. 155）

在布鲁姆（1969）将形成性评价引入课堂教学领域近 20 年之后，布莱克和威廉（1998a）基于对相关研究的综述，为形成性评价提供了如下工作定义。

"所有那些由教师和／或学生进行的活动，这些活动提供的信息将用于反馈，以调整之后的教学和学习活动。"（P. 7-8）

除上述定义之外，形成性评价文献中还有很多不同版本的形成性评价定义。几乎所有的形成性评价定义都直接或间接地表示形成性评价是为了改进和提升，采用了如："To Advance, To Modify, To Improve, To Enhance"等表示改进意义的词语，但改进对象和内容有所扩展。早期的形成性评价主要关注的是提升学生的学习成就（Bloom et al., 1971; Black & Wiliam, 1998a），之后逐步扩展到重视提升学生的学习动机、学习自主性以及学习方法等（Black, 2015; Mcmillan, 2010）。麦克米伦（Mcmillan, 2010）认为，与形成性评价相关的教育目标包括：标准、目标、知识、理解、动机、元认知和自我调节。布莱克（2015）提出形成性评价的价值在于其有助于实现教育的最主要的目标，即帮助培养学生以独立、有效以及负责任的方式进行学习的能力。

2.1.1.2　评价任务

斯克里文（1967）的评价定义中没有对评价任务做出具体的说明，但布鲁姆（1969）明确表示形成性评价的任务指的是发生频率为每 1 ～ 2 周一次的单元测试。布莱克和威廉（1998a）的形成性评价定义则对评价任务进行了扩展：形成性评价的任务不再仅是每 1 ～ 2 周进行一次的单元测试，它可以是任何课堂活动。布莱克和威廉（1998a）的定义直接指出，教师和学生的活动都具有形成性的价值，即形成性评价是一个开放的体系，没有限定的评价工具。布莱克（2012）进一步指出，任何评价，只要其设计和实践以促进学习为首要目的，都是形成性评价，对于通过何种方式获得学习证据没有任何限制。艾伦（Irons, 2008）认为，任何产生了反馈（或前馈）的任务或活动都可以称作形成性评价。从评价任务的角度来看，形成性评价的任务经历了从单元测试（Bloom, 1969）再到所有课堂活动（Black & Wiliam, 1998a）的转变，逐渐呈现出与教学活动相融合的趋势。换言之，学生的口头或书面表达、肢体动作、检查表、同伴对话、传统测验、概念图、日志、苏格拉底式提问都可以成为形成性评价的任务，只要这些任务能让我们看到学生的认知过程，提供用于改进教师教学和学生学习的证据。

2.1.1.3 评价主体

早期的形成性评价强调教师作为评价的主体。滕斯托尔和吉普斯（Tunstall & Gipps, 1996）认为形成性评价是指教师针对学生的知识或理解状况而作出的判断，为教学过程提供反馈，决定是否需要为学生重新解释任务或概念，提供进一步的实践，或直接进入下一个教学阶段。加里斯（Gareis, 2007）认为，形成性评价指任何用于教师发现学生学会了哪些内容和没有学会哪些内容的手段，其目的在于教与学，而非评分。总的来说，这类形成性评价定义强调了教师的作用，认为评价控制权掌握在教师手中，是教师使用评价信息作出关于下一步教和学的相关决定。学生在形成性评价过程中似乎是被动的，知识的学习和掌握只是教师干预调整教学的结果。这种强调教师作用和控制的形成性评价实践与行为主义学习观较为一致（Torrance & Pryor, 2001），但与强调以学生为中心和主体以及社会互动的社会建构主义学习观不符（Stobart, 2008）。在社会建构主义学习理论的影响下，近期的形成性概念开始强调将学生视为的主体，突出学生的自我评价、同伴评价和师生互动。西泽克（Cizek, 2010）指出传统的形成性评价强调教师对学生的评价，现在的形成性评价则强调学生对自己的评价，并提出广义的形成性评价是教师和学生合作收集学生学习信息并将其用于调整教学和改进学习的过程。威廉姆（2011a）也认为形成性评价是教师、学生或同伴共同参与学习信息的收集、阐释和使用的过程。罗少茜、黄剑、马晓蕾（2015）依据评价主体将形成性评价分为教师主导的形成性评价和学生主导的形成性评价。除了教师和学生之外，亦有定义指出形成性评价过程中的评价主体应该包括所有利害相关人。比如瑞-迪金斯（Rea-Dickins, 2001）认为，除了教师和学生之外，形成性评价的主体还应该包括学校。

2.1.1.4 评价时间

斯克里文（1967）提出形成性评价这一术语时，强调形成性评价是在项目发展过程中进行的，时间是区别形成性评价和终结性评价的唯一特征（Gardner, 2006）。

之后几乎所有的形成性评价定义都强调形成性评价的特点之一是在发生在"教学过程之中"。比如，科维和贝尔（Cowie & Bell, 1999）将形成性评价定义为在学习过程中，教师和学生用于发现学生的学习状况并对此作出回应以促进学生学习的过程；赫里蒂奇等（Heritage et al., 2009）则将形成性评价定义为在教学过程中连续收集学习证据、提供学习反馈的系统化的过程；温宁格和诺曼（Wininger & Norman, 2005）对形成性评价的时间进行了扩展，提出形成性评价就是在教学开始前或进行过程中为了调整教学并提升学生表现对学生学习进度进行测量。除了"过程中"和"开始前"这样模糊的时间表达之外，还有一些形成性评价的界定明确了形成性评价的时间。布鲁姆（1969）的形成性评价为每 1～2 周进行一次的单元测试。威廉姆和汤普森（Wiliam & Thompson, 2008）则根据评价的时间周期将形成性评价分成三种类型。（1）长周期形成性评价（4 周到 1 年）：跨评分期、跨学期、跨学年；（2）中周期形成性评价（1～4 周）：在教学单元之间或教学单元中；（3）短周期形成性评价（每天；24～48 小时；每时每刻；5 秒钟到 2 小时）：在课堂之间或课堂中。

2.1.1.5　信息使用

几乎所有形成性评价的定义都强调了学习信息的使用。这种对使用的强调，是针对一般测试只提供简单的分数，而没有对评价中产生的信息进行有效的使用提出的。许多学者指出，对评价信息的使用是形成性评价区别于终结性评价最重要的特征。萨德勒（Sadler, 1998）指出评价信息如果不用于改进，只能称为"悬挂数据"（dangling data），只有在评价信息被用于改进教学的情况下，评价才能被称为形成性评价。信息使用是形成性评价定义中恒定的因素，包括为学生提供反馈和对自己的教学进行调整两大内容。形成性评价的诸多定义在学习信息使用这个要素上的差别在于：不同定义对使用的对象和方法作出了不同的规定。比如斯蒂金斯（2002）明确指出，信息使用的对象为：课堂评价过程 / 不断的信息流动；巴赫曼和帕尔马（Bachman & Palmer, 1996）认为，使用信息意味着改变教学方法和材料；滕斯托尔和吉普斯（1996）的使用包括重新解释任务和概念，提供进一步实践或直接进入下一阶段的教学。

2.1.2　概念发展中的主要矛盾

上述形成性评价的概念发展，扩大了形成性评价的研究和实践范围，深化了人们对形成性评价的认知。但令人遗憾的是，在过去多年的研究（概念）发展过程中，学术界一直未能形成关于形成性评价概念的统一认识，反而产生了许多关于"形成性评价是什么的？"的不同，甚至矛盾和对立的观点。测试领域关于形成性评价的分歧如此之大，以致测试专家斯蒂金斯决定放弃这一术语（Cech, 2007）。通过相关文献的梳理发现，关于形成性评价概念的矛盾和对立主要体现在以下五个方面。

2.1.2.1 工具或过程

形成性评价概念发展中最大的争议在于形成性评价指的是工具还是过程。布鲁姆等（1971）认为形成性评价是一个帮助学生、教师和课程开发者改进其工作的工具。卡尔（Kahl, 2005）将形成性评价视为教师用于测量学生对所有教学的主题和技能掌握的工具，且该工具是在教学过程中运用的工具，旨在教授教学材料的同时发现学生的错误观念和理解。形成性评价有时被用于指代工具，如诊断性测试、中期测试、辅助教师开发试卷的试题库中的评价工具（Pearson, 2005; Bennett, 2011）。

对于这种将形成性评价视为测试工具的看法，有学者认为并不合理。威廉姆（2011a）认为，将某种评价工具描述为形成性的并不合适，并将这种做法称为"类型错误"（Ryle, 1949），即给事物赋予它本身不能拥有的性质，就像将石头描述为幸福的一样。瑞-迪金斯（2007）认为，任何活动或信息收集程序本身都是中性的，活动和信息收集程序的形成性或终结性潜力的发挥在于活动或信息收集程序的实施以及从中获取的学习数据的使用。斯蒂金斯和沙皮伊（Stiggins & Chappuis, 2006）认为，将出版商的测试工具视为形成性评价是一种狭隘的理解。这种测试本质上是按时间段（常常是按季度）实施的、决定学生是否达到州标准的、更为频繁的终结性评价。这种评价所能起到的作用更像一个早期的预警系统，在仍有时间对学生进行帮助的情况下，帮助教师确认哪些学生需要帮助。但这种本身不能帮助学生获得更大的成功。莫斯和布鲁克哈特（Moss & Brookhart, 2009）认为，将教师用于发现学生知识水平的一系列测试视为形成性评价可能是关于形成性评价最普遍的误会。他们提议学校应该强调：（1）形成性评价不是一套测试题、一个测试或一系列测试；（2）形成性评价是教师和学生共同参与的、有目的的学习过程，教师和学生在这一过程中收集学习信息，提升学习效率；（3）形成性评价体现了一种学习上的合作关系，它要求教师和学生判断和总结学生学习目标的实现情况。赫里蒂奇（2010）也指出，目前存在一种错误但流行的观念，即形成性评价是一种特殊的测量工具，而不是一个对于教学和学习实践来说至关重要、与生俱来的过程。她进一步强调区分工具和过程不仅对于我们理解形成性评价如何运作来说相当关键，对于实现其对于学生和社会的改进承诺来说同样重要。波帕姆（Popham, 2008）简明扼要地表示："形成性评价不是测试，是过程。"这种视形成评价为过程而非工具的观点集中体现在麦克马那斯（Mcmanus, 2008）的形成性评价定义中。

> "形成性评价是教师和学生在教学中使用的一种过程，这一过程为教师和学生提供反馈，对正在进行的教学和学习进行调整，以帮助学生实现确定好的学习目标。"（P.3）

简言之，在现有的形成性评价文献中，形成性评价有时用于指代有意图地使用信息的过程，有时候用于描述教师收集学习信息的工具（Schneider et al., 2012）。

贝奈特（Bennett, 2011）认为，不论是把形成性评价视为工具还是过程都将问题过于简单化了。将形成性评价定义为工具的问题在于：即便是最认真构建的、最具科学支持的工具，如果其使用过程有瑕疵，也无法对教学产生积极的影响。将形成性评价定义为过程的问题在于：如果过程中使用的工具不适合评价目的，过程设计得再完美同样也无法产生促学作用。在贝奈特（2011）看来，过程无法挽救不适当的工具，工具也无法挽救不合适的过程。因此，最好不要把形成性评价看成工具或过程，而是看作过程与精心设计的工具的结合体。本书认为评价工具和过程都有价值，不过理由与贝奈特（2011）稍有不同。贝奈特（2011）的观点中，评价工具的价值限于其产生的高质量信息。本书认为，好的工具或信息收集工具的价值不仅在于其产生的结果被适当地使用，其自身价值还在于学生完成工具所提供的任务的过程本身就是一个学习过程以及自我评价和自我监控的过程。换言之，工具不需要过程挽救，它本身就是学习工具，具有以评促学的作用。

2.1.2.2 计划或非计划

波帕姆（2011）强调形成性评价不仅是过程，而且还必须是一个事先精心计划的过程，而不是一时冲动、突发奇想的事件。

> "形成性评价是一个计划好的过程，在这一过程中，通过评价获得的关于学生情况的证据被教师用于调整正在进行的教学或被学生用于调整自己的目前的学习策略……形成性评价不是一个测试，而是一个精心设计的过程，在这一过程中，评价的结果被教师或学生用于改进他们正在进行的教学或学习实践。"（P.270）

波帕姆（2011）承认，教师常常会在教学过程中根据教学现场的情况做出即时的教学调整，且认为这种改变本身很好，可以改进教学，应该受到鼓励。但波帕姆（2011）同时指出，这种调整不可以称为形成性评价，因为在他看来，形成性评价要达到研究证据所证明的促学效果，必须事先精心计划和准备。形成性评价需要事先精心准备这一观点，在形成性评价领域，几乎没有异议。许多形成性评价分类都将计划性形成性评价视为重要的形成性评价类型。但是，现有的形成性评价文献也特别强调将波帕姆（2011）所排除的，根据教学现场突发情况所做的教学调整，纳入形成性评价的范畴，并冠之以"即时形成性评价"或"互动性形成性评价"之名（Ruiz et al., 2010; Cowie & Bell, 1999）。鲁伊兹等（Ruiz et al., 2010）认为形成性评价实践是一个连续体，包括即时互动性形成性评价、计划性形成性评价和内置于课程的形成性评价。

波帕姆（2011）之所以强调形成性评价必须精心计划准备，将即时形成性评价和互动形成性评价排除在形成性范畴之外，原因在于他认为形成性评价应该用于促进高层次认知能力的发展。波帕姆（2011）指出，形成性评价对于教师来说可能会造成沉重的负担，所以教师应该审慎地使用形成性评价——而不是不停地使用——因为形成性评价需要帮助学生掌握真正重要的课程目标。这些目标因常常涉及高层次认知能力，因此一般需要投入较多时间教授。让教师使用形成性评价过程帮助学生掌握几天内就能教会的记忆性的信息没有多大意义。简言之，形成性评价关注的重点应该是促进高层次认知技能的发展，所以实施过程必须经过详细周密的计划和安排。

本书认为这种强调计划性的初衷是好的：形成性评价是珍贵的、耗时的过程，所以应该用于重要的学习目标。但是，将作为形成性评价重要类别的互动性形成性评价排除在形成性评价范畴之外，将计划性作为排他性的形成性评价特征，并不合适。首先，很难决定一个学习目标的价值高低。学习目标的价值在很大程度上取决于具体的语境。以翻译教学为例，翻译能力中的双语知识、语言知识、百科知识在很大程度上都属于低认知层次记忆性的学习目标。但它们作为翻译能力的基础，特别是在低年级的阶段，其重要性并不比评价和判断等高认知层次目标低。如果形成性评价有助于实现这些知识的习得，且不消耗太多准备时间的话（如互动性形成性评价），那么没有理由将互动性形成性评价排除在形成性评价范畴之外。其次，互动性的形成性评价可以提升学生的高层次认知能力，如通过苏格拉底式的提问。这种情况下，决定形成性评价效果的不是事先的准备时间，而是教师的知识和能力。一个具有洞察力的教师可以通过即兴的对话深入了解学生的想法，获得对其学习状况的洞见。恩特威斯尔等（Entwistle et al., 2000）发现，高等教育中绝大多数学习事件都来自非计划的插曲（diversions）。科维和贝尔（1999）指出，互动性形成性评价可以解释一些没有预见到的学习机会和问题。最后，从推广形成性评价的创新实践角度来说，我们更应该采取一种较为包容、综合的形成性评价观，即只要相关的实践可以提供信息支持教师教学和学生学习的调整，促进教和学，都可以包括在形成性评价的范畴之内。

2.1.2.3 功能（目的）、使用或效果

大部分形成性评价文献都倾向于从功能（目的）的角度来定义形成性评价，将其与终结性评价区别开。威廉姆和布莱克（1996）指出。

> "从这些术语（形成性评价和终结评价，译者加）的最早的用法开始，就一直在强调，它们不是指评价本身，而是评价需要服务的功能。"（P.538）

该定义强调"形成性评价"这一术语指的是评价的功能和目的，而不是评价活动本身。如此定义形成性评价存在如下两个问题。

首先，功能和目的是一种抽象的存在，不能指代具体的活动、工具或过程，而评价本身是活动，功能只能是具体活动的属性。将形成性定义为评价的功能，则会出现这样一种情况：一方面，形成性评价被定义为功能；另一方面，在目前的相关文献中，形成性评价被频繁用于指代具体的评价过程和工具，如终结性评价的形成性运用和形成性评价的终结性运用（formative use of summative assessment and summative use of formative assessment）。形成性评价和终结性评价在语法上只能指代具体的评价工具或过程，而不能代表功能，否则会造成语义上的混乱：形成性地使用终结性功能或终结性地使用形成性功能显得十分怪异。

其次，很难决定一个评价是否真的服务了预先确定的目的。功能是指评价的社会、政治或教育用途，而根据上文的定义，形成性评价指的是以促学为目的的教育用途。功能或目的可以在评价开始之前明确地决定或选择，因为功能提供了关注重点，影响标准的选择（Taras, 2007）。但评价者可以言不由衷，口头表示评价是为了形成性目的，实际却将其用于终结性目的（Wiliam & Black, 1996; Black & Wiliam, 1998a）。换言之，我们可以将定义的重心放在评价设计的目的上，但我们不能控制评价如何被使用。这可能会导致这样一种情况：收集了评价证据，但是所收集的数据没有用于形成性目的的评价过程也被称为形成性评价。

为解决上述第二个问题，大多数形成性评价定义都在功能或目的之外，强调了以"使用"为标准来定义形成性评价，即如果一个评价过程若被称为形成性评价，那么评价证据必须被用于进行教学调整或提供高质量的反馈。比如萨德勒（1989）强调：

> "没有试图利用学习证据去支持或影响新学习，那么学习证据的收集过程便不可称为形成性评价。"（P.121）

这种强调使用的定义方式存在两个问题。首先，忽略了信息收集手段的重要性。形成性评价是一个评价过程，但判断是否为形成性评价取决于评价结果的使用，这就让人感觉到：学习改进与否仅仅与评价信息的使用有关，而与评价信息的内容适切性无关。这不符合形成性评价作为评价过程的实际情况。其次，即使提供了反馈、进行了教学调整也未必能取得促学的效果（Kluger & Denisi, 1996; Wiliam, 2011a）。

或许是考虑到目的和信息使用本身也无法保证促学效果，威廉姆（2000）提出意图为形成性的评价，如果最终没有实现预想的效果，则不能算作形成性评价。波帕姆（2006）和谢巴德（2008）呼应了该观点：除非教学得到了改进，否则不要使用"形成性"这一术语。威廉姆（2011a）后来认识到以"效果"来定义过于严格。学习进步所涉及的因素太多，难以预测，很难保证在何种情况下学习会发生。因此，威廉姆（2011a）对形成性评价的定义进行了调整。

> "课堂实践的形成性取决于学生学习情况的相关证据在多大程度上被教师、学生或同学收集、阐释和使用，以做出下一步教学的相关决定。相对于在没有这些证据的情况下所做出的决定而言，该决定可能会更好或更有根据。"（P.43）

上述界定的重心在"决定"上。同时，界定中的"可能会更好或更有根据"表明，即使设计完美的干预手段也不一定能达到促进学习的效果。

2.1.2.4 受益当下学生或未来学生

奥迪贝尔特（Audibert, 1980）提出，教师可以通过形成性评价收集当下正在教授的学生的学习信息，然后在教授一下届学生时，根据收集到的信息进行相应的教学调整。这实际上是教学实践中的常见的做法。但莫斯和布鲁克哈特（2009）认为，这种实践形式不能算作形成性评价，并指出一些教育者错误地认为当教师使用评价信息去重新设计或改变课程时，教师的做法便符合了形成性评价的标准。莫斯和布鲁克哈特（2009）进一步举例对此进行了说明：一个中学历史教师注意到第二次世界大战单元的期终试卷上出现了一个普遍的问题，即半数的学生都认为德国是那场战争中受到最持续伤害的国家；因此，该教师计划在下一年教同样内容的时候改变教学方法，用更多时间讨论持续伤害的问题，以便将来的学生可以得出更为准确的结论。在这个例子中，教师使用从当下学生身上收集到的信息为将来的学生设计改进的学习经验：虽然教师的计划很好，但这并不是形成性评价。为了纠正这种误解，莫斯和布鲁克哈特（2009）认为，应该强调形成性评价要求收集到的学习信息必须用于指导提供学习信息的当下学生的学习。

本书不认同莫斯和布鲁克哈特（2009）的观点。首先，虽然收集的信息是正在教授的学生提供的，但是其暴露的问题可能对下一届的学生同样适用。换言之，同样的内容按同样的方式教授，下一届学生可能出现同样的问题。学生与学生之间是有共性的，在某些内容上会出现典型的具有代表性的问题。正在教授的学生就可视为下一届学生的代表，从正在教授的学生那里获得的信息对于下一届学生来说也可能是真实的。这与直接对下一届进行调查，收集信息，然后根据收集的信息进行调整并没有实质上的区别。简言之，这一实践过程涉及了信息收集、阐释和使用的整个过程，且目的是为了改进，将其视为形成性评价并无不妥。其次，将这一实践形式排除在形成性评价范畴之外，对于教学和形成性评价并没有益处。将其纳入形成性评价的范围之内则可鼓励教师多开展这样有益的实践，对教学实践和形成性评价来说有益无害。

2.1.2.5　涉及部分或所有评价

大部分的形成性评价定义都明确或暗示形成性评价只涉及部分评价实践形式。从形成性评价的主流定义中可以看出，终结性评价是发生在教学结束之后，而形成性评价发生在教学过程中。这将期末考试和大规模测试等排除在形成性评价的范围之外。斯蒂金斯和沙皮伊（2006）指出，在固定时间进行的，意在发现学生是否达标的终结性评价不属于形成性评价范畴。波帕姆（2011）甚至将教师根据课堂情况所做出的即时调整排除了在形成性评价范畴之外。

同时，也有学者提出了更为包容的形成性评价观。李清华、王伟强和张放（2014：40）表明："（在本书中）形成性评估既包括小规模的课堂形成性评估，也包括大规模的形成性评估，如学校范围、全国范围等。"威廉姆和汤普森（2008）根据时间维度将形成性评价分为长周期（4 周到 1 年）、中周期（1～2 周）和短周期（5 秒钟到 48 小时）三种不同调整周期的形成性评价。其中长期形成性评价跨度为 4 周到 1 年，很明显包括了传统的期末和期中考试，且评测和教学是独立和分开进行的，这个学期获取的测评信息很可能在下个学期使用。曹荣平（2012）更是直接提出了所有评价都是形成性评价的观点，认为所有的评价都可能对学习产生影响，并进一步指出，形成性评价不是仅仅限于某些评价的特性（property），它是包括终结性评价在内的，所有评价的实质（nature）。该观点引起了国内外学界的广泛关注和肯定，其贡献在于强调了评价对学生学习的作用，进一步明晰了形成性评价和终结性的关系，深化了人们对形成性评价的理解。本书认同所有评价都对学习产生影响，形成性是所有评价的实质的观点，也基本认同所有评价都是形成性评价的提法，但是更倾向于认为所有评价都具有形成性潜力。

2.1.3　形成性评价的概念重构

上述概念上的矛盾和争议说明形成性评价存在巨大的研究潜力，但同时也确实给研究者和实践者带来了诸多的困难。威廉姆（2011b）指出，因为定义不精确，我们对于评价实践某一方面改进教学的研究常被作为支持评价实践其他方面具有形成性作用的证据。贝奈特（2011）提出，如果我们不能有效地定义形成性评价，那么：（1）我们就不能记录它的有效性，不能评价形成性评价是否已按计划实施，也不能将其推广到更多的课堂、学校和地区；（2）我们就不清楚形成性评价研究总结报告中究竟应该涵盖哪些内容，因而无法对研究结果进行总结；（3）我们就不能将其运用到我们的课堂环境中去，因为我们不了解在运用过程中要关注哪些要点。除了上述不利之处之外，概念上的不清晰还会阻碍教师对自己的教学评价实践进行总结，进一步提炼和扩展已经包含形成性评价成分的教学实践，不利于形成性评价在课堂层面的发展创新。因此，虽然一个定义要获得一致的认同是不可能的事情 (Wiliam, 2011a)，但明确形成性评价的内涵确实具有理论和实践层面的重要意义。本小节将首先探索"评价"和"形成性"的内涵，然后在此基础上，结合相关研究发现，重新定义形成性评价。

2.1.3.1　评价的内涵

评价的内涵并不复杂且较为统一。斯克里文（1967）对评价的经典定义涵盖评价过程的各个方面：

> "评价本身是一种基于方法的活动。无论我们是评价咖啡机还是教育机器，计划建造房屋还是计划开发课程，这种基于方法的活动在本质上是相似的。简单地说，评价活动需要根据经权重的目标尺度收集和组合数据，以产生比较性的或数字形式的等级并论证以下三者的合理性：（1）数据收集工具；（2）权重；（3）目标选择。"（P.40）

塔拉斯（Taras, 2005）认为，虽然斯克里文（1967）关于评价的定义是基于教育项目评估，但其原则适用于所有语境中的评价，只是他认为还有必要论证根据设定的目标和标准作出判断的合理性。由此可见，评价活动涉及两大要素：信息与过程和目标与标准。

信息与过程比较容易理解。信息是判断的起点，所有的判断必须以一定的信息为基础，而过程就是信息的收集、阐释和使用。目标与标准在形成性评价中被表述为学习目标（what is being learnt）和成功标准（what successful learning would look like）。简言之，学习目标描述学生在课程内将学习到什么内容，而成功标准描述好的学生应有的样貌。对于形成性评价而言，学习目标与成功标准十分重要。掌握学习目标和成功标准是评价促进教学与学习获得成功的关键。形成性评价文献非常强调明确学习目标和成功标准，将其视为教师教学与学生学习的核心。这其中的道理在于：当我们知道我们正在做什么以及我们正在努力的目标时，学习会变得更为容易。如果课堂学习是一个合作的过程，那么教师和学生都应该知道学习意图和成功标准是什么。克拉克（Clarke, 1998）的研究发现，教师往往更善于告诉学生要做什么，不善于清楚地表达期待学生学习什么，而学生意识到他们努力要学习的内容十分重要。

> "不了解学习目标是什么，儿童失去了不仅可以使其更有效地完成任务所需的信息，而且失去了自我评价的机会，与教师讨论学习目标的机会，为自己设立目标的机会和理解自身学习需求的机会。换言之，也失去了对自己的学习进行思考的机会。"（P.47）

萨德勒（1989）认为：

> "在评价学生作品质量的时候，教师需要拥有与任务相适应的"质量"观，并能够根据质量观对学生的作品质量做出判断。虽然学生可能无异议地接受教师的判断，但是如果学生要发展专业的评价能力，那么需要的就不仅仅是简单的分数反馈。学生进步不可或缺的条件是学生掌握与教师差不多类似的质量观，能够在完成作品的过程中连续不断地监控自己正在形成的作品的质量，并拥有一套可以在需要时使用的行动方案或策略。"（P.111）

简言之，学习目标与成功标准的掌握是教师对学生进行评价以及学生进行自我评价的先决条件。

2.1.3.2 形成性的内涵

"形成性"本身具有正向的意义："无论是词源学还是一般的用法上，形成性这个形容词都与对某物进行形塑（forming）或塑造（moulding）以实现期待目标有关。"（Sadler, 1989:120）。本书认为，对于评价实践而言，"形成性"这一定语具有如下三层含义。

（a）形成性是所有评价实践的伦理要求

教育的目的是促进人的发展，评价作为教育实践中不可或缺的环节，其目的和功能必须有益于学生的发展。《国家中长期教育改革和发展规划纲要（2010-2020）》

对教育评价提出了明确要求：要根据培养目标和人才理念改进教育教学评价，探索促进学生发展的多种评价方式，激励学生乐观向上，自主自立、努力成才。这一要求的根本要义在于明确了教育评价的价值取向，即教育评价旨在促进学生发展。

对于评价的这一价值取向，评价领域也有一致的认识。布鲁克哈特（2003）认为，形成性目的是所有课堂评价的主要目的，包括形成性评价和终结性评价。伯纳（Bonner, 2012）指出，促进学生发展是形成性评价明确表明的理论核心的一部分，同时也是以测试为基础的问责项目的一部分。许多研究者提出将非测量的目的纳入评价的目的之中，如示范成就目标和提升学生动机（Shepard, 2012; Nitko & Brookhart, 2011; Stiggins, 2001）。布莱克（2012）指出，形成性的目的应该是开发任何书面任务时的优先目的。波帕姆（2011）指出，形成性改进是使用任何类型评价的基本目的。简言之，评价的主要目的不是测量，而是推进学习。

换言之，终结性评价（测试），作为教育制度的一部分，从伦理上讲，其最高的目的也应是促进学生的发展。测试不仅是选拔的工具，还是整个学习经验的一部分。诚然，测试可用于多重目的，不同的目的会对测试的设计和实施提出不同的要求。但无论有多少种目的，促进发展永远是最高的、不能割舍的目的。测试开发者的挑战在于如何在平衡（兼顾）各种目的的情况下，实现测试作为教育经验的促进发展的目的。由此看来，以是否具有形成性（目的）来区分形成性评价和终结性评价不符合教育伦理。教育的目的是让"善"发生，教育者在设计和实施任何评价时都应带着一颗促进学习和发展的心。

（b）形成性指明了评价实践与学习理论的密切联系

形成性评价的目的是促进学习，而不仅仅是测量成就。大多数形成性评价的定义都指出其目的是促进学习、提高学习成就。布莱克（2015）指出形成性评价的目的是帮助学生成为独立、高效、对自己负责的学习者。本书认为，按照形成性的原意，形成性评价应该指能够促进学生成长和发展的评价经验，包括所有参与评价，评价他人和被评价的经验。

然而，学习是十分复杂的语境化的实践，没有任何一种评价实践形式可以保证在任何情况下都一定可以达到促学的效果，包括师生互动。因此，形成性评价的形成性（促学效果）不是某个特定评价形式或策略的固有的属性，评价实践的形成性需要教师根据具体的语境作出判断，而这种判断必须参考相关的学习理论。换言之，形成性评价实践必须引入学习理论——以学习理论为依据来开发评价，分析和讨论评价行为的各个方面可能对学习产生的影响。

就教师评价实践而言，教师需要根据学习理论，判断、评估和论证自身评价实践的合理性以及对学生学习和发展可能产生的影响。如果评价过程中，没有参考学习理论（包括个人的学习理论）对评价的过程和效果进行反思，则不能称为形成性评价。形成性评价的过程应该是一个教师根据学习理论对评价过程进行设计、开发和判断的过程。简言之，形成性评价就是鼓励教师利用评价的力量和优势服务学习，增强评价对学习的正面影响，减少其对学习的负面影响。

（c）形成性是所有评价活动的潜在属性

"assess"一词的拉丁文原意是"To Sit Beside"，旨在观察帮助学生，促进学生发展。斯克里文（1967）创造形成性评价这一术语是因为他发现评价除了终结性定级的功能，还可对项目的发展起到积极的作用。换言之，他发现了评价的促学效果，即评价具有促进发展的能力、属性或潜质。麦克米伦（2010）提出了包括学生证据、任务选择、教学调整和反馈等在内的 11 项形成性评价特征并将其不同的实践操作方式分成了高中低三个形成性水平等级。本书认同这一观点，认为所有的评价（包括终结性评价）和评价过程的每一步骤都具有形成性的"潜力"（cizek, 2010: 7; Ruiz et al., 2010: 139），只是不同的评价实践形式所具有的形成性潜力的大小有所不同。信息使用的促学作用已经受到广泛的认可。此外，传统意义上的终结性评价包括高利害测试以及信息收集过程本身也具有形成性的潜力。

首先，许多有关测试效果的研究都发现测试有利于学习（Biggs, 1998），如提供更多的学习机会，鼓励学生投入更多的时间学习，通过复习应考帮助学生组织、强化学习，提供成就感，培养在压力下学习的技能和时间意识等。许多教师认为分析学生在测试中的表现是良好的教学实践形式，可以帮助教师和学生思考将来的教学和学习（Carless, 2011）。布莱克（1999）提出，虽然在许多课堂中过于强调评分、评级功能，而提供建议和学习的功能被淡化，但如果它们的频率高且与学习目标明确相关的话，测试、练习和家庭作业可以成为提供反馈和学习的工具。不可否认，评价本身也有阻碍学习的属性、功能或潜势，特别是饱受诟病的高利害终结性评价。如果形成性评价是一个带有教育伦理优势的词汇，那么它的对应词可能不是终结性评价，而是"阻学评价"（assessment against learning/deforming assessment）。换言之，任何评价都有促进学习和妨碍学习的潜力（Mcmillan, 2003; MartíNez et al., 2009; Pellegrino et al., 2001）。我们强调终结性评价具有形成性潜力，目的在于鼓励教师尽量发挥这种不得不存在的评价的促学潜力，抑制其阻学潜力的发挥。正如安德森等（Anderson et al., 2009）所言："外部测评（例如，州级测验、校区评分指导原则）对课堂教学具有正反两方面的影响。教师必须寻找正面的、建设性的途径，将外部测评融入课堂教学。"

其次，信息收集过程也具有形成性的潜力。人类通过所有的经验产生知识，包括被评价的经验（Fulcher, 1999; Wolf, 1992）。信息收集过程本身具有形成性作用,主要体现在两个方面:信息收集过程作为产出高质量学习信息的评价工具和信息收集过程本身作为学习过程。评价工具的质量可以决定引出的学习信息的质量,因此会影响到整个评价过程,包括信息阐释和使用的质量。这一点贝奈特(2011)已经做过详细的论述。此外,信息收集过程是学生与评价工具互动,产生学习信息的过程,而这一过程本身就是一个学习过程。工具本身十分重要,工具设计得好,学生完成评价任务的过程就是学习发生的过程。我们把教师对学生能力的测量,比作医生对病人身体状况的评估十分合适。当医生要了解一个病人的身体状况时,它会采取各种各样的手段,抽血、手术、问询、观察,而且还要保证这些方法对病人的副作用尽可能小,甚至有可能在问询的过程中,就解决了病人的问题(心理医生所从事的就是这样的工作)。这是作为一个医生的伦理要求,不可能有医生收集病人信息的时候仅仅是为了收集信息,不希望收集过程本身对病人是无害,甚至是有益的。因此,教师在对学生进行评价的时候,就像医生对待病人一样,通过各种任务和工具了解学生目前的状况,尽量减少了解的过程对学生造成的负面影响,同时希望在了解的过程中,就促进了学生的发展(通过形成性的对话或通过完成精心设计的形成性任务等)。

简言之,形成性评价这一术语不是指某一具体的评价工具、某一个工具的目的、一种新生的评价类型,形成性本身就是评价实践行为的一种潜在属性。从某种意义上说,目前的形成性评价可以被喻为评价领域的文艺复兴——一种对评价促学功能的重新发现和倡议。

2.1.3.3　本书中的形成性评价概念界定

威廉姆(2011a)以形成性的原意"形塑"为基础提出,我们需要以涵盖所有评价形塑教学(教师的教与学生的学)的方式来定义形成性评价。本书认同这一观点。形成性评价这一概念本来就是从教育评价实践中提炼而来,理应包含所有对学生有益的评价实践。此外,本书认为,对形成性评价的界定还应考虑界定方式是否有利于评价的实践、研究和发展。基于这种理解以及现有文献中其他相关观点,本书提出了如下形成性评价定义。

> 评价是一个涉及学习目标与标准的选择并围绕学习目标与成功标准展开的信息获取、阐释和使用过程,无论这一过程是计划的或非计划的;形成性是所有评价形式以及评价过程每一个步骤的首要伦理要求和潜在属性(只是不同评价形式和评价过程每一步骤的不同实施方法在不同语境下的形成性潜力大小有所不同);形成性评价的最终目的是帮助学生成为独立、高效和负责的学习者,是对评价本质的重新回

归；形成性评价的实施过程是评价者（所有评价利害相关人，在课堂中主要是教师和学生）在形成性目的（促进学习与发展，不论是当下的学生还是未来的学生）引导下，参照相关学习理论，通过对学习目标和成功标准及信息的获取、阐释和使用过程的形成性运用，将评价的"形成性潜力"向"形成性现实"转化的过程。

与现有的形成性评价的界定相比，本书中重构的形成性评价具有两个明显的特点（见表 2-1）：首先，形成性评价范围的扩展；其次，学习理论的视角。在重构的形成性评价概念中，形成性评价要关注所有评价形式和评价的整个过程及其可能对学习产生的积极作用，而对积极作用的判断是以学习理论为基础的。

表 2-1 　　　　　　　　本书中形成性评价定义与现有文献中的形成性评价定义

重构的形成性评价	现有文献中的形成性评价
形成性具有积极的含义，是所有评价的伦理要求	形成性评价是一把双刃剑，既可能对学习产生正面影响，也可能产生负面影响（Torrance & Pryor, 1998; 曹荣平, 2012）
所有评价以及评价的每一个步骤（收集、阐释、使用）都有形成性潜力，只是不同评价实践形式的形成性潜力大小有所不同	所有评价都是形成性评价（曹荣平, 2012）；连续性的迷你终结性评价不是形成性评价（Stiggins & Chappuis, 2006）；形成性评价就是信息的使用：反馈与教学调整（Black & Wiliam, 1998a）；形成性评价是工具；评价性评价是过程
无论是计划的，还是非计划的过程	形成性评价必须是计划的（Popham, 2011）；形成性评价包括非计划的互动形成性评价（Cowie & Bell, 1999）
无论受益的是当下的学生，还是未来的学生	受益的是当下的学生（Moss & Brookhart, 2009）；受益的是未来的学生（Audibert, 1980）
信息的来源不限	各种课堂活动（Black & Wiliam, 1998a）
形成性以学习理论为基础	形成性评价以行为主义学习理论为基础（Torrance & Pryor, 2001）；形成性评价以社会建构主义为理论基础（Stobart, 2008）

如此重构的形成性评价提供了一个看待课堂教学以及评价活动的新视角。

（a）形成性评价提供了一个看待课堂教学的新视角

首先，形成性评价将"课堂"变成"信息场"。形成性评价强调信息的收集、阐释和使用，而在真实的课堂中，教师与学生、学生与学生、学生与任务、学生与自己之间的互动会产生各种意料之中和意料之外的信息。因此，从形成性评价的视角看，课堂就是一个信息不断产生和消失的信息场。课堂中出现的信息反映了学生的学习状况，提供了可以用于改进教学的线索。将课堂看成"信息场"，意味着在课堂中，教师和学生的关注点不再是学生是否完成教学任务，而是学习信息的产生与回应。就信息的产生而言，能够获取的关于学生学习信息的来源越丰富，教师作出判断的质量和准确性越高，或者出现高质量信息的可能性越大。因此，教师的任务不仅仅是设计或安排教学任务、采用什么样的教学活动和策略，而是从更广的视角来思考创造什么样的教学环境，使得学生学习信息可以不受阻碍，最大限度地获得释放。就信息的回应而言，教师需要将出现的信息与学习目标和标准联系起来，捕捉那些对于学习意义重大的信息，采取措施拉近学生与学习目标和标准的距离，促进学生的发展。在这种情况下，教师是有效信息的捕捉者，是学习和心灵的捕手。教师的责任是捕捉和运用那些有意义的证据，而证据的意义则取决于教师对目标和标准的认识和判断。由此可见，从形成性评价的视角看待课堂，课堂教学不再是一个教师将知识传授给学生的空间，而是动态的信息空间，让教师和学生有机会产生并回应关于学生的学习信息，进行相应的教与学的调整。从这个意义上讲，形成性评价可以看作对平庸的、程式化的、缺乏灵性的教学的反对。

其次，形成性评价还提供了更结构化的观察课堂活动的视角。形成性评价包括正式的计划性评价，也包括即时的师生互动。无论何种形式，从评价的视角看，都涉及信息收集、阐释和使用。换言之，从形成性评价的角度来看，课堂中任何一个活动，都可以转化为一个完整的评价过程：信息的收集、阐释、使用，围绕学习目标和成功标准展开。换言之，形成性评价提供了一个结构化的以评价过程为基础的观察教学的视角。不论教育教学活动多么复杂，形成性评价视角要求关注的是出现了什么信息，采用什么样的目标和标准以及如何阐释使用这些信息。从评价的角度审视课堂活动，课堂变得更加结构化和简化、更有重点，目的性更强，而教学活动与形成性评价的关系也更为明晰。

（b）形成性评价提供了一个看待评价活动的新视角

首先，从形成性评价的视角看，评价的目标和标准不仅是需要遵守的对象，更应该是批判反思的对象。布莱克（2015）指出，形成性评价的最终目的是培养独立、高效、对自己负责的学习者。换言之，通过这一评价手段将学生形塑成独立、高效、对自己负责的学习者。那么什么样的评价才可以塑造这样的学习者呢？首先就是对待评价的目标与标准的态度。在形成性评价中，目标和标准的内容本身不是遵从的对象，是反思的对象。我们相信目标和标准本身的教育价值，但对目标和标准的具体内容，我们应持怀疑态度，因为谁也不能确保预先确定的那些标准就是适合的、正确的、无误的。而这种怀疑精神，正是对独立进行自我调节的学习者提出的要求。形成性评价的首要目的要求学习者对目标和标准进行合理的质疑，在批判性思考的基础上调整、遵循和放弃。这也是终结性评价与形成性评价一个最大的区别。终结性评价的标准内容需要明确规定，用来判断被测试者的表现与固定标准之间的差异，强调遵从（compliance），以便更公平地服务于选拔、录取、奖惩的社会目的。而形成性评价是要促进学习者的发展，成为有效的独立的学习者和独立思考的人。因此，对于自上而下提出的具体标准，服从不是它的要求，特别是盲目的服从。它要求学生对其进行批判性的思考，在此基础上选择认可服从、质疑调整，甚至确定适合自己的目标和标准，成为一个自主的学习者和自主的人。这是形成性评价的价值及其对教育的贡献。因此，标准化运动强调对明确、详细的标准的遵从在某种程度上是形成性评价所反对的（Stobart，2008）。从这个意义上说，形成性评价是批判性的、解放性的，赋予了教师和学习者对权威的目标和标准进行反思的理论基础和精神武器。

　　其次，所有评价都是学习信息的来源和学习工具。形成性评价概念的发展对评价的贡献主要体现在：一方面，它扩展了评价的内容，不仅是传统测试的过程，还有即时互动中的判断过程。这实际上是对评价本质的回归，因为评价本来就是判断，只是后来的社会发展要求考试，将我们对评价概念的理解窄化了，使其成为测试的同义词。另一方面，它强调了一个审视评价的非传统视角：促进学习。形成性评价的要义在于从促进学习的角度审视评价过程。从促进学习的视角审视评价为我们提供了看待终结性评价的新视角。终结性评价不再是一个被妖魔化的概念，不再是具有正向伦理意义的形成性评价的对立物。终结性评价（包括各种外部高利害测试以及涉及具有一定利害性的课堂评价）是整个评价系统的一部分，它本身具有形成性的潜力。对于教育者来说，终结性目的的评价不可避免，与其排斥它，不如充分地发掘它的形成性潜力及其对学生发展的重要意义。实际上，关于"终结性评价形成性运用"的研究已经在这方面进行了探索。本书认为，对终结性评价形成性的挖掘应始于评价工具、信息收集过程本身的设计与开发。这一点对于大学教师来说特别重要，因为在大学阶段，课堂教师是最主要的测试开发者和使用者。因此，我们强调所有的评价都具有形成性的潜力，形成性评价要求教师从学习的视角审视一切评价活动，包括高利害的终结性评价。实际上，这是强调教师的作用和价值，为教师的职业赋权。同时，评价内容的扩展和促学视角的引入也对评价者提出了更高的要求，不仅是教师，还包括测试开发者、学生等其他评价主体。形成性评价要求他们去探索评价的每个步骤及其各个方面可能对学习造成的影响，评估在具体的语境中评价如何促进学习或阻碍学习，而不是停留在判断学生是否达到目标和标准的层面。

2.2 形成性评价的理论构建

理论化是一种反思某人经验的尝试过程，其目的是成为该经验的创造者（Kincheloe, 1993）。理论建构推动科学知识的发展（Popper, 2002），是社会科学研究的内在要求，也是研究结果的一个必然归宿。在形成性评价研究领域，研究精力主要集中在揭示什么样的评价实践有助于促进学习，理论的构建相对滞后（Black & Wiliam, 1998a; Black & Wiliam, 2009; Stobart, 2008; Taras, 2012a; Taras, 2012b; Yorke, 2003）。虽然相对滞后，但形成性评价研究者的理论探索一直没有停止。现有的文献显示，除了形成性评价的定义之外，形成性评价的理论构建主要在以下两个维度上展开：（1）形成性评价理论模型的构建，即对情境化的复杂的评价实践的提炼和抽象，使其概念化和理论化，以易于传播的知识的形式存在；（2）形成性评价其他学科的理论基础，特别是学习理论基础的探索，以避免形成性评价的"肤浅运用"（Black, 2007），沦为一系列实用的课堂建议而不是由理论驱动的教与学的方法（Stobart, 2008）。本节将从上述两个方面对现有的形成性评价理论研究进行综述。

2.2.1 形成性评价实践理论模型

形成性评价实践理论模型属于在原始资料的基础上建立起来实质理论或小理论，其目的是对特定情境中的特定现象进行解释和说明。在形成性评价理论建构研究中，这方面的成果最为丰富，主要体现为实践分类框架模型、过程理论模型和活动理论模型的构建。三者都是再现和提炼形成性评价实践的良好方式，具有启示性的实践意义。在构建顺序上，三大模型由浅入深、循序渐进；在理论内容上，三大模型各有重点，互为补充。

2.2.1.1 形成性评价实践分类框架模型

分类是最基本的理论化形式，有利于分析呈现不同类型评价的特点，深化对于评价实践的理解。在形成性评价领域，研究者课堂评价的实证数据提炼出许多不同类型的实践分类框架模型。有的研究者基于实践考察，建构了以具体的有利于学习的形成性评价策略为主要内容的分类框架模型（Arg, 1999; Black et al., 2003; Carless, 2011; Mcmanus, 2008; Shavelson et al., 2008;Audibert, 1980），限定了形成性评价实践的范围。另一些研究者则基于对评价实践的考察，构建了以不同类型评价实践各个方面的不同特点为主要内容的分类框架模型（Cowie & Bell, 1999; Torrance & Pryor, 2001），突出了不同类型评价实践各个方面的异同。

鉴于本书的目的是探索自然环境下个案英译汉教师的形成性评价实践，本小节将对涉及上述两种类型的三个最具代表性的实践分类框架模型进行综述。

（a）形成性评价实践策略分类框架模型

形成性评价研究具有很强的实践倾向，许多研究的目的是揭示什么样的课堂实践活动是有效的。因此提炼出了许多形成性评价策略（Arg, 1999; Black et al., 2003; Carless, 2011;Mcmanus, 2008；Qca, 2001）。综合这些研究成果，形成性评价的策略可总结为以下六种（见表 2-2）。

表 2-2　　　　　　　　　　　　　　形成性评价的策略分类框架模型

类型	内容
策略 1	明确、分享学习目标和成功标准
策略 2	教师提问
策略 3	自我评价
策略 4	同伴评价
策略 5	提供反馈（不带分数和成绩）
策略 6	终结性评价的形成性使用

上述形成性评价策略是研究者从实证研究（包括实验研究和行动研究）中提炼出的对学习具有促进作用的形成性评价实践形式。这种被研究证明有效的形成性评价策略与现有的学习理论相契合，特别是社会建构主义的学习理论（Stobart, 2008）。这些策略对于教师来说并不陌生。很多教师，特别是优秀教师，在实践中已经运用了这些策略，只是没有意识到可以称其为形成性评价。因此，有观点认为形成性评价就是有效的教学，上述策略完全可以称为教学策略（Popham, 2011; Carless, 2011）。实际上，形成性评价研究者也一直强调有效教学和形成性评价之间的密切关系。之所以将这些策略归为形成性评价策略，卡利斯（Carless, 2011）认为有两大原因：首先，所有这些策略都符合形成性评价的定义，即涉及学习证据的收集以及评价者（学生、同伴、教师）使用这些证据改进学习和教学的过程。其次，将这些策略归类于形成性评价有助于改变人们将评价等同于测试和打分的观念。

首先，需要指出的是，经过实践提炼出的上述形成性评价策略并不能囊括所有能够促进学习的评价实践形式。如上文所述，这些实践策略是基于具体的实证研究提炼出来的，而这些实证研究所涉及的教育语境有限。例如，国际上大多数关于有效评价实践的研究都是基于中小学教育语境提出的，而基于这些语境提出的策略未必适用于高等教育的语境。其次，所提炼出的策略本身也只能被认为具有形成性的潜力，而不能保证其具有形成性的效果。例如，关于反馈的研究表明有些反馈本身并不能起到很好的促学作用（Kluger & Denisi, 1996）；有时分享学习目标等于提供问题答案，告诉学生学习意图和目标等于完全破坏了解决问题的过程，剥夺了学生发现的乐趣（Wiliam, 2011a）；过于详细和透明的标准还可能造成学习过程变为标准遵守的过程（Stobart, 2008; Torrance et al., 2005）。

　　学习是一个高度个人化和语境化的过程，因此不能将致力于促进学习的形成性评价看作是一系列固定化的策略或程序的集合。这样很可能会导致形成性评价沦为一系列课堂实践技巧（Stobart, 2008）和 / 或这些技巧的肤浅运用（Black, 2007）。换言之，上述策略确实可以被称为形成性评价策略，但不能等同于形成性评价。形成性评价是看待教学和学习的新视角，形成性评价实践的内涵是基于学习原理的评价过程的实践，而上述策略只是实现这一过程实践形式的一部分。

　　（b）计划性与互动性形成性评价分类框架模型

　　科维和贝尔（1999）基于基础教育科学课堂的实证研究，按照计划的程度和类型，提炼出了两种类型的形成性评价：计划性形成性评价和互动性形成性评价（见表 2-3）。

表 2-3　　　　　　　　　　计划性和互动性形成性评价分类框架模型

计划性形成性评价	互动性形成性评价
评价过程三大步骤为信息引出、阐释和行动	评价过程三大步骤为注意、识别和回应
倾向于与全体学生一起实施	倾向于与个体学生或小组一起实施
评价的周期可能较长	评价在短时间内完成
目的主要是科学知识参照的	目的是科学知识、学生和互动关系质量参照的
是对"完成大纲"的回应	对学生学习过程的回应
评价内容主要是科学知识	评测内容是科学知识、个人和社会性学习
获取的信息包括结果和过程信息	获取的信息包括即时的结果和过程信息
阐释过程以常模、科学知识和学生为参照	识别过程以常模、科学知识和学生为参照
行动过程以科学知识、学生和互动关系质量为参照	反应过程以常模、科学知识和互动关系质量为参照
依赖教师的职业知识	依赖教师的职业知识

　　在科维和贝尔（1999）提出的实践分类框架模型中，计划性形成性评价要求教师使用事先计划好的、具体的评价活动获取评价信息、阐释评价信息并采取相应的行动，评价的对象主要是整个班级。互动性形成性评价要求教师在学习互动中注意、识别学习信息并作出相应的回应，评价的对象主要是单个学生或小组。由此可见，两者之间主要的区别在于教师计划的程度不同。这种按教师计划程度进行分类的方式在后续的其他分类框架模型也体现得较为明显。沙维尔森等（Shavelson et al., 2008）按计划程度提出了包括即时形成性评价、计划互动性形成性评价和内置于课程三种类型形成性评价的分类框架模型，而下文的趋近型和分散型形成

性评价也体现了不同的计划程度。

(c) 趋近型和分散型形成性评价分类框架模型

托伦斯和普赖尔（Torrance & Pryor, 1996，1998，2001）基于两年的针对小学教师的行动研究提炼出了两种类型的形成性评价（见表 2-4）。趋近型形成性评价和分散型形成性评价是两种"理想-典型"的形成性评价类型，位于评价连续体的两端。两者在实践中不一定是互相排斥的：一种评价是"趋近型的"，另一种评价则是"分散型的"。它们不能被视为独立的类型，也肯定不能代表好或坏的实践形式。对于教师和学生来说，形成性评价是一套复杂而微妙的实践。如果想要充分发挥形成性评价的潜力，教师需要在两者之间取得平衡。这比较困难，但并非不可能，有时候我们可以观察到这种平衡（Torrance & Pryor, 1998）。

表 2-4　　　　　　　　趋近型和分散型形成性评价分类框架模型

趋近型形成性评价	分散型形成性评价
始于发现学生是否知道、理解或能做预定好的事	始于发现学生知道、理解或能做什么
教师精确计划，有意坚持执行	机动计划或复杂计划，允许其他情况
通过检查清单来记录	记录形式不限
封闭性或假性教师提问或任务	开放式问题任务，用于帮助而非测试
把学生的错误与正确答案进行比较	从学生回答中理解学生目前状态，注重促进元认知
反馈是权威的、审判性的、量化的	探究性的、临时的或激励性的、描述性反馈，目的是提高学生进一步投入
反馈是对表现和任务的成果完成	讨论促进对任务及环境的反思；目的是建构可以运用新知识的未来环境的理解
标准沟通与终结性评价紧密相关	注重对标准的整体观，学习者对标准的理解和标准如何与更宽泛的知识与能力相切合
学习者作为评测的接受者	学习者既为接受者，也是启动者
从大纲角度分析学生互动和大纲	从学习者和大纲角度来分析学生互动和大纲
符合行为主义或建构主义的教育观	符合社会文化的教育观，承认评测环境的重要性
意图用线性前进的方式教或讲下一个预先制定的内容	意图在 zpd 中教
嵌入在 IRF 结构中的互动	师生持续进行对话的一部分；其中学生既回答又引出；既提问也回答
评测过程主要由教师实现	评测过程由教师和学生合作实现

从上述关于不同实践分类框架模型的分析可以看出，分类实践框架的确是很好的概念化形成性评价实践的方式。研究者从复杂的实证数据中提炼出的分类框架模型，突出了不同类型评价实践的特点和不同类型评价实践之间的异同，深化了人们对形成性评价实践内容和细节的认识，具有较强的实践启示意义。但是，这种用分类框架模型提炼和分析评价实践的方式亦有不足之处，主要体现在不利于直观地再现和探索评价过程各个主要要素之间的互动关系，如学习目标与评价标

准与信息收集、阐释和使用之间的关系以及信息收集、阐释和使用之间的关系。

2.2.1.2　形成性评价实践过程理论模型

为更好地探索形成性评价实践过程各主要要素之间的关系，在形成性领域中，研究者通过实证研究和／或思辨综合的方式构建许多形成性评价过程理论模型[①]（Wiliam & Thompson, 2008; Cowie & Bell, 1999; Nicol & Macfarlane-Dick, 2006; Torrance & Pryor, 2001; Yorke, 2003; 文秋芳，2011; 杨华，2012）。鉴于本书希望通过实证数据提炼出英译汉过程的过程理论模型，本小节将选择 3 个基于实证研究、具有代表性的过程理论模型进行综述，并结合其他相关研究分析现有文献中关于不同语境下评价过程的共性和个性的认知。

（a）威廉姆和汤普森（2008）形成性评价实践过程理论模型

为避免形成性评价沦为简单的课堂贴士，建立形成性评价策略的统一框架，威廉姆和汤普森（2008）借用拉马普拉萨德（Ramaprasad, 1983）提出的学习和教学过程——学习者去哪、学习者在哪、如何达到——并将主要的形成性评价策略融入其中，形成了形成性评价模型（见表 2-5）。

表 2-5　　　　威廉姆和汤普森（2008）的形成性评价实践过程理论模型

项目	学习者去哪	学习者在哪	如何达到
教师	明确学习目标和成功标准	设置有效课堂讨论和其他学习任务，引出学生理解信息	提供反馈，推动学生进步
同伴	理解并分享学习目标和成功标准	激活学生作为彼此的教学资源	
学习者	理解学习目标和成功标准	激活学生作为自己学习的主人	

从表 2-5 可以看出：首先，学习目标和成功标准放在了形成性评价过程的开端；其次，引入了多样形成性评价主体，包括教师、学习者与同伴；最后，学生、教师和同伴在评价过程中的角色不尽相同，负责的评价策略存在差异。就教师形成性评价过程而言，该模型涉及三个主要要素：（1）明确学习目标和成功标准；（2）设置有效课堂讨论和其他学习任务，引出学生理解信息；（3）提供反馈，推动学生进步。该模型最突出的特点在于把形成性评价的几个主要策略融入由三个步骤组成的学习过程之中（学习者去哪、学习者在哪、如何达到），并将评价策略与评价三大主体（教师、同伴、学习者）相对应，使得形成性评价的程序、步骤和主体成为统一的整体。

---

① 有学者称这种对过程的提炼为理论模型（文秋芳，2011）；有学者称为实践框架（李清华、王伟强、张放，2014），还有学者称其为过程循环（Mcmillan, 2007）。本书采用过程理论模型这一表达，因为该模型关注的是评价过程各个步骤及其相互关系且具有理论性质。

但从对形成性评价过程的描述来看，该模型主要存在三个方面的问题。

（1）目标和标准的动态性没有得到体现。该模型把明确、分享和理解学习目标和成功标准设定为可以在评价开始前、一次性完成、固定不变的过程，与课堂实践不符。在真实的课堂实践中，许多教学目标和标准是临时确定的，是在一定的教学语境中生成的。在教师获取学生信息的过程中以及在教师提供形成性反馈的过程中，学生的表现、需求可能直接促使新目标和标准的生成。正如理查兹（Richards，1998）指出的那样，在实际的课堂互动中，教师的计划目标和标准很难顺利实现，会受到突发的、意外的学生信息打断、延缓甚至放弃，而该模型未能显示出形成性评价中目标和标准的动态性。

（2）教师对目标和标准的处理被限定为"明确"。在该模型中，教师对学习目标和成功标准的处理限定为明确，也与课堂实践不符，甚至有误导作用。一方面，教师对学习目标和标准的处理方式多样，限定为"明确"暗示了目标和标准是一个从教师到学生的传递过程，无法描述教师对学习目标和成功标准处理的丰富性。在形成性评价中，学习目标和成功标准是动态的，是分享、理解、协商甚至挑战、开发创造以及共同构建的对象（Cowie & Bell, 1999; Torrance & Pryor, 2001; Pryor & Crossouard, 2008）。另一方面，在评价开始之前明确学习目标和成功标准未必就是好的促学策略（Wiliam, 2011a; Stobart, 2008）。

（3）教师对信息的使用只限于学生反馈，没有涉及教师的教学调整。在形成性评价中，教师对信息的使用通常包括：教学调整和反馈。

（b）科维和贝尔（1999）的形成性评价实践过程理论模型

以计划性和互动性两种形成性评价为基础，科维和贝尔（1999）构建了教师计划性形成性评价模型和互动性形成性评价模型（见图 2-1）。

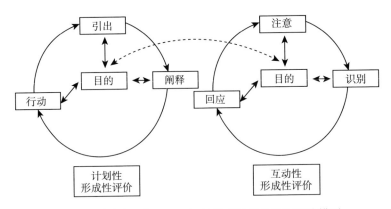

图 2-1　科维和贝尔（1999）的形成性评价过程理论模型

与威廉姆和汤普森（2008）的评价模型相比，图 2-1 模型的主要特点是将目的放在了中心位置并用双箭头将其与评价过程进行连接，明确了目的与形成性评价过程互动关系。科维和贝尔（1999）指出，计划性形成性评价的目的是从整个班级获得课程大纲中规定的学习进度信息，而互动性形成性评价的目的是调节学生个体的科学、个人以及社会学习。目的决定了计划性形成性评价中信息如何被引出、阐释和行动，决定了互动性形成性评价中的信息如何被注意、识别和回应。此外，目的是计划性形成性评价与互动性形成性评价之间转化的枢纽；由于目的的连接，互动性形成性评价可以转换为计划性形成性评价，计划性形成性评价也可以转换为互动性形成性评价。教师的形成性评价实践始于计划目标，但在执行计划性形成性评价的过程中，教师"可能怀疑哪里出了问题，想发现到底出了什么问题，可能注意到某个或某些学生不同的另类或错误的观念，可能只是想遵从自己的直觉或对正在发生的学习进行监控"（Cowie & Bell, 1999），从而在"自己大的目标框架下为了学生的学习而重新修改短期目标"（杨华，2012），展开互动性形成性评价。"通常情况下这种注意力是由于全班转向某个或某些学生，但教师为了对全班负责，教师通常会从互动性形成性评价，转回计划性形成性评价"（Cowie & Bell, 1999）。这种计划性形成性评价和互动性形成性评价之间互动关系的启示是两者其实是互相联系、密不可分的。将它们结合起来考察，揭示了教师课堂形成性评价始于教师计划目标，经历修改目标，最终回到计划目标的动态发展过程。如果只考察其一，可能无法呈现教师课堂评价的有机整体性。就具体的学习目标而言，科维和贝尔（1999）还指出计划性形成性评价关注的是大纲中的科学知识，而互动性形成性评价关注学生的全人发展，评价的学习成果更多，不仅包括大纲中的科学知识，还包括学生个人和社会性发展。这种将不同类型评价与不同类型目标的性质联系起来的做法十分值得玩味，意味着不同性质的学习目标需要不同的评价形式，尽管这种划分可能太绝对（杨华，2012）。另外，在该模型中，评价过程的三大步骤之间用单箭头连接，表示它们是依次递进的关系。科维和贝尔（1999）认为这体现了形成性评价环节之间更为清晰的行进流程。

总的来说，相对于威廉姆和汤普森（2008）评价模型，科维和贝尔（1999）的过程理论模型更加细致和深刻，但也存在三个方面的问题。

（1）该模型分析部分没有充分解释评价过程目的（目标）的发展和变化。科维和贝尔（1999）指出目的和评价过程的三大目的是相互影响的，但只详细论述了目的对评价过程的影响，评价过程如何反过来影响目的并不是很清楚。该模型没有直观体现目标和标准动态变化特性。评价过程的三大步骤所对应的评价目的并不一致，在信息收集阶段，任务选择和设计的参考目标是科学知识，但在阐释使用阶段参照的学习目标是标准、科学知识和学生。不过，这种目标和标准随评价阶段不同而改变的动态变化特质并没能在模型中反映出来。

（2）在该模型中，学习目标和成功标准没有得到凸显。该模型用"目的"替代了"学习目标"，有待商榷。一方面，虽然杨华（2012）将其译成"目标"，但目的与学习目标不同，教师进行形成性评价的目的是指教师希望做什么，而学习目标是指学生能够做什么，是学习的具体成果。科维和贝尔（1999；107-108）的表述区分了两者：互动性形成性评价的目的是调节个体学生的科学、社会和个人学习，因此评价的学习成果（learning outcomes）范围要远远宽于科学知识目标。实际上，在现有的形成性评价文献中，常用的表述为"教师的评价过程围绕学习目标展开"。另一方面，在现有的评价文献中，"目的"（purpose）一词常常用来区别终结性评价和形成性评价，而形成性评价的目的，无论是计划的和非计划的都是为了促进学生发展。因此，用"目的"（purpose）一词表示"学习目标"并不合适，在现有的文献语境下，容易造成语意上的混乱。另外，科维和贝尔（1999）的模型分析部分没有提到成功标准。这也许是因为科学课堂的判断都是对错型，标准比较简单，没有必要将成功标准单独列出来，完成目标就是达到标准。

（3）该模型用两套词汇体系描述了两种类型评价的评价过程。约克（Yorke，2003）认为这并无必要，因为两个模型所描述的过程都可以归结为：学生行动（由教师或不由教师引出）→ 观察 → 阐释 → 教师行动。本书认可约克（2003）的观点，任何一个评价过程，不论是计划好的，还是即时发生的，都涉及信息的获取、阐释和使用。首先是确认信息的存在，然后是根据标准（一定的参照）对该信息进行阐释，不论这个过程是多么快速。本书认为这两类评价最大的区别不在于对获得信息的处理方式，而在于获得信息的来源不同。对于教师来说，课堂所发生的一切都应该是形成性评价信息的来源，而一旦这些信息和学习目标与成功标准联系起来，获得了阐释和运用，那么形成性评价即发生。因此，没有必要用两套词汇体系来描述评价过程，它使得理论模型变得更为复杂。

（c）托伦斯和普赖尔（2001）的形成性评价模型

以趋近型和分散型两类形成性评价为基础，托伦斯和普赖尔（2001）构建了如图 2-2 所示的评价过程模型。

图 2-2 的模型在整体结构上与科维和贝尔（1999）的模型十分相似，由位于中心位置的明确任务标准和质量标准与围绕其展开的外围评价过程构成。其中评价过程包括三大步骤：首先是提问（帮助性和测试性问题）；其次是观察（过程和结果）；最后是反馈和判断。与科维和贝尔（1999）模型不同的是，位于中心位置的要素由两个部分构成：任务标准和质量标准。任务标准（task criteria）指完成

任务所需要做的事情；而质量标准（quality criteria）则指的是把任务完成好所需要达到的要求。虽然用词不同，但在内容上威廉姆和汤普森（2008）的学习目标与成功标准十分类似。另外，图 2-2 中任务标准和质量标准还用箭头与外围评价过程相联系，以突出其对学生学习和教师形成性评价过程的重要性。

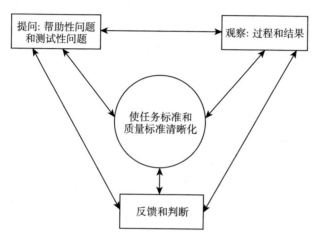

图 2-2 托伦斯和普赖尔（2001）的形成性评价过程理论模型

围绕中心位置展开的评价过程的每一部分也都由两部分构成，分别对应了托伦斯和普赖尔（2001）基于实证数据提出的两种类型的评估：趋近型形成性评价和分散型形成性评价。从学习目标内容的角度看，趋近型形成性评价评价的是简单目标，有简单的对错标准，可以用封闭性或假性的教师提问或任务收集学生学习信息，将学生的错误与正确答案进行对比。而分散型形成性评价评价的是复杂目标，不能用简单的对错进行判断，教师可以用开放式问题任务引出学生信息，从学生回答中理解学生目前状态，注重促进元认知。这种评价分类方式与科维和贝尔（1999）的计划性和互动性形成性评价不同。这两种评价都可以事先计划，只是在趋近型形成性评价中，"教师精确计划，有意坚持执行"（Torrance & Pryor, 2001）；而在分散型形成性评价中"教师机动计划或复杂计划，容纳允许其他情况"（Torrance & Pryor, 2001: 617）。也就是说，在该评价模型中，教师的评价实践始于计划目标，只是不同目标的评价按计划执行的程度会有所不同。从关系上说，这两种评价不应被视为相互独立分离的评价类型，而应该被看作是位于连续体两端的理想类型。

此外，在该模型中，4 个要素之间都用双箭头连接，表示它们是相互影响的关系。明晰任务标准和质量标准与评价过程的影响表明，任务和质量标准并非如威廉姆和汤普森（2008）的模型所描述的那样在评价过程开始前一次性完成，而是贯穿于整个评价过程之中，形成性评价的过程实际上是一个学习目标和成功标准逐渐明晰的动态过程。普赖尔和克罗苏阿尔德（Pryor & Crossouard, 2008）进一步指出不能因为教师一开始说明和分享了目标就认为学生理解和掌握了目标。实际情况是，对很多学生来说，充分理解目标，尤其是充分理解目标中的质量标准是很难的。普赖尔和克罗苏阿尔德（2008）将模型中的"明确目标和标准"更改为"协商和理解目标与标准"。该模型说明"目标的渐进性，能够调动不确定和不可预测的东西，但在更为确定和可预测的范围内取得平衡"（Pryor & Crossouard, 2008:8）。但杨华（2012）指出，尽管该模型提出了目标与形成性评价其他环节之间的互动性，但是并没有系统、清晰论证目标是如何在师生协商过程中发生变化的，也没有指出目标与形成性评价外围环节之间如何相互影响。此外，对模型的描述中，也没有讨论信息收集、阐释和使用之间是如何相互影响的，而在科维和贝尔（1999）的模型中，三大步骤是依次进行的关系。

从上述形成性评价实践过程理论模型的分析可以看出，过程理论模型亦是概念化和理论化形成性评价实践的良好方式。研究者从复杂的实证数据中提炼出的过程理论模型揭示了实践分类框架模型所未能凸显的评价实践问题：（1）学习目标和成功标准与信息的收集、阐释和使用之间的关系，如学习目标与成功标准是整个评价过程的核心，与信息收集、阐释和使用双向互动以及学习目标与成功标准的明确和分享贯穿整个评价过程，不是静止不变，而是动态发展，逐步完成的；（2）信息收集、阐释和使用之间的关系，如依次进行的关系（Cowie & Bell, 1999; 杨华，2012）和双向互动关系（Torrance & Pryor, 2001）。这些关系的分析和呈现深化了人们对评价过程的理解，具有良好的实践启示意义。不过，过程理论模型这种提炼和分析评价实践的方式亦有不足之处，主要体现在过程理论模型不利于分析和呈现评价作为活动系统的复杂性，特别是无法揭示评价主体和评价实践的社会文化语境对于评价实践的作用和影响。

2.2.1.3 形成性评价实践活动理论模型

为了更加深入地理解形成性评价实践，一些研究者开始将形成性评价视为一种活动系统，构建形成性评价的活动理论模型，分析和呈现形成性评价实践活动理论要素内容及各个要素之间的互动关系，特别是评价主体和评价实践的社会文化语境对于评价实践的作用和影响，以深化人们对形成性评价实践的理解（Black & Wiliam, 2006; Pryor & Crossouard, 2008）。

从理论来源来看，活动理论源于维果茨基（Vygotsky, 1978）创立的关于人的认知如何发展的心理学历史—文化学派的社会文化理论。该理论的基本观点为：人的心智活动本质上是社会的，人类认知的发展是个人主体与其所处的社会文化历史环境（或称客体）不断交互的结果（Wertsch, 1985），且交互并不直接发生，连接二者并促成发展的是工具及其中介作用（Vygotsky, 1978; Engeström, 1987）。活动理论通常被视作社会文化理论最重要的拓展（张莲、孙有中，2014），一方面，强调以"活动"为核心范畴描述和解释人的心智发展问题，更加明确了社会活动是主体学习和发展的最重要形式（Leont'Ev, 1978, 1981; Engeström et al., 1999）。因此，斯温（Swain, 2008）认为社会文化理论实际上是关于人如何运用中介工具开展社会活动的理论。另一方面，整个活动被置于社会文化语境之中加以分析。由此可见，活动理论超越了个体与环境二元论的概念，从社会历史文化角度来分析人类的活动，能够阐释社会实践活动在人的心智发展中的重要作用。活动理论分析的基本单位是"活动"本身，而"活动"是在社会、文化和历史环境中，主体为了一定特定目标进行的努力，是根基于"知"与"行"、"个人"与"社会"、"内在"与"外在"的一系列矛盾的辩证关系。

从内容结构上看，活动理论模型（见图 2-3）由主体、客体、中介工具、共同体、规则和分工 6 大要素构成的三角模型。主体指活动系统中的个体或小组，活动按照主体的动机、意愿、需求进行（Engeström, 1993）。但主体的能动性并不是指主体的自由意志和对行为的完全掌控，而是主体基于其社会文化历史关系，在一定程度上调控活动以实现其目标的能力（Lantolf & Thorne, 2006）。客体指的是活动指向的"原材料"或者"问题空间"，是活动的目标，主体操作的对象（Johnson, 2009），在物理的和符号的，外部和内部的工具（思考工具和符号）的帮助下被打造或转化成结果（outcome）。规则是制约活动的任何显性或隐性的规定、标准和社会规范。分工指共同体内的成员横向的任务分配和纵向的权利与地位的分配。共同体由若干个体和小组组成，他们共享客体并自我建构以区别于其他共同体。包含 6 大要素的活动系统通常被视为是由顶部与底部组成的结构（Black & Wiliam, 2006; 于书林和 Lee I, 2013; 林娟和战菊，2015）。三角模型的上半部分——主体、客体、中介工具——构成了组成活动的基本单位，突出了活动的个体性。主体在自身动机和目标客体的驱动下，采用一定的中介工具，作用于客体并将其转化为结果。但主体的活动存在于一定的社会文化历史环境中，而三角模型的下半部分——共同体、规则、分工则构成了个体活动的社会文化历史背景（Cole, 1998）。主体的活动发生于一定的社会文化历史环境中，而活动的规则、享有共同客体和目标的其他人员以及活动主体的不同分工都会对活动本身产生影响。

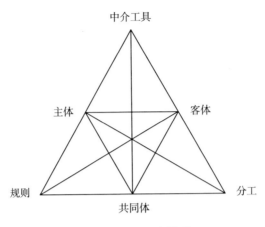

图 2-3　活动理论模型

从性质和功能上看，活动系统不是一个规约性的理论，而是一个有力的、清晰的描述性工具（Nardi, 1996），一个研究不同形式的人类活动的哲学和跨学科理论框架（Kuutti, 1996），通过对活动的分析与描述可以揭示真实的多元化社会情境（吴刚、洪建中, 2012）。活动系统理论常常作为方法论或分析框架以探索解决实际问题的途径，或为更具体的理论提供基础。作为探究人类活动的理论框架，活动理论已被广泛应用于哲学、心理学、人类学、应用语言学、教育、认知科学、信息科学等领域的研究（Lantolf & Thorne, 2006），用以解析各种人类社会行为。在翻译教育领域内，一些学者曾先后将活动理论引入翻译教学及翻译的理论研究（Kiraly, 2010; Sang, 2011; 桑仲刚, 2015）。教师形成性评价实践是一种社会活动，为更好地理解教师评价这一社会活动，已有研究者开始运用社会活动理论描述、分析和阐释形成性评价实践（Black & Wiliam, 2006; Pryor & Crossouard, 2008）。

布莱克和威廉姆（Black & Wiliam, 2006）认为学科课堂最好被看作一个"活动系统"（Engeström, 1987）。布莱克和威廉姆（2006）首次以活动理论为参照，以 kmofap 和 bear 项目的数据为基础，构建了形成性评价活动理论模型（见图 2-4）。

在布莱克和威廉姆（2006）的活动系统中，中介工具包括：（1）关于学科性质的观点和思想，包括教学内容知识；（2）提升互动的形成性特质的方法，如丰富的问题、什么是反馈有效的方法和"交通灯"这样的技术；（3）关于学习本质的观点和思想。由此可见，就中介工具而言，布莱克和威廉姆（2006）十分重视教师的抽象概念工具，如学科内容知识、评价知识和学习理论知识。主体指的是教师和学生；另外，有必要区分作为个体的学生和小组中的学生（Ball & Bass, 2000）。客体在大多数学科中指的是学生成就的提升，即更高质量的学习或者更高的分数。结果包括教师对学生期待的改变以及教师使用的评价类型的改变（不仅告诉教师谁学到了什么，还告诉学生为什么会是这样）。布莱克和威廉姆（2006）对客体和结果的定义与现有文献有所出入，本书认为，作为"原材料"和"操作空间"的客体应该是教师的评价实践，而结果则是学生成就的提升或更好的成绩。

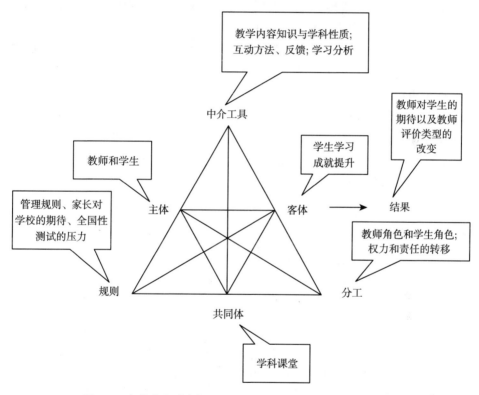

图 2-4　布莱克和威廉姆（2006）的形成性评价活动理论模型

在这一活动系统内，Kmofap 项目的发展路径被视为始于工具（特别是关于反馈性质和问题重要性的发现），这导致了主体（教师和学生）之间关系的改变。教师和学生角色的改变，进而引发了其他工具的改变，如学科的性质以及对学习的观点。特别需要指出的是，教师课堂实践中引发的改变是教师学习观的观点：教师从简单的连接主义的学习观，逐渐开始接受建构主义的学习观以及为与自我调节、元认知和社会学习相关的为自己的学习负责的学习观。布莱克和威廉姆（2006）进一步指出在该模型中的共同体是学科课堂，是确定的，而规则和分工则会随着形成性评价的创新而改变。就规则而言，如果教师不再为家庭作业提供成绩或分数，专注于通过评论提供反馈，则可能与管理规则以及家长对学校的期待产生矛盾。但是，在两所 kmofap 项目学校中，规则最终得以改变——教师不再为书面家庭作业提供成绩，但更为普遍的规则——学校存在帮助学生在全国性测试中取得好成绩的压力——确实在一定程度上限制了形成性评价的发展。布莱克和威廉姆（2006）认为，如果没有针对高利害测试的操控空间，很难融合教师的形成性评价实践和其在终结性评价中的责任。分工的变化更为剧烈，具体体现在教师和学生角色的变化。权力和责任出现从教师到学生的转移，学生开始共享工具的拥有权。

　　由上述分析可知，系统各要素之间存在强烈的互动关系。布莱克和威廉姆（2006）认为这意味着如果想要描述和阐释形成性评价的创新与变化，活动理论是一个适切的描述分析工具。

　　普赖尔和克罗苏阿尔德（2008）认同布莱克和威廉姆（2006）对活动理论系统价值的判断，认为形成性评价本身就是一个活动系统，并以活动系统为框架对研究生教育阶段导师形成性评价实践进行理论化，构建了博士研究生教育阶段导师形成性评价活动系统（见图 2-5）。

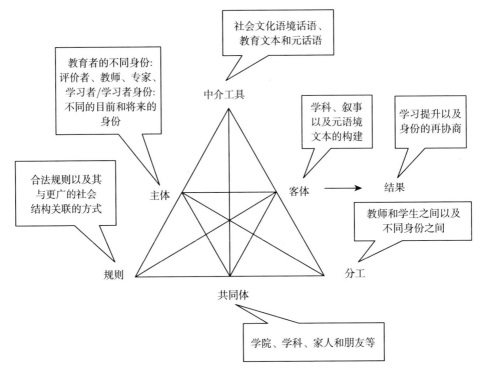

图 2-5　普赖尔和克罗苏阿尔德（2008）的形成性评价活动理论模型

在普赖尔和克罗苏阿尔德（2008）的活动系统中：中介工具指对社会文化语境的形成性评价的话语、教育文本和元话语。主体指教育者的不同身份（评价者、教师、专家、学习者）与学习者的不同身份（当下和未来的不同身份）。客体指学科、叙事以及元语境文本的构建，在中介工具的作用下，转化为成果：学习提升以及身份的再协商。分工发生在教师和学生之间以及不同身份之间。共同体指学院、学科、家人和朋友共同体以及未来的参照群体。规则指形成性评价实施语境中的合法规则以及这些规则与更广的社会结构关联的方式。普赖尔和克罗苏阿尔德（2008）活动系统的特点在于为活动系统各要素，特别是主体和共同体赋予了不同的内容。主体不限于教师和学生，扩展为教师和学生的多重身份，共同体也没有限于学科课堂中的教师和学生，扩展到了学院、学科、家人和朋友等更为广泛的群体。

普赖尔和克罗苏阿尔德（2008）认为，布莱克和威廉姆（2006）的活动理论分析强调了教师的主观能动性，主要考虑的是课堂环境，忽略了社会文化环境的影响。普赖尔和克罗苏阿尔德（2008）从社会文化理论视角出发，认为主体的身份是多重的，不断重构的。传统活动系统中主体身份是相对稳定的部分，因此教师的多重身份（活动系统的主体）在教育环境中运作（play），"为活动定理论提供了一点稍微不同的观点"（Pryor & Crossouard, 2008）。从主体多重身份的视角看，形成性评价实践成了这样一个过程：教育者作为叙述者探索其在教育环境中可能存在的不同身份中所固有的权力关系，学生以互动的方式对教育者的身份探索进行回应。普赖尔和克罗苏阿尔德（2008）分析了教育者作为评价者、教师、内容专家和学习者的不同身份所对应的责任，履行不同身份的责任如何产生了不同的功能和规则以及这些规则和分工如何形塑教师与学生的不同的关系和互动方式。在讨论规则和分工时他们借用了伯恩斯坦（Bernstein, 1996）的分类[①]与架构[②]的概念。分类与架构实际上是课程论中的概念，课程论研究早就指出不同类型的分类和架构对应不同的评价方式，如莫礼时（1996）指出，强分类的集合型课程的特点是采用明确的评价，而弱分类的整合型课程，采用进展型评价。普赖尔和克罗苏阿尔德（2008）认为，趋近型评价涉及强分类和架构，会提供材料让学习者注意到

[①] 分类指分割不同类型话语的边界的强度，它可以是数学、经济学、或英语，也可以包括分工的类属，如学生、辅助员工、教师和管理者。

[②] 架构指的是教育环境中社会规则的强度，涉及指导话语（instructional discourse）和规定话语（regulative）组成的教师话语（pedagogical discourse）。指导话语处理具体教学语境的知识选择，它的顺序、进度、标准和对其社会基础的控制，而规定话语指的是教学语境的等级关系，与对行为、性格和方式的期待相联系。伯恩斯坦（1996）发现不是所有的学生对学校环境的教学话语都具有同样的理解。学生的表现与学生理解认可规则和实现规则的程度关系密切。架构是教学环境改变的重要核心之一。

环境的规则，包括由评价标准定义的规定性话语和教学性话语。进行趋近型评价时，教育者的主要身份是评价者和教师，而在进行分散型评价时，教师身份是教师和学科专家，但更主要的是学习者。普赖尔和克罗苏阿尔德（2008）指出，考虑到教师不同的主体身份，教师可以有意识地，甚至深思熟虑地在不同的身份之间转换，而不是像一些激进的教育实践（Progressive Educational Practice）那样有意识地抛弃或隐藏这种权利。以这种方式看待形成性评价将使提升学生对教育环境话语和教育环境话语更广的社会构建的意识成为形成性评价的明确目标。正如恩格斯特所说，教育文本和教学语境成为批判的对象，而不是仅仅用于传递知识。由此可见，普赖尔和克罗苏阿尔德（2008）的形成性评价活动系统的分析重点在于主体不同身份的转换以及如何利用与不同身份相联系的每种规则和分工实施趋近型和分散型形成型评价。

从对上述形成性评价实践活动理论模型的分析可以看出，活动理论模型也是概念化和理论化形成性评价实践的良好方式。研究者从复杂的实证数据中提炼出的活动理论模型揭示了实践分类框架模型和过程理论模型所未能凸显活动系统各个要素的内容和互动关系，以及它们对形成性实践样态的作用和影响。形成性评价的活动系统呈现深化了我们对评价实践的理解，特别是对评价主体和社会文化语境作用的理解，具有很强的实践启示意义。本书认为，对于以教师和学生为主体的高度语境化和情境化的课堂形成性评价而言，活动系统提供了一个分析主体实践活动的有用框架。以活动理论为框架构建的形成性评价的系统模型，可以呈现形成性评价的社会和互动特质，凸显出社会文化历史环境因素和中介工具在形成性评价过程中的调节作用。

综上所述，形成性评价实践分类框架模型、过程理论模型和活动理论模型都是非常好的概念化和理论化形成性评价实践的方式，层层递进、互为补充。但是，在形成性评价研究领域，很少有研究综合使用三种方式对同一实证研究数据进行概念化和理论化的提炼，而在翻译教育领域内甚至未见任何形成性评价研究采用其中任何一种方式对翻译课堂的形成性评价实践进行概念化和理论化的提炼。

2.2.2　形成性评价理论化中的学习理论基础

为改善形成性评价理论建构较为薄弱的状况，研究者提出将许多其他学科的理论作为形成性评价的理论基础，如教育学理论、社会学理论、测量学理论、评价理论和学习理论等（李清华、王伟强、张放，2014; Stobart, 2008; Shepard, 2006; Black, 1998; Mcmillan, 2007; Black & Wiliam, 1998a; Black & Wiliam, 1998b; Torrance & Pryor, 1998; Yorke, 2003; Taras, 2012a）。这些理论对于形成性评价的功能不同，有一些侧重透视评价的本质，如社会学理论，有一些则侧重指导评价者设计和实施评价过程，如学习理论。此外，学习理论是学者们一致认为形成性评价最重要的理论基础。本书的研究目的是探索教师如何进行形成性评价，因此形成性评价的理论基础部分主要关注学习理论基础。在形成性评价领域中关于学习理论的探索主要体现在以下三个方面：（1）形成性评价与学习理论的关系；（2）形成性评价的行为主义学习理论基础；（3）形成性评价中的社会建构主义学习理论基础。

2.2.2.1　形成性评价与学习理论的关系

形成性评价的目的是促进学习，学习理论关注的是学习是什么以及学习如何发生（James, 2006），因此形成性评价与学习理论具有与生俱来的密切关系。佩雷诺德（Perrenoud, 1998）对布莱克和威廉（1998a）这一里程碑式研究的主要批评之一是其没有处理学习理论（Black & Wiliam, 2006）。斯托巴特（2008）指出，"形成性评价的单个研究是有学习理论基础的，所以形成性评价是有学习理论基础的"。塔拉斯（Taras, 2012a）认为形成性评价应该以学习理论为基础。

尽管现有的文献普遍认可形成性评价实践不仅具有学习理论基础，而且应该以学习理论为基础，但是对于学习理论在形成性评价理论化中的地位，学者们的观点并不一致。贝尔和科维（2002）认为，对学习的理论化应该有助于形成性评价的理论化。布莱克和威廉姆（2009）将形成性评价学习理论基础的研究成果作为形成性评价的理论化成果。但塔拉斯（2012a）认为，他们所做的只是寻找能够支持形成性评价实践的学习理论，并没有发展关于形成性评价本身的理论。本书倾向于认为对学习的理论化是形成性评价理论重要的组成部分，是一种形成性评价的理论化。首先，从评价的角度来看，所谓"寻找支持形成性评价实践的学习理论"可以看作是在试图从学习理论的视角论证具体的形成性评价实践的合理性和有效性。这实际上关注的是评价（形成性评价）重要的理论概念——效度。没有人会反对将效度的探索作为评价的理论探索的一部分。其次，从学习的角度来看，形成性评价本身是一种测量与教学（instruction）的结合，而非纯测量（Stiggins, 2001; Brookhart, 2007; Parkes, 2012），学习理论的融入将形成性评价与以纯测量为基础的大规模测试区别开。换言之，学习理论是形成性评价之所以为形成性评价的重要原因。

实际上，无论是否将学习理论基础的探究本身视作形成性评价理论化的一部分，探讨评价实践的理论基础本身都是有意义的。斯托巴特（2008）认为，探索教师隐性的学习理论是形成性评价实施开始阶段最重要的一步。托伦斯和普赖尔（1998）认为，学习理论用于帮助指导教师在评价的阶段作出决策。本书认为，学习理论基础的探究和强调对形成性评价而言具有理论和实践两个层面的意义。

在理论意义层面，强调和探究形成性评价中学习理论的作用主要体现在两个方面。一方面，有助于深化对于形成性评价概念和本质的理解。比如从行为主义学习理论角度看，形成性评价是一种强化，而从社会建构主义角度看，形成性评价是一种社会过程。再比如，当评价与促进学习联系起来，成为形成性评价之后，评价实践变成了一种艺术，而非单纯的技术，因为技术是标准化的，而促进学习十分复杂，过于语境化，需要评价者的经验和灵感。另一方面，这种对学习理论基础的强调对于评价相关人员提出了一道伦理选择题：评价的心理测量学考量 V.S. 学习考量。简单来说就是在评价系统开发和实施过程中，评价者（专业的测试开发者和／或课堂教师）是优先考量评价系统对学习的影响，还是传统的心理测量学层面的质量（如信度和效度），抑或是两者之间的平衡。这一选择背后涉及的是一个终极问题：该如何判断一个评价系统的质量？对学习的影响，还是评价系统本身在心理学测量学方面的表现？

在实践意义层面，强调和探究形成性评价中的学习理论是赋予形成性评价实践的合法性与合理性的过程，对于测试开发者和教师的评价实践均有启示和参考作用。首先，有利于测试开发者评估所开发的评价系统可能对学习造成的正面或负面的影响，根据具体评价语境和要求进行合理的改进，提高大规模测试系统的质量。其次，有利于鼓励教师对自己评价实践的反思，指导教师的日常评价实践。所有评价都有促进学习的潜能，但并不是所有的评价实践在具体的学习语境中都可以起到促学的作用。对学习理论的强调可以鼓励教师去反思自己评价实践的学习理论基础，检视课堂评价实践是否受到了来自学习理论的支持。用评价的术语来说，学习理论是教师论证自己的评价质量最重要的证据来源之一。这种对自己评价实践中学习理论的探究可以进一步提升教师对学习理论的理解，从而可以在今后的教学过程中更好地运用学习理论指导自己的评价实践。

学习理论关注学习是什么以及学习如何发生，不同的学习理论在这些方面有所差别（James, 2006）。布莱克和威廉（1998a）指出，有必要探索关于学习的不同观点及其与评价之间的关系。但学习理论研究者不一定关注学习理论对教学和评价实践的启示。因此，一直有形成性评价的研究者在努力探索不同的学习理论内涵及其与评价实践的联系，特别是探索评价实践的行为主义与社会建构主义学习理论基础及其对评价的启示。

2.2.2.2 形成性评价的行为主义学习理论基础

行为主义学习理论又称刺激—反应理论，主要观点包括：（1）学习是刺激与反应的联结，学习过程可以概念化为 S-R（S 代表刺激，R 代表反应）；（2）知识可分解为层级式结构的独立的单元，通过逐渐掌握整体知识的各个部分逐渐掌握知识的整体；（3）强化是学习成功的关键。

行为主义学习理论与形成性评价关系十分密切。实际上，最初将形成性评价这一概念引入课堂教学的布鲁姆等（1971）所提倡的掌握学习（mastery learning）就是以行为主义学习理论为基础的。古斯基（Guskey, 2010）论述了掌握学习及其与形成性评价的关系。在掌握学习中，学习被认为可以以分解为小的学习单元的形式进行，一旦一个学习单元的教学结束之后，即可进行以纸笔测试为主要形式的形成性评价。基于测试的结果，教师采取纠正性措施实现教学目标。由此可见，这里的形成性评价的目的是对学习困难进行补救，强调教师对改进教学方法实现这一目的。在这种学习观下，形成性评价是一个检查学生是否实现了教学目标，确认学生差距，提供反馈强化学生认知，帮助弥补差距的过程。普赖尔和克罗苏阿尔德（2008）表示，他们一开始将趋近型形成性评价视为行为主义式的评价，且他们观察到的多数评价实践也都与行为主义学习理论中的刺激反应模式非常契合，反馈强化了正确的答案。但他们同时也指出最佳的趋近型形成性评价也可以被视为一种"搭架子"，教师在帮助学生完成其无法独立完成的任务中起到了关键作用。

曹荣平（2012）指出，尽管目前的形成性评价实践倾向于建构主义模式，但不能忽视其行为主义的学习理论基础。原因有二：首先，基于行为主义学习理论的评价也可以在学习中起到积极的形成性作用。其次，如果我们将形成性评价的概念追溯到课程和评价理论之中，将很容易发现它与行为主义的密切关联。本书认为，作为解释学习机制的学习理论本身并没有高低之分。行为主义学习理论虽然不再是主流的学习理论，但对于不同类型的学习依然可以起到解释和指导的作用。

2.2.2.3 形成性评价的社会建构主义学习理论基础

尽管形成性评价的原初概念支持了行为主义的学习理论，但在目前的形成性评价文献中，行为主义学习理论在很大程度上已让位于建构主义，特别是社会建构主义学习理论。社会建构主义学习是认知建构主义理论和社会文化学习理论相结合的产物。

认知建构主义学习理论认为，学习是学习者在原有知识经验的基础上，主动对外来的新刺激进行加工互利，构建意义和理解的过程——学习被视为概念发展的过程。这一解释体现了认知建构主义学习理论的两大特点：首先，与行为主义的刺激—反应模式中的被动接受信息不同，在认知建构主义理论中，学习者不是被动地接受外来信息，而是主动地对新信息选择加工。其次，认知建构主义学习强调了学习者的已有知识对新理解发展的作用。根据这一学习理论，学习不是一个按照单一的预先决定的道路向预先规定的重点发展的过程。从认知建构主义的视角看，形成性评价是一个考察学生知识、技能以及态度与学习活动互动的过程。

对认知建构主义学习理论最大的批评在于其过于注重抽象的心理结构（Mental Structure）和理性的思维过程，而忽略了学习和思维过程的社会历史情境属性（Mental Structure）。社会文化理论考虑到了学习过程中的社会和文化语境的作用。社会文化理论的主要观点包括：（1）个人学习以社会为中介，如教师向学生教授阅读、同伴教学与合作学习等；（2）社会中介是一种参与性的知识建构过程，即学习就是参与到知识建构的社会过程之中；（3）社会中介通过文化中介实现，也就是说，学习者的学习受到了文化实物的帮助，如电脑这样的工具和话语体裁这样的符号系统。在社会文化理论视角下，学习和形成性评价都是情境化的活动、分布型认知和中介行为。贝尔和科维（2002）认为，上述社会文化理论视角的学习观都有助于将形成性评价理论化。首先，社会文化视角的学习观告诉我们决定学习的是课堂里发生的一切，而不仅仅是学生脑中的思维。形成性评价是一个高度情境化的活动，所以为了理解形成性评价，我们不仅要考虑个体的意义构建，还需要考虑个体意义构建所发生的环境。其次，意义是社会文化视角的心智（Mind）观的中心。沃茨等（Wertsch et al., 1995）认为心智本身具有天生的社会和中介属性。社会文化理论强调的是心智而不是头脑。如果人类的思维被视为一种情境化的、分布型的、中介的行为，那么心智就比认知或大脑运作更丰富，它包括一系列心理现象，如心理过程、自我、情感和意图。因此，在理论化形成性评价时，应该考虑心智而不仅仅是人脑的运作。感情和意图与认知一样都是形成性评价的一部分，它们共同构建意义。最后，社会文化学习理论是为了解释说明人类心智功能与心智运作的文化、制度和历史情境之间的关系（Wertsch, 1991）。因此，在理论化形成性评价时，应该观照个人和社会两个方面。

柯布（Cobb, 1994）认为，无论是认知建构主义还是社会文化理论都与现实不相符，只描述了现实的一半。实际上各理论视角都暗含了另一视角的成分，但都只突出了其中的一个方面。因此，他认为学习既是个人建构，也是社会过程。柯布（1994）指出，认知建构主义和社会文化主义就像是前景和背景，根据目的，两者的位置可以改变。

　　"我认为社会文化视角将产生关于学习可能性条件的理论而建构
主义视角的理论将关注学生学习到了什么以及通过什么样的过程学习。"
（P.18）

　　萨洛蒙和珀金斯（Salomon & Perkins, 1998）也认为学习理论构建两者都需
要考虑。贝尔和吉尔伯特（Bell & Gilbert, 1996）对社会建构主义的主要观点进
行了总结：（1）知识是由人建构的；（2）知识的重构和建构既是个人的，也是
社会的；（3）知识的个人建构是社会中介的，而知识的社会建构是个人中介的；
（4）社会建构的知识既是人类社会互动的语境，也是人类社会互动的结果。社会
语境是人类学习活动不可分割的一部分；（5）与其他人的社会互动是知识的个人
和社会建构以及再建构的基础。

　　实际上，在理论层面，社会建构主义本身就是一个具有争议的术语（Stobart,
2008）。谢巴德（2000）认为，它是一个混合的、中间派的理论，理论要素来源
于两个有时甚至是对立的理论阵营，因此既无法获得纯正的建构主义理论的支持
也无法获得社会文化学习理论的支持。但斯托巴特（2008）认为，社会建构主义
的思想并不是最近才发生的两种对立理论的综合，杜威和维果茨基都强调了个体
学习的社会语境。从杜威的功能主义衍生出个体与环境互动的重视，而维果茨基
则强调了社会关系如何先于学习以及行动和思考的互动。两者都强调了学习的社
会和文化基础。这种社会建构主义学习理论的核心是：（1）学习是积极的社会过
程；（2）在这一过程中，学生构建意义；（3）建立在已知的基础上的最佳学习
成果。

　　许多研究者都倾向于将社会建构主义学习理论作为形成性评价的学习理论基
础（李清华、王伟强、张放，2014; Roos & Hamilton, 2005; Stobart, 2008; Shepard,
2001; Taras, 2012a），其主要原因在于当前的形成性评价实践的核心被认为是课堂
互动以及在课堂发展信任的文化（Crooks, 2003）。滕斯托尔和吉普斯（Torrance &
Pryor, 1998）认为，行为主义学习理论作为形成性评价理论基础存在两大问题：首
先，不能解释儿童如何从反馈（不论多么详细的反馈）中学习；其次，在忙碌的课
堂中，具体的以行为主义学习理论为基础的评价实践难以操作，可行性不佳。社
会建构主义理论的优势在于它不仅可以解释儿童学习的机制，而且由于其关注的
主要是教师与学生互动这一评价形式，因此实践可行性较高。

　　在社会建构主义学习观下，评价过程被视为社会过程，强调教师、同伴和学
生共同合作构建学习经验。教师的角色涉及提供学习机会、引入新的思想、与学
生互动以支持和引导学习，评价是一个教师和学生了解学生的知识现状，确认其

下一步可以做什么的过程（Torrance, 1993; Meltzer & Reid, 1994; Clarke, 1995; Dassa, 1993）。这种形式的形成性评价与教学和学习是一体的（Meltzer & Reid, 1994; Harlen & James, 1996），与教师日常进行的"教中评"的观念更为一致（Newman et al., 1989）。师生、生生互动是评价过程的核心，而不是与评价过程分离的（Torrance, 1993）。这样的评价是由教师和学生共同完成的（Pryour & Torrance, 1996），评价信息可以包括学生和教师的信息（Filer, 1993）。师生之间的交流、反馈或对话非常重要（Boud, 1995; Clarke, 1995; Filer, 1995;Sadler, 1989; Tunstall & Gipps, 1996; Torrance & Pryor, 1995）。在一个将学习视为知识传递的传统课堂中，这样的交流活动不多。在课堂中进行这样的形成性评价意味着，教师的教学法必须进行实质性的改变（Black & Wiliam, 1998a）。

由此可见，社会建构主义学习理论并不是解释所有课堂评价实践的理论基础，而只是更适合于阐释以课堂互动为核心的形成性评价实践。课堂互动这一评价形式，由于本身所具有的高可行性的特点，被有些学者认定为主要的评价形式，使得社会建构主义学习理论被视为"目前的形成性评价实践更适当的理论基础"（Stobart, 2008）。

简言之，在现有的形成性评价文献中，有一部分观点认为目前的形成性评价定义既支持行为主义学习理论，又支持建构主义学习理论（Torrance, 1993; Sadler, 1989; Tunstall & Gipps, 1996），但大多数研究者或主流的观点则倾向于将社会建构主义视为形成性评价的学习理论基础。

本书认可学习理论对于形成性评价的理论和实践意义，但不支持将任何一个特定的学习理论作为形成性评价的学习理论基础，理由有三。首先，不同的学习理论之间本身就有许多重叠的地方。詹姆斯（James, 2006）指出，各种学习理论之间有重叠的地方，行为主义学习理论中有建构主义的论述，而认知建构主义和社会建构主义的界限并不明确。其次，不同的学习理论对不同的学科和学习目标的适用性不同。詹姆斯（2006）指出，行为主义学习理论似乎与技能或习惯行为的发展比较契合，而建构主义则与学科概念结构的深度理解较为契合。换言之，不同的学习理论都提供了对不同学习过程的洞见。最后，形成性评价并不是一套封闭的评价实践形式的集合，任何有利于促进学习的实践都可以被称为形成性评价。所有的评价实践形式都具有形成性潜力，而一个具体的学习理论知识强调一些类型的实践形式的重要性。如果将某一种特定学习理论作为形成性评价的学习理论基础，将不利于发现和开发有利于学习的新的评价实践方法。

综上所述，形成性评价是一种高度语境化的教育实践，没有哪一种评价策略可以保证其在所有语境中的有效性。不同的学习理论没有高下之分，只是对不同的学习目标具有不同的适应性。因此，对于研究者来说，最重要的不是将某个具体的学习理论确定为形成性评价的理论基础，而是描述和探索评价的实践样态，探索和分析这些实践样态背后的学习理论基础，为教师提供启示性的参照，使教师认识到自己实践的学习理论基础，唤醒教师的实践与理论连接的意识。

2.3 形成性评价的实践方法

教师形成性实践方法的研究大致可以分为两种类型。第一类为形成性评价实践系统的设计和运用，即根据形成性评价的研究发现和课程的情况，开发一套评价实践系统，并将其运用于实践之中，检验其对课程教学改进、教师发展和学生发展的作用。系统的内容通常由三个部分组成：多元评价主体（通常包括自我评价、同伴评价和教师评价）、多元信息收集方法（档案袋、教师观察、各种测试手段等）和评价对象（通常为学生认知发展，有时涉及情感发展，有时也涉及教师发展）。这种研究通常为实验研究，教师评价只是其中的一部分，缺乏对整个评价过程系统和细致的描述分析。第二类为形成性评价实践过程（通常包括信息的收集、阐释和使用，有时涉及目标和标准的确定和选择）的分步描述。总的来说第一类的研究较多，第二类研究较少，特别是在翻译教育领域中较少。鉴于这一现状以及本书的研究目的，本小节将首先对非翻译教育中的教师评价分步实施方法研究进行综述，然后聚焦翻译教育领域中的相关研究。

2.3.1 非翻译教育中的形成性评价实践

非翻译教育中的评价过程研究指翻译学科之外的其他学科和课程的评价实施过程研究，可以为本书关注翻译课堂形成性评价过程研究提供背景。本小节将简述非翻译教师的学习目标和成功标准选择、信息收集、信息阐释和使用三个方面的相关研究。

2.3.1.1 非翻译教师的学习目标与成功标准选择

学习目标和成功标准是形成性评价的核心要素。现有的文献显示，在非翻译教育领域，形成性评价研究主要关注的是如何分享和明确学习目标和成功标准，如通过范例而不是抽象的语言（罗少茜、黄剑、马晓蕾，2015; Black et al., 2003），很少有研究关注教师如何选择和确定评价目标和标准。这主要是因为：首先，明确和分享学习目标与成功标准被视为最重要的形成性评价策略；其次，大多数形成性研究关注的都是中小学阶段的教育，而中小学教育中的教学目标和评价标准一般都是由自上而下的大纲规定的，教师的主要任务是理解目标和标准，并在实践中加以分解和运用，而非自主选择。在大学教育的语境中，许多课程并没有自上而下的评价目标和标准，教师需要承担起选择和确定学习目标和标准的责任。

文秋芳（2011）关于应用语言学研究生文献阅读课程的形成性评价理论就将确定目标和标准作为实施形成性评价的第一步，并为该课程开发了总目标和细目标。关于如何选择和确定目标的过程，她并没有进行系统的探索，但从其总目标和细目标的论述过程中，可以看出其目标选择与确定过程参照了两大层面的因素。首先，目标本身的价值和特性。在谈及选择确定总目标（阅读能力、评价能力、口头报告能力与合作能力）时，指出这四大目标非常明确，与研究生的总体培养目标匹配，兼顾了学术能力和综合素质。在谈到将阅读能力转化为细目标（5 个具体问题）时，文秋芳指出这些细目标具有很强的迁移性，可以用于阅读所有应用语言学的实证研究论文。其次，学生的学习和能力现状。关于选择确定细目标的原因，文秋芳认为研究生具有很高的学习自主性，一旦有了细目标，在一定程度上学生就能够自己管理自己的学习。文秋芳指出在细化评价能力目标时会尽可能考虑仔细，将评价涉及的方方面面全都列上，而这么做的原因在于，根据其多年观察和经验，英语专业的硕士研究生不仅阅读文献的能力弱，评价文献的能力更加不尽如人意。泰勒（Tyler, 2013）指出，要合理地确定教育目标，必须考虑三个来源，即对学生的研究、对当代社会生活的研究和学科专家的建议。但是，由于学校教育的时间、能量有限，因此只能把精力集中在少量非常重要的目标上，这就要对来源于三个方面的目标进行筛选，剔除不很重要或相互矛盾或学生无法达到的目标。文秋芳（2011）对学科和学生来源的目标进行了筛选。

除了具体的目标来源之外，形成性评价中学习目标和标准的选择特别强调对学习进度的参照。马斯特斯和佛斯特（Masters & Forster, 1996：1）认为：“学习进度是纵向地图，描述了典型的技能、理解和知识发展的顺序，提供了一幅在特定学习领域内进步意味着什么的画面”。贝利和赫里蒂奇（Bailey & Heritage, 2008：50）指出：“学习进度应该清晰地说明构成向最终目标（即规定的标准）迈进过程中的子目标。学习进度描绘了一幅包括要学习什么以及对于教师和学生来说重要的，需要了解和铭记于心的东西的广阔画面。如果学生学习的进程是一个连续体，那么学习进度帮助教师定位学生目前处于连续体的何种位置。”学习进度的产生源于标准化运动中标准本身的不足。为保证教育教学质量，许多国家都提出了一定教学阶段结束之后应该达到的标准，为教师和终结性评价提供学习目标的描述。虽然满足这些标准是教学的主要目的，但是大多数国家标准并不能提供发现学生与目标差距的清晰的阐释性框架（Bailey & Heritage, 2008），无法对形成性评价实践提供有效的指导（Heritage, 2012）。

2.3.1.2 非翻译教师的学习信息收集

信息收集是形成性评价过程的重要一环，目的在于使教师能够对学生学习作出回应（Bell & Cowie, 2002）。伯纳（2012）指出收集什么信息，信息如何收集、信息的收集是否会影响信息、信息的质量、是否有足够的高质量信息帮助决策是非常重要的问题。赫里蒂奇（2012）指出教师在学习过程中产生和收集信息是形成性评价中的核心实践。

杜威（1938）认为，收集支持学习的学习信息比注意机械运用的测试结果需要更高的观察技能。格里芬（Griffin, 2007）提出，人类可以通过四种可观察的行为获取认知和情感学习证据：说、写、制、做。通过对这四种行为的观察，观察者可以推论学习者的学习状况。形成性评价不排斥任何来源的学习信息。对于实施形成性评价的教师而言，无论学习证据的来源是什么，教师的角色是建构和设计能揭示学生真实学习状况的方法（Sadler, 1989）。

关于学习信息收集，现有的文献提出了许多手段，其主要模式可以概括为：评价任务＋基于评价任务的相关学习活动（包括各种师生和生生互动活动）。相关的研究主要包括两大类：应然研究和实然研究。应然研究关注从理论上教师应该如何选择和开发评价任务和实施相关活动，如评价任务应该与评价目标匹配和评价任务的设计应该参照学习进度等。实然研究关注的是在具体的教育实践中，教师究竟是如何收集学生学习信息的。这方面的研究相对较少。文秋芳（2011）开发了课前、课中、课后三个不同学习阶段的作业和任务，形成了一个完整的证据链。课前作业包括两项任务，即研读文章与完成书面作业；课中的学习证据收集通过观察学生的口头报告完成；课后的学习证据由学生们撰写的反思日记提供。关于设置这一学习信息收集系统背后的理念，文秋芳（2011）指出："研究生的学习时间更多的是花在课外，所以教师必须要建立一种机制，确保学生课前、课中、课后进行有效学习。"托马内克等（Tomanek et al., 2008）的研究以质性方法探索美国有经验和职前教师在形成性评估任务选择过程中的思考（Reasoning）。研究发现，影响教师选择评估任务的因素包括三个维度：任务特征与学生或大纲特征、对学习者的期待与对任务的期待以及教师经验的影响。帕森斯（Parsons, 2016）开发了问题暂停程序（pit stop procedure）帮助收集开放性的讨论问题不适收集学生语言形式的信息，为语言形式问题的进一步讨论和反馈提供机会。

2.3.1.3 非翻译教师的学习信息阐释与使用

信息阐释与信息使用是密切联系的过程，前者本身是不可视的，但体现在信息使用过程之中。由于传统的形成性评价概念将信息使用视为形成性评价最重要的区别性特征，这方面的研究较为丰富。本书主要综述信息使用的研究成果，在信息使用的分析之中呈现教师的信息阐释。信息使用包括教学调整和提供反馈两个方面。

关于教学调整，相关的研究相对匮乏。赫里蒂奇等（2009）的研究表明，对于教师来说，最具有挑战性的任务是使用评价信息制订下一步的计划，并按照需求调整下一步的教学。他们指出教师根据学生学习证据调整教学的能力取决于深厚的内容知识，包括数学领域内的学习进度。

教育者对反馈的研究已经有近 100 年的历史（Irons, 2008），主要可以分为两大类：（1）为关注反馈不同参数及其对反馈效果影响的实验研究；（2）自然环境下教师反馈特点的研究。前者的研究相对较多，后者的研究较少。

对教师反馈研究主要采用实验的方法探索教师反馈的各项参数对学习的影响以及对这些实验研究综述或元分析。这些参数大致可以分为形式参数和内容参数。

形式参数又主要包括反馈的时间、量、语言、情感态度。反馈的时间主要包括及时反馈和延时反馈两种。许多研究指出反馈的及时性是反馈效果的重要保证（Brown et al., 1997; Cowan, 2003; Walsh & Sattes, 2011）。但也有研究认为反馈时间对反馈效果的作用受到学习任务类型以及学生水平两个因素的调节。舒特（Shute, 2008）认为，及时的反馈适用于程序性知识的学习或在学习开始阶段难度远远超出学生能力的任务，而延迟的反馈则更适合于在学习者能力范围之内的任务，或培养需要迁移到其他语境中的能力。就反馈的量而言，主流的观点认为反馈重在精而不在多（Wiliam, 2011a），反馈的量应该在可控的范围之内，不应具体到代替学生思考的程度（Day & Cordón, 1993; Shute, 2008; Wiliam, 2011b）。反馈的语言形式主要包括书面反馈和口头反馈。布莱和麦罗（Boulet & Melo, 1990）的研究认为口头反馈优于书面反馈。此外，萨德勒（1998）和艾伦（Irons, 2008）指出，教师用以表达反馈的语言必须是学生可以了解和理解的语言。哈夫拉奈克（Havranek, 2002）探索了在反馈中使用适当的语言以帮助学生理解的重要性。布莱克（1999）还强调了反馈的语言应具有激励性的作用，指出反馈的表达要能起到鼓励学生采取行动、解决学习问题的作用。在情感态度方面，萨德勒（1998）提出教师愿意帮助学生的态度十分重要。沃尔什和萨特斯（Walsh & Sattes, 2011）总结了有效反馈和无效反馈的六大特征，其中一条是提醒教师反馈表达要采用正面和帮助的口吻。

内容参数是反馈研究中的重点，同时是影响反馈质量的重要因素（Stobart, 2008）。相关研究发现教师反馈的内容可大致分为关注任务的反馈和关注自我的反馈（多以表扬学生的形式出现），且关注任务的反馈对学习表现的正面影响大于关注自我的反馈（Bangert-Drowns et al., 1991; Kluger & Denisi, 1996; Siero & Van Oudenhoven, 1995），而赞扬式反馈的主要作用在于提升学生对任务的兴趣和态度（Cameron & Pierce, 1994; Butler, 1987）。关注任务的反馈还可以分为关注产品质量的反馈和关注实施任务过程的反馈，且关注任务过程目标的反馈比关注产品目标的反馈更有助于提升学生的学习成就（Schunk & Rice, 1991; Schunk & Swartz, 1993; Shute, 2008）。此外，还有一些研究者对反馈的内容进行了更细致的规定和分类。许多研究者认为形成性反馈的内容应该包括现状、目标、差距与缩短差距的建议和方法（Black & Wiliam, 1998a; Butler & Neuman, 1995; Kluger & Denisi, 1996; Ramaprasad, 1983; Sadler, 1989）。萨德勒（1989）提出应该根据不同的学生水平选择反馈内容。布莱克等（2003）提出反馈需要提供评论，不需要提供成绩。哈蒂和廷珀利（Hattie & Timperley, 2007）提出了指向任务、过程、自我调节和自我的四种类型，并强调反馈应该指向前三种而非后一种。埃利斯（Ellis, 2009）提出了纠正性反馈的概念，并提出了直接反馈、间接反馈、要求修改的反馈和不要求修改的反馈等不同的反馈类型。

除关注不同反馈参数及其反馈效果的实验之外，还有少数研究者对自然环境下教师反馈的特点进行了探索，比如：斯米特（Smidt, 2005）发现教师的反馈倾向于关注易于观察的事物，如作品的呈现和整洁、作品的表面特征、作品的量、学生付出的努力，而古德和格劳斯（Good & Grouws, 1975）发现好的教师提供表扬式反馈的频率比较低。托伦斯和普赖尔（2001：625）指出："当教师对反馈涉及的主题感到安全时，教师的反馈会更具体，而当教师对反馈所涉及的领域不太自信时，反馈会比较笼统。"

2.3.2　翻译教育中的形成性评价实践

形成性评价这一概念被引入翻译教育领域的时间并不长（Colina, 2003; 曹荣平、陈亚平, 2013; 肖维青, 2012; 万宏瑜, 2013），但翻译评价，特别是教师如何评价翻译学生作品，一直是翻译教育领域中的重要研究课题。换言之，虽然翻译教育领域中现有文献中以"形成性评价"为名的研究较为匮乏，但不少研究的内容涉及形成性评价的实施过程。为尽可能全面、真实地反映目前在翻译教育领域形成性评价实施过程的现状，本小节将从学习目标与成功标准的选择、学习信息的收集以及学习信息的阐释与使用三个方面展开对翻译教育领域内的教师形成性评价实践过程研究的综述。

2.3.2.1　翻译教师的学习目标与成功标准选择

由于翻译学科及翻译教育的特殊性，学习目标和成功标准一直是翻译教育研究领域关注的热点。现有的文献显示，学习目标和成功标准相关的研究多为对研究者、学者和机构提供的翻译评价应该采用的目标和标准的研究，对于教师在课堂评价中究竟如何选择目标和标准进行的研究较少。

（a）翻译教师学习目标与成功标准选择的应然选择

就学习目标而言，现有文献显示，翻译教育中提出的学习目标主要包括通识教育目标和翻译专业能力目标。对于通识目标的强调来自中国翻译教育领域，而对翻译能力目标的强调和分析则来自西方翻译教育领域。从内容上看，这两者的界限并非泾渭分明，内容上存在相互交叉的地方；从功能上看，两者存在相互促进的关系。

许多学者都提出了翻译教育，特别是翻译本科教育和本科翻译课程的通才目标。何刚强（2006）提出了"译才不器"的观点，指出翻译本科定位是培养适应能力较强的翻译通才。"通才观"认为在翻译专业的培养方案中突出四项基本要求：扎实的双语基本功、相当的国学基础、足够的杂学知识面和良好的思辨能力。彭萍（2015:160）指出，本科阶段的翻译课，不能成为单独的技能课，而应该继承传统，顺应潮流，将"人文通识教育"纳入教学的各个环节。翻译作为两种语言并重的课程，完全有能力在翻译史介绍、翻译实践、译者评析等环节拓宽翻译学习者的文化视野、提升翻译学习者的思想和心理素质、增强翻译学习者的美学欣赏能力、培养翻译学习者的批判性思维能力。

翻译专业能力目标比较复杂，不同的学者在不同的历史阶段基于不同的研究与视角提出了内涵不同的多要素翻译能力模型。坎贝尔（Campbell, 1998）基于对学生译者的实证研究提出了包括目标文本能力；性情素养（坚持或放弃，冒险或谨慎）以及检验能力的翻译能力模型。翻译能力习得过程和评估项目组（Pacte, 2005）基于对多位职业译者的实证研究提出了包括双语次能力、超语言能力、工具次能力、翻译知识次能力、心理生理要素的多元翻译能力模型。

就评价标准而言，翻译教育领域内的评价标准主要可以按照标准内容和标准的来源分为不同的类型。

按照标准的内容，翻译评价标准可分为产品与过程标准以及文本与超文本标准。科琳娜（Colina, 2003）提出了包括基于产品考量的翻译过程评价方法。王树槐（2013）提出了"发展性翻译教学评价"的概念，指出就翻译评价对象而言，发展性翻译教学评价涉及两大对象：结果领域与过程领域，并对两大领域的内容做了详细的分类。其中，结果领域包括语言结构对比评价、语篇生产评价、功能实现评价与美学表现评价，过程领域包括翻译策略、翻译人格、翻译学习风格和翻译理念。在翻译领域中，有一种认为产品评价不是形成性评价，形成性评价更倾向于过程评价的思想和倾向（Orlando, 2011）。本书则认为对于形成性评价来说，翻译产品和翻译过程标准同样重要。首先，掌握产品标准是形成性评价的前提。萨德勒（1989）提出的形成性评价就是一种针对产品的评价，其核心是让学生掌握与教师相似的"质量观"，以便学生自我监控和调节自己的学习产品生产过程。其次，产品评价是过程评价的前提和基础。翻译产品和翻译过程评价并没有绝对的鸿沟。翻译产品，可以成为了解译者翻译过程的起点。在翻译产品分析的基础上，教师可以推断，或者通过其他辅助手段（如提问等）使译者的翻译过程可视化，以便于教师提供适当的干预，学生进行自我反思与评价。与产品与过程标准分类相似，翻译标准还可以分为文本标准和超文本标准（Orlando, 2011），其中文本标准包括语言忠实、语言质量、语言有效性、所使用的术语的一致性、归化因素、产品的可读性、可展示性等。文本标准还可以分为客观标准和主观标准。超文版标准包括译者策略、材料的使用、平行文本的研究、翻译述要的遵守、服务质量、工作效率和成本等。

按照标准来源，翻译评价标准可以分为翻译行业标准与翻译教育标准。大部分翻译服务行业都将翻译作为产品，根据主观和客观平衡的文本因素进行评价。翻译教育标准则要求在评价翻译作品时考虑学生学术知识、翻译过程以及超文本因素（Orlando, 2011）。本书认为按照标准的来源，教育领域的评价标准还可以分为三类：来自翻译家（特别是文学翻译家）的标准（见表 2-6）、来自翻译教育者的标准（见表 2-7）以及来自主要翻译测试组织和机构（翻译测试协会）的标准（见表 2-8）。

表 2-6 翻译家提出的翻译质量标准

翻译家	内容
严复	信达雅
鲁迅	宁信而不顺
赵景深	宁错而务顺
林语堂	"忠实标准、通顺标准、美的标准"
傅雷	神似
钱钟书	化境
刘重德	信、达、切
许渊冲	音美、形美、意美

资料来源：笔者根据公开资料整理。

许多翻译家，特别是文学翻译家都提出了翻译学习的目标和标准。这些目标和标准大多是翻译家基于文学翻译实践提炼出的文学翻译的质量评价标准。由于对翻译性质和翻译目的的认识存在差异，有些标准甚至是对立的，如鲁迅的"宁信而不顺"和赵景深的"宁错而务顺"。但大多数翻译家提出的翻译标准都是类似的，主要涉及语言的准确性（信、忠实）以及表达和转换的艺术性（顺、达、适如、神似、化境、切）。在形式上，这些标准的语言精练，往往用凝练的字词表达。在内容上，这些标准内涵丰富、意蕴深远，相当于中国画中的留白，给读者留下许多想象的空间，符合中文表达的气质，需要体会与感悟和实践的检验才能够实现深度的理解。从现代评价的角度看，在标准的性质上，它们大体属于模糊的标准，对应的是质性评价的阐释方式（Sadler, 1998）。

除了翻译家之外，翻译教育者和翻译教育机构提出了翻译评价测试的标准（见表 2-7）。从标准的内容看，翻译教育界提出的评价标准的一大特点是内容更加

表 2-7 翻译教育者提出的翻译质量标准

来源	内容
李德峰（Li, 2006）	传统标准：（语法、词汇和理解） 交际标准：流畅、功能和目的、交际的质量和数量、交际的有效性和功能
刘宓庆（2007）	基于三个方面，两个指标的翻译作业评价标准：理解方面、表达方面、功能方面和技能指标与技巧指标
科琳娜（2003: 130）	原文的依附性／充分性（25%）：根据翻译述要，准确地理解原文意义并传递于译文中 目标语篇的充分性（25%）：根据翻译述要，使译文符合目标语的语言、语篇、文化规范， 词汇、专门知识、研究（15%）：通过查找文献，使术语翻译恰当、准确 功能与语篇方面（25%）：根据翻译述要，充分分析翻译任务中的语用问题，如修辞目的、读者需求、翻译情境，并善于分析平行语篇等 修改过程（10%）：有充分的修改和抛光活动
台湾师范大学	英译中：原文理解占 70%；词条灵活度占 10%；语法正确度占 10%；文体、风格表达度占 10% 中译英：译文正确度占 85%；词条灵活度占 5%；语法正确度占 5%；文体、风格表达度占 5%
伦敦大学帝国学院	理解原文准确，包括词、句和篇章层面 译文可读性强 语域风格恰当 背景知识、专业知识充分 术语准确一致 创造性解决问题的能力强 方法灵活 掌握所需工具，包括网络和计算机辅助工具

丰富，开始从职业（交际）翻译的角度来评价翻译产品和翻译过程。比如科琳娜（2003）提出的权重为 15% 的第三条标准，即"词汇、专门知识、研究（15%）：通过查找文献，使术语翻译恰当、准确"。伦敦大学帝国学院的"创造性解决问题的能力强"（an imaginative approach to problem solving）和"背景知识、专业知识充分、术语准确一致"。翻译教育界提出评价标准的另一特点是标准内容的细化，主要体现在如对翻译文字表达细节的要求，包括语法、标点符号、拼写以及日期，对不同的标准赋予了不同的分数权重，对语言内容的准确性和语言形式的艺术性作出了更为细致的规定。这种细化增强了评价实践工作的可操作性。

最后一类标准，由翻译测试机构与协会提出，用于具体的翻译测试的评分。

从表 2-8 中可以看出，中国翻译测试的评价标准，无论从内容上还是语言上都继承或沿用了翻译家特别是文学翻译家的翻译产品质量标准，尽管表达略有不同，但都用信达雅三字概括，评价标准高度抽象。与之相比，美国和英国的译者协会则更加细化，特别是英国译者协会的标准，不仅包括技术方面的规定，还提出了一个补充条款将一定程度的漏译、未译视为一票否决标准，强调了对译者的工作态度的评价。

表 2-8　　　　　　　　翻译测试机构与行业协会提出的目标与标准

来源	内容
英国译者协会	三个评分参数和一个补充条款： 理解、准确性和语域 语法（词法、句法）、衔接连贯以及组织（grammar, coherence, cohesion and organization） 技术方面：拼写、标点、重读、专有名词数字日期的转换以及字迹清晰易读等 补充条款：原文的 5% 或以上漏译、未译的情况，自动判作不及格
美国译者协会	有用性 / 转换、术语 / 文体、地道的写作、目标语的语言形式
中国翻译测试	英语专业 8 级： 　英译汉标准：内容忠实、风格与预期、译文优雅（措辞恰当、句型多变） 　汉译英标准：内容忠实、译文优雅（优雅包括通顺） 大学英语四级：正确和表达清楚 全国硕士研究生入学考试：准确、完整、通顺 上海市高级英语高级口译岗位资格证书笔译部分：信达雅

总的来说，用评价领域的语言来表达，翻译教育领域提出了丰富的、教师应该选择使用的学习目标和评价标准。

（b）翻译教师学习目标与成功标准选择的实然选择

实然研究部分，相关研究十分匮乏，奥兰多（Orlando, 2011）的研究与之较为相关。奥兰多（2011）开发了两套评价标准，并将其用于口笔译硕士项目的评价。一种是翻译作为职业的评价标准，其目的是帮助教师根据职业翻译的理论素养和实践能力对学生进行评价。标准内容来自世界范围内翻译行业产品评价标准的调查，由客观和主观文本因素构成。主观因素包括功能、质量、效果，对目标读者的适切性、翻译述要的遵守情况、题材和风格；客观因素包括原文的理解、转换的准确性、语言质量等。另一种是翻译作为学科的评价标准。因为项目本身的学术性以及以学生、研究为中心性质，评价标准不能满足于产品标准。在培训开始时，学生已经具备一定的口笔译的理论基础，以及翻译学研究方法方面的训练。在项目结束时，学生需要能够将翻译学作为一个跨学科和跨文化的学科加以理解。另外，在每周的工作坊期间，学生总是需要解释他们完成本周翻译的策略以及所采取的不同步骤。为此，奥兰多（2011）开发了第二个评价系统根据学生学术知识和翻译过程评价学生的文本并考虑非文本的因素。从内容上看，这两套标准的内容十分全面，但问题在于，我们并不了解这套标准在实际运用中的情况究竟如何。此外，在信息阐释的实然研究部分，还有关于评分员如何评分的过程性的实然研究。然而，评分员评分属于具有较为典型的终结性评价的特征（在封闭环境下按规定的标准进行），与教学实践中所进行的评价有所不同。

总的来说，对于教师如何阐释信息的实然过程，特别是教师在自然课堂中究竟选择根据何种目标、标准和学习进度对所收集的学习信息进行阐释以及选择背后的原因，目前的文献并没有提供太多的线索。

2.3.2.2 翻译教师的学习信息收集

与非翻译教育相似，翻译教育中的信息收集的基本模式也是评价任务＋相关学习活动。但是翻译教育有其自身的特点，翻译任务主要为翻译文本，而相关学习活动则包括 tap、问卷、反思日志、翻译报告、翻译课程记录以及翻译档案袋等。无论采用何种相关教学活动，翻译学习信息的收集都离不开最常用、最重要的评价工具——翻译文本（GalÁN-MaÑAs & Hurtado Albir, 2015）。现有文献显示，翻译学习活动的相关研究较多，翻译文本选择的研究较少，而翻译文本选择的研究中关于翻译文本应该如何选择的应然研究和建议较多，教师如何选择的实然研究和观察较少。

（a）翻译文本选择的应然研究

在翻译文本选择的应然研究方面，许多专家和学者根据自己的实践经验，提出了许多选择的原则，主要涉及六个方面的考量（见表 2-9）。

考量 1——翻译文本的主题。翻译文本主题的相关文献主要涉及翻译选择主题的专业性、连续性和广泛性。就专业性而言，凯利（Kelly, 2005）提出，在本科翻译教学第一阶段，所选择的翻译文本不应该以题材（一般或专门）来划分。凯利（2012）则强调了翻译文本选择中主题的连续性问题，认为在提供翻译任务时应注意文本在主题上的一致性。就广泛性而言，彭萍（2015）指出翻译教师所提供的翻译材料应该包括各种题材。但韦（Way, 2012）认为包括各种题材并不现实。与学生的希望相反，在课堂中，学生不可能有机会翻译所有他们在职业生涯中作为专业译者可能会遇到的领域。

表 2-9　　　　　　　　　　**翻译文本应然选择的六大考量点**

考量点	内容
考量 1	翻译文本的主题
考量 2	翻译文本的体裁
考量 3	翻译文本的本体知识
考量 4	翻译文本的通识知识
考量 5	翻译文本的长度和难度
考量 6	翻译文本本身的趣味性

考量 2——翻译文本的体裁。现有的翻译文本体裁文献主要涉及以下三个问题：（1）教学中包括何种体裁？（2）教学中如何组织不同体裁的文本？（3）教学中应该以何种体裁为重点？

对于第一个问题，科琳娜（2003）认为在介绍性的课程中，源语文本的选择要能提供文本类型和体裁的概览。彭萍（2015：83）指出，翻译教师所提供的翻译材料应该涵盖各种体裁："首先在翻译实践的选材方面做到丰富多彩，既有文学色彩较浓的小说片段，也有写景和抒情的散文，更要有比较实用的应用文，尤其是特别实用的商务文体。"法拉扎德（Farahzad, 1991）认为在翻译测试中文学翻译和非文学翻译的内容（经贸、科技、新闻、应用文等）都应有适当的比例。韦（2012）则认为，与学生的希望相反，在课堂中，学生是不可能有机会翻译所有他们在职业生涯中作为专业译者可能会遇到的文本类型，应该以翻译问题为基础进行文本的选择。

对于第二个问题，较为一致的观点是翻译的文本可以按照体裁进行组织，但对于如何组织存在不同的观点。道勒拉普（Dollerup, 1994）认为，翻译的选材从非小说类向文学类逐步过渡。凯利（2005）提出，在本科翻译教学第一阶段，应该让学生尝试语言较为格式化或比较标准的作品来翻译。法拉扎德（1991）认为，学习翻译的初级阶段，测试可以使用描述性文本，因为这类文本句子结构简单，概念也不难懂。这样有利于考生专注于翻译精微之处，而不是花很多时间发掘原文的隐含意义。她不建议在初级阶段的测试中使用新闻报道、技术语篇、官方宣传或是文学味较浓的语篇。这些强调以非小说文本、标准化或格式化文本、描述性文本为初级阶段翻译文本的建议主要是基于降低文本语言难度、突出翻译技能的考量。由此可见，决定组织顺序的考量因素主要有两个：一是难度的循序渐进，二是文本本身所涉及的翻译策略和技巧。

对于第三个问题，相关研究大多认为翻译文本的选择应该反映市场的需求，而翻译市场对非文学类文本的翻译的需求更多。凯利（2012）指出，翻译文本的选择需要考虑职业市场的需求。凯利（2012）论证了旅游题材文本的重要意义，并以旅游文本为案例，提出了 8 条选择文本的标准，其中两条与职业市场相关，分别为：职业相关性（professional relevance）和职业现实性（professional realism）。彭萍（2015）也支持加强实用性文体的翻译。

> "奥地利学者玛丽·斯内尔·霍恩比（Mary Snell-Hornby）认为，在西方传统的翻译理论所谈的翻译针对的都是文学翻译，虽然我们今天所谓的'实用文体'翻译追溯到巴比伦王国的多语言文化时代，但在学术界直到近代才开始得到重视。这在中国也有相似之处，传统的翻译一般都重视文学翻译，可是在经济发展突飞猛进的 21 世纪，文学翻译只能看作本科翻译教学的一个内容，商务信函、企业宣传、法律文件、旅游材料、报刊新闻、学术论文等涉及社会经济生活的许多方面的书面文体更需要翻译出来，为社会和经济的发展提供有益的借鉴，为中外交流提供必要的桥梁。"（P:119-120）

黄忠廉、方梦之、李亚舒等（2013）也提出翻译材料的选择尽量接近真实，内容尽量涉及各个方面，如产品说明书、旅游手册、景点介绍、广告手册、商标、称谓等与学生生活密切相关的真实材料。刘润请、韩宝成（1991）认为翻译测试的时间应该放在高年级，翻译选材应该遵循真实性。

考量 3——翻译文本的本体知识。韦（2012）指出，在一个翻译教育项目中或在翻译课堂上穷尽所有翻译市场中所遇到的文本类型是不可能的，所以不少学者强调翻译文本本身应该要体现出关于翻译本身的洞见和问题。

韦（2012）提出：

> "文本的选择不仅要考虑文本所属的领域，而且应该考虑文本所蕴含的翻译问题、教师选择要强调的翻译能力以及文本在这些文体的组织结构中所占的位置。这些问题，一个建立在另一个的基础之上，直到一个单元里的所有的文本代表了这些问题的集合，学生可以在翻译这些文本的过程中展示他的翻译能力。"（P.139）

　　韦（2012）进一步指出，多年来他们一直致力于实践这样一种课程结构：向学生介绍职业市场中可能遇到的不同的翻译问题和任务。他们通过这种范例的方式，训练学生识别的不仅仅是那些勾勒了课程目标的要素，还有可能的陷阱和问题。这样，学生可以学习解决问题，将自己的决定建立在合理的标准之上。如果需要的话，学生还可以在同事、客户和法庭面前为自己的决定辩护。

　　法拉扎德（1991）提出过类似的观点。职业翻译培训，特别是大学层面的职业翻译培训应该能够使学生从某些范文和翻译任务的翻译中获得翻译的洞见和规律（法则），并能够将这些洞见运用于今后职业生涯中可能遇到的任何其他的翻译任务。国内学者在讨论教材编写时也提出过相似的观点。教材应该围绕着人才培养的总体目标，培养译员的创造能力，因为翻译的创作本质不在于其内容的创新，而在于翻译过程中译者发挥主体性的自由空间度，译者在消弭原文与译文之间的距离需具备并发挥创造性和想象力，翻译教材要为这一创造力和想象力保留一席之地（谭惠娟、余东，2007）。

　　考量 4——翻译文本的通识知识。一部分学者，特别是国内的学者，认为翻译文本的选择还要考虑其是否蕴含了通识知识的内容。这主要是因为强化通识教育已成为高等教育界的共识，而我国的翻译教育主要是以高等学历教育的形式展开的。英语专业教学大纲指出，专业课程教学是实施全面素质教育的主要途径。专业课程教学不但要提高学生的业务素质，而且还要培养他们的思想道德素质、文化素质和心理素质。由此可见，翻译实践教学不应是机械的语言转化教学，而应注重培养学生的思想道德素质和心理素质，同时引导他们学会领略语言文字之美。彭萍（2015）指出，在翻译实践的选材上，翻译教师可以有意识地选取有关思想、文化以及道德等内容而语言相对简单的篇章让翻译学习者进行翻译实践，比如某一思想家的介绍、爱国故事、成语典故、特定历史时期的描述、某一民间艺术现象的介绍等，甚至是中英文经典名篇中的选段。为了确切地表达其中的文化含义，学习者在翻译前势必要认真阅读材料，而对这些材料的精读可以帮助提升他们的思想认识，培养其道德情操，有助于树立正确的价值观、人生观和艺术观。而且就在这种阅读过程中，为了准确地传达原文的意思，翻译学习者会逼迫自己去查阅资料，这种查阅又会使他们了解到更多的文化知识，可以说是一种"滚雪球式"的学习和积累过程。此外，她还提到在选材时考虑包括环境与自然等内容的材料，以教育这些学习者如何爱护环境，如何更好地为人类的可持续性发展作出贡献。翻译教学过程中应该将翻译教育与自然生态有机地结合，其最佳方式就是反映实践的选材。

　　本书认为，翻译专业或课程的"杂学"特性与通识教育本身十分契合。"通识教育就是对所有大学学习者进行普遍的基础性学科教育，包括语言、文化、文学、历史、科学知识的传授，个性品质和公民意识的训练等不直接服务于专业教育的人所供需的一些实际能力的培养。"（张汝伦，2008）。理论上，所有上述通识领域的经典文本都可以作为翻译教学和实践的材料。因此，如果实践中选材得当的话，翻译教育有可能实现"鱼"（翻译能力）与"熊掌"（通识知识）兼得。

考量 5——翻译文本的长度和难度。关于翻译教学中使用的材料长度，彭萍（2015）指出作业的量不必太大，课堂小组讨论的作业一般篇幅不长，英文可以选择 100 个单词左右的片段，中文可以选 100 ～ 150 字的片段，讨论时间保持在 15 ～ 20 分钟左右。薄振杰（2011）认为选择类似于 tem8 翻译部分（150 ～ 200 个英语单词或 200 个汉字左右）的无标题语段作为翻译教学内容，作为教学材料，与篇幅较长的篇章翻译以及篇幅更短的句子翻译相比，无标题语段翻译更切合翻译教学需要。而且由于没有标题，作者意图以及语段主题难以确立，翻译难度大大增加。从这个意义上讲，只要学生具备了无标题语段的翻译能力，也就具备了一般意义上的翻译能力，而这在中国高校英语专业本科教学课堂上尚未得到开发。翻译文本的长度可以用字数加以衡量。但翻译文本的难度，涉及的因素非常多，难以准确判定。必比（Beeby，2000）指出，在期末选择用于测试学生在多大程度上学会了使用学到的翻译原则和获得的能力不是一件容易的事。翻译大多数文本都会涉及大多数的策略，这使得规定翻译课程的难度和进度变得十分困难。通常情况下，教师可以根据文本的体裁、主题知识的专业程度和语言几个层面进行综合性的难度判断。从教师的角度看，选择适当难度的材料对于学生是最好的。但在实际的课堂中，特别是在学生水平不一致的教育环境中，发现对全体学生都适用的难度的材料是不可能的。笔者在难度这个问题上的观点是：宁难勿易。从难度大的材料中，不同水平的学生吸收不同的东西，而难度小的材料可能只能适合水平低的学生。

考量 6——翻译文本本身的趣味性。学习材料本身的趣味性并不是一个新的选材指标。在普通教育和语言教育领域内，材料的趣味性一直是选材时的一个重要考量因素。在翻译教育领域内，也有学者提出了材料趣味性的选择原则。"不管是系列教材也好，还是单本教材，口译或笔译教材至少应该符合两个特点：一是趣味性，选材能够引起读者的兴趣；二是具有启发性。"（黄忠廉、方梦之、李亚舒等，2013）。彭萍（2015）指出："一篇有趣课文的使用有助于提高课堂内学习者的动机水平，重要的是充分利用这些讨论的话题，帮助学习者认识到即使他们不需要精通外语，但外语及其文化的学习能增强对他们对其他科目的理解和领悟。"由此可见，趣味性指标旨在通过学习动机来达到促学目的，关注的是翻译材料作为学习动机刺激工具的属性。但笔者认为趣味性本身并不是一个很好的构念，它不仅因人而异，而且影响兴趣的因素实在太多。就趣味性而言，对教师的挑战是，有没有可能找到符合所有人兴趣的材料，或者如何确定材料的趣味性？

总的来说，翻译文本选择的系统性的研究很少，大多为经验性的建议，而建议内容也多有相互矛盾抵触之处，因此，对翻译教师的文本选择的指导性较弱，不过可作为进一步思考的参照。

（b）翻译文本选择的实然研究

在翻译文本选择的实然研究和／或观察方面，现有文献提供了三个观察结论（见表 2-10）。

表 2-10 翻译文本实然选择的三大结论

序号	内容
结论 1	教师在文本选择上投入的时间过少
结论 2	教师文本选择存在随意性
结论 3	教师选择自己翻译过的文本

首先，教师在文本选择上投入的时间过少。凯利（2012）指出，文本的选择是关键问题，但文本选择通常所需要的时间，比教师实际用于文本选择的时间要多得多。然而，教师究竟在选择文本方面投入了多少时间，凯利并没有给出基于实证性研究的具体时间长度范围。

其次，教师的文本选择存在随意性。除了在时间上没有重视之外，许多研究者指出无论是在课堂教学还是翻译测试中，翻译文本的选择都存在随意性的问题。"诺德在 20 年前（1991 年）就这样批评当时的翻译测试和评估方法，她说，测试文本的选择通常都与教学大纲、教学目标根本无关，试题设计者自己对于到底要测试什么也是一笔糊涂账，结果翻译测试'貌似'测试了所有的东西。"（肖维青，2012）。彭萍（2015）指出了翻译教师在选材方面的随意性问题："对于翻译测试，尤其是学期末的翻译测试，一般的翻译教师为批改容易起见，只出两道题，一道英译汉，一道汉译英，而且在选择语篇时往往是随意的，实际上这种对翻译教学结果的考查形式过于单一和随意，无法考查出真正的教学水平。"凯利（2012）指出，虽然文本选择是我们教学活动最重要的一个方面，但翻译教学中的遗憾是文本选择非常随意，因为我们只有一些非常宽泛的总结和标准：文本必须反映职业市场的需求；开始阶段选择信息性文本，而非表达性文本，或从母语到外语的翻译文本；文本的选择必须能说明一些特别的翻译问题。韦（2012）也指出在专业翻译课程中文本选择所存在的随意性问题："对于翻译文本选择一个反复的批评是，在专门翻译课程中包括了教师在牙医诊所休息室读的星期日报或科学／经济杂志上读到的最新科技文章。"

最后，翻译教师选择自己翻译过的文本。研究表明具有职业翻译经验的教师会选择自己翻译过的文本作为教学文本。皮姆（Pym, 1993）承认："我通常只教我自己做的翻译。通常，我走进教室的时候，都带着我本周早些时候翻译过的文本，或我下周必须翻译好的文本。"维埃纳（Vienne, 2000）指出，提供给学生的 5 个文本都是教师在实际翻译市场情境中翻译过的，因此教师能够为学生提供适当的答案，模拟学生与客户谈判时，客户的角色由教师扮演。基拉里（Kiraly, 2010）认为，做职业翻译的教师可以拿一些自己的翻译任务交给学生翻译，这样学生就可以在与职业译者相同的条件下工作。这里强调的是任务的真实性，选择此类文本的优点在于，教师可以将职业翻译市场的要求和限制融入教学之中。换言之，选择自己翻译过的材料其好处在于：一是材料本身是真实的，能够反映真实职业翻译过程中所遇到的种种问题，展现真实的职业翻译情境和要求，促进学生对翻译工作的了解；二是选择自己翻译过的材料，教师可以提供受到市场认可的答案。换言之，教师与材料的关系或联系更为密切。从这个意义上讲，即使教师选择的材料不是自己翻译的，也要求教师研究这些翻译材料，吸收其中蕴含的各种知识，把这些知识和材料内化，这样才能在讲课时做到挥洒自如。

总的来说，目前很少有研究对普通教师的翻译文本选择进行实然的研究，特别是没有关于教师选材背后原则和影响因素的探索。为数不多的实然结论，大多是基于研究者自己的观察，而非系统研究的结论。

2.3.2.3 翻译教师的学习信息阐释与使用

在翻译教育领域内，有研究者在吸收了部分普通教育和第二外语习得领域研究成果的基础上，对翻译课堂的教师反馈进行了探索，比较有学科特色的研究成果集中在翻译课堂反馈的内容方面，而翻译课堂的反馈内容研究又分为应然研究和实然研究两大类型。

（a）翻译教师信息阐释和使用的应然研究

翻译教育领域内的形成性评价信息使用的应然研究成果主要包括三个方面的内容（见表 2-11）。

考量 1——教师需要考虑反馈的三大方面。埃利斯（2009）区分了两种大体上与形成性和终结性评价一致的学生处理反馈的方式：要求修改和不要求修改。此外，还有第三种可能性，自我评价，即学生必须反思、系统化或再现自己翻译作品的优势和不足。换言之，学生进行了任务行为分析，以总结式的自我评价的形式回应教师的反馈。总的来说，翻译中的反馈应该被理解为一种反馈环，使学生与标准密切结合，反馈沟通的方式要能帮助学生监控和提升自己的表现。当然，个人反馈互动中的反馈的提供和接收也可以出现在集体反馈中。沃什伯恩（Washbourne, 2014）在埃利斯（2009）反馈认识的基础上提出了翻译教师书面反馈需要考虑的三个相互关联的方面：学生需要承担多少修改责任；对于修改需要提供多少"搭架子"的支持，以及在多大程度上指出学生的错误。

表 2-11　　　　　　　　　翻译教师学习信息阐释与使用的三大考量点

序号	内容
考量 1	教师需要考虑反馈的三大方面
考量 2	考虑作为对话的辅助性反馈
考量 3	考虑到翻译任务本身的不同变量

考量 2——考虑作为对话的辅助性反馈。布兰农和诺布罗赫（Brannon & Knoblauch, 1982）在讨论写作反馈时提出，反馈应该将作者的注意力引向意图与效果之间的关系，而不是直接告诉学生要做什么。如果学生弄明白了自己作品的差距，而不是由教师提供一个理想的版本，那么关于其他选择的最终决定就可以由学生自己而非教师作出。辅助性翻译课程反馈实践应该是真正的对话性质的，不仅指出可以改进的地方，而且评价者要以权威和读者的双重角色来确认读者对翻译文本的反应。Elbow（1981）根据目的将读者反馈分为两类。一是基于标准的反馈，在这种反馈中，教师作为专家评论者进行观察。二是基于读者的反馈，目的是从对读者产生的印象的角度看学生作品。在翻译培训中，教师的角色应该是两者兼顾，从中获得的洞见，从权威、读者甚至职业译者的角度阅读学生的翻译作品。对于最后一种类型的读者反馈，我们认为真实评价不仅需要能够刺激职业能力的任务，而且需要提供职业反馈。反馈可能有直接或间接的因素，但关键是反馈的重点不仅仅是提供纠错方法，更重要的是提供元讨论和非直接的反馈以便学生保有作为学习者和译者的自主性。鉴于许多学生已经习惯直接反馈的模式，学生可能会迷惑，在接收到作为对话者提供的反馈类型，而不是专家的评论性反馈时，不知道如何处理。创造开放式对话的方式是提醒学生不同类型反馈的存在，不同类型反馈的用途，每种反馈类型所期待的学生反应。更理想的情况是，学生能够使用这种分类法评价同伴或前同仁的译作。

考量 3——考虑到翻译任务本身的不同变量。对规定性的最好方法的追求可能注定失败，因为翻译任务中的变量众多，包括学生能力水平、翻译版本、总的版本数、学生对反馈的回应、学生的学习风格、学习动机、时间限制、文本类型、作业类型、作业目标以及评价标准的明晰性等。考虑到如此众多的变量，无法通过规定性的公式，计算出高质量的翻译反馈。翻译反馈必须遵守区别教学的原则，并对不同的环境作出回应，特别是要激活并联系学生间的学习。

（b）翻译教师信息阐释和使用的实然研究

翻译教师反馈的实然研究并不多，从现有的英文文献看，具有代表性的是道勒拉普（1994）集中于翻译错误的反馈和沃什伯恩（2014）提出的八种类型的反馈。

道勒拉普（1994）采用自我报告的形式对自己的翻译反馈进行研究，自己的反馈事件分为三个组成部分（三种类型）：翻译作业中标准的反馈、课堂中的口头讨论和评估表。

这三种类型的反馈所关注的重点各有不同，形成了一个较为完整的反馈体系。第一种翻译作业中的反馈关注学生作业中反映出的学生的一般语言能力。在提供此类反馈时，教师需要注意：首先，提出的解决方案应尽可能地保留学生的语言，以适应每个学生独特的个性；其次，一般不给出其他的解决方案，或某个方案不好的原因，除非学生的问题不会在课堂上进行讨论。第二种口头讨论反馈主要关注翻译版本的充分和不充分之处。在进行此类反馈时，教师参照了自己建立的模型，并注意向学生介绍不同的解决方案。第三种类型是评估表，列出了丹麦语和英语之间语言转化方面的 48 类问题。根据该表，教师对学生的翻译进行系统性、个性化的评价，所有学生都会收到自己的过程评估。这种反馈体系兼顾了个性和共性。但它的问题在于，评估的标准不是开放性的，是规定的，特别是在评估表的部分，无法覆盖翻译课堂的实际状况和类型。另外，它的研究方法属于个人汇报，没有对整个课堂话语的记录，无法对教师反馈的形式进行深描，再现教师和学生之间的互动发展。

埃利斯（2009）提出了三种类型的纠正性反馈：直接反馈、间接反馈和元语言反馈。以埃利斯（2009）的元语言反馈分类为基础，沃什伯恩（2014）根据翻译教师反馈实践，提出了 8 种纠正性对话式的书面反馈。不过，沃什伯恩（2014）认为埃利斯（2009）的纠正性反馈这一表达并不准确，可能产生误解，自己提出的这 8 种反馈类型应该称为辅助性反馈。与仅仅指出学生的翻译错误不同，沃什伯恩（2014）的 8 种反馈分类更具有传统的"辅助性"（facilitative）的意义。辅助性的反馈是非评判性的反馈，可能采取问题、解释、建议、潜在资源、间接编辑等形式，直接型评价则是一种权威式的反馈，可能还包括对学生输入的改正。这种辅助性的反馈，与形成性评价反馈的趣味较为相似。这 8 种反馈可以分为两大类，要求学生回应的反馈和不要求学生回应的反馈（见表 2-12）。

表 2-12　　　　　　　　　　　　　　　翻译课程教师书面反馈类型

要求学生回应的反馈	（1）要求提供证明	教师不能确认学生的逻辑或依据，要求学生首先提供自己翻译的依据，学生必须提供相应的证明，或者进行解释
	（2）讨论	Pym 关于非二元型错误的洞见引出了未被考察的学生选择的后果，或许还能让我们想到其他解读或词汇选项的优点
	（3）挑战	教师呈现文本内、文本外或文本间的证据，反驳、挑战或质疑学生的选择，学生要么修改，要么说明自己选择的理由
	（4）引出	教师要求改正，学生必须提供一个新的版本或进一步的修正
不要求学生回应的反馈	（1）旁注	反馈人会像读者或最终用户一样进行评论，标注一些自己的联想或想法
	（2）详细注释	评价者对学生翻译的具体的成功之处提供针对性的评论
	（3）澄清标准	这种类型的反馈提醒学生任务的要求：范例、各种不同的成功解决方案（Nicol，2010：506），有时候也不提供范例
	（4）进一步学习	这种类型的反馈鼓励提供额外的资源、思想、未来的项目或跟踪以及反思（Brown & Glover，2006:84）；常常采用尾注而不是旁注的形式

上述八大类型是书面反馈的分类，每一类反馈都有教师实际反馈案例予以支持和说明。但上述反馈分类的问题在于反馈分类的标准不明确。例如，旁注和详细注释指的是反馈的形式，而澄清标准以及进一步学习则指反馈的内容。从反馈内容的角度来看，详细注释的内容——解释成功之处——也是一种学习标准的澄清和分享。再如，教师在要求提供证明以及进行讨论和挑战时，也可能需要澄清标准或提供一些额外的资源。总的来说，这八种反馈类型，大体上是从反馈形式上进行的分类，无法让我们透视反馈的具体内容。

中文翻译教育文献中未见如上对反馈的详细分类研究。不过，也有学者提出了关于翻译课堂反馈的实然观察。与上文的反馈不同，中文文献的观察重点不在于反馈的形式而在反馈的内容，其主要结论是：教师反馈在理论输入方面存在不足。胡安江（2006）指出，翻译教师中真正学翻译专业的并不多。也就是说，既懂理论又懂实践的优秀翻译教师严重匮乏，翻译教学的形式因此流于单一，大都遵循练习－批改－讲评的传统模式，即教师极少从历史、文化、社会意识的层面与学生探讨源语和译入语的理解与把握，也很少从英汉语言对比和翻译理论的角度来研究译入语的表现方式和目标读者的期待视野。当然，从主流意识形态和诗学传统等角度来考察读者的审美心理和译语文化的接受能力就更是少之又少了。刘和平（2009）指出在翻译教学中所讲的理论内容与翻译实践内容毫无关联，知识讲解远多于技能训练，因此造成课程上学生参与少、教师仍占主角的现象。马会娟、管兴忠（2010）指出教师对于翻译教学中应该传授哪些方面的理论尚不清楚。

总的来说，在信息使用部分，对于教师教学调整的研究很少，关于反馈的研究较多。在教学调整研究中，为数不少的研究发现的是教学调整的难度和所需要的知识，并没有揭示教学调整的动态过程。在反馈研究中，有关于教师应该如何进行反馈的应然研究，也有基于教师反馈实践的观察而得出的实然结论。有研究提出了有实证数据支持的反馈内容的分类，为透视翻译教师的评价实然状态提供了洞见。但是这些描述性实然研究存在以下不足：首先，它不是基于某一个特定课程的描述，因此无法透视特定课程反馈的具体特征和课程本身对反馈的影响；其次，这类描述偏重于教师的书面反馈，对教师在课堂上的口头反馈的关注很少；最后，研究结论不是基于对特定研究对象在自然环境下的长期观察。简言之，关于教师，特别是一个具有代表性的中国高校英译汉课程的教师如何使用学习信息（包括进行教学调整和提供反馈），现有的文献并没有提供太多的线索。

2.4　本 章 小 结

本章从形成性评价的概念界定、理论构建和实践方法三个方面对现有的形成性评价文献进行了综述。概念界定方面，本章对形成性评价概念发展中的内容扩展以及主要矛盾进行了梳理与分析，并在此基础上对形成性评价的概念进行了重构。重构的形成性评价主要强调：形成性评价是一个涉及学习目标和成功标准选择、信息收集、阐释和使用的过程；形成性是所有评价实践的伦理要求，且所有评价形式和评价过程的每一步都具有形成性潜力；形成性评价提供了一个看待教学与评价的新视角。理论建构方面，本章对形成性评价实践的理论模型以及形成性评价学习理论基础的相关研究进行了梳理与分析。梳理与分析显示：分类框架模型、过程理论模型和活动理论模型互相补充、层层递进，是很好的概念化和理论化形成性评价实践的方式；形成性评实践具有行为主义和社会建构主义学习理论基础；无论是评价实践理论模型还是实践的学习理论基础，相关研究结论大多基于基础教育领域中数学和科学教师的评价实践，很少有研究系统地构建高等教育阶段人文社科教师的形成性评价实践理论模型并挖掘其学习理论基础；致力于系统构建翻译教师形成性评价实践理论模型并探索其学习理论的研究几乎没有。实践方法方面，本章对非翻译教师和翻译教师的学习目标与成功标准选择、信息收集、信息阐释与使用进行了梳理与分析。梳理与分析显示：翻译教育领域的相关实证研究远远少于非翻译教育领域的相关研究；现有的实证研究大多关注的是信息使用，对教师的学习目标与成功标准选择以及信息收集的关注较少。鉴于翻译教师形成性评价研究，特别是系统的实证研究的匮乏，本书拟采用质性取向的个案研究法对翻译教师的形成性评价进行探索。

第 3 章　概念框架与研究设计

基于第 2 章文献综述对形成性评价定义、理论和相关研究的梳理和分析，本章将呈现本书的概念框架以及总体研究设计。

3.1　本书的概念框架

本书旨在探索英译汉课程中教师形成性评价过程的实践样态。基于对形成性评价实施过程的理解，本书尝试性地提出本书的概念框架（见图 3-1），用于指导数据收集和分析。

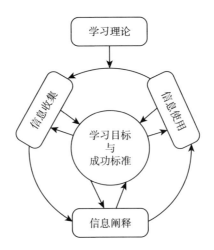

图 3-1　本书的概念框架

如图 3-1 所示，本书中的概念框架由位于中心位置的学习目标和成功标准、围绕学习目标和成功标准的信息收集、阐释和使用以及统摄整个过程的学习理论三大构件构成。与现有文献中形成性评价概念框架相比，本概念框架既有继承，也有发展，下面将对此进行简要的阐述。

3.1.1　本概念框架中的学习目标与成功标准

在本概念框架中，学习目标与成功标准和科维和贝尔（1999）的"目的"以及托伦斯和普赖尔（2001）的"明确任务和质量标准"一样被置于中心位置，这是因为学习目标和成功标准代表了学生学习成果的理想状态，与形成性评价的目的——促进学生的学习与发展密切相关。但是，本概念框架用学习目标和成功标准取代了科维和贝尔（1999）过程理论模型中的"目的"以及托伦斯和普赖尔（2001）模型中的"任务和质量标准"。这主要是因为学习目标和成功标准的表达更为通俗易懂，在形成性评价文献中出现的频率更高。与托伦斯和普赖尔（2001）的模型一样，本概念框架中位于中心位置的学习目标和成功标准与评价过程之间用两个箭头连接，表示它们之间复杂的互动的关系。一方面，形成性评价的过程围绕学习目标与成功标准展开；另一方面，评价过程中也可能生成学习目标与成功标准。本概念框架没有用像托伦斯和普赖尔（2001）一样用"明确"来规定教师对于学习目标与标准的处理，原因有二。首先，对于学习目标与成功标准的研究发现，有些学习目标和成功标准可能是不可以言说的而且明确地分享未必能达到好的学习效果，甚至有可能会导致相反的效果（Wiliam, 2011a）。其次，教师在评价过程中对形成性评价的处理可能方式是多样的，不仅仅是明确，有时候教师可能需要从众多目标和标准中为自己的课程选择学习目标和标准，而且在评价过程中，学习目标和成功标准可能被打断、延缓甚至放弃（Richards, 1998）。

3.1.2　本概念框架中信息收集、阐释和使用

与威廉姆和汤普森（2008）的模型框架不同，本概念框架中没有涉及具体的形成性评价策略，只是列出了评价实施过程的三大步骤：信息的收集、阐释和使用（目标和标准的选择是融合在这三个步骤之中的）。这主要是因为这些策略在性质上属于具体的课堂实践形式，并不能体现评价的本质。比如课堂提问、分享目标、提供反馈这三个策略本身并不构成完整的评价过程。根据学习目标和成功标准，设计恰当的问题，通过问题引出信息并对信息进行阐释，然后在此基础上提供反馈，才构成完整的评价过程。将这些策略单独列出，可能会使人们对形成性评价的理解偏离评价的本质。无论什么样的实践形式，只要能够实现上述过程，它就是形成性评价（Schneider et al., 2012）。此外，评价是非常个性的实践，而教师的工作语境是不一样的。对于某个教师，某个学科、某个层次以及某个学生群体来说有效的实践并不一定适用于其他语境下的其他教师和其他群体。每个教师需要找出对自己来说有效的实践。换言之，上文提出的具体策略对于不同语境下老师来说可能并不是理想的形成性评价策略，达不到促进学习的效果。在具体的语境中，可实现形成性评价的实践形式是无限的。如果我们将实践形式限于上文提到的各种策略，那么在某种程度上，它会限制实践者实施形成性评价的想象力和创造力，限制教师采用可能与上述策略不同，但符合自己特色和课堂语境的

更有效的形成性评价实践。不涉及具体的策略，避免了遗漏某些策略的风险。对于质性研究而言，它也避免了资料收集范围可能过小或预设过重的缺陷。

3.1.3　本概念框架中的学习理论

本概念框架与现有的形成性概念框架（过程理论模型）最大的不同之处在于它增加了一个学习理论构件，将学习理论作为形成性评价的理论基础。

在形成性评价的理论基础方面，不同学者提出了不同的理论构成要素，包括教育学（李清华、王伟强、张放，2014）、心理学（李清华、王伟强、张放，2014;Torrance & Pryor, 1998）、测量学（李清华、王伟强、张放，2014; Bennett, 2011）、评价理论（Yorke, 2003; Taras, 2012b）、学习理论（李清华、王伟强、张放，2014;Stobart, 2008;Shepard, 2006; Black, 1998; Black & Wiliam, 2009），等等。对于应该以何种理论作为形成性评价的理论基础，学界存在着不同的意见。如贝奈特（2011）认为形成性评价理论应该考虑测量问题，但也有观点认为传统的心理测量理论并不适用于形成性评价，可能限制评价任务的特点以及教师帮助和师生互动的范围（Gipps, 1994）。本书认为形成性评价应该主要以学习理论为理论基础，原因如下：（1）形成性评价的目的是促进学习，与学习理论关系密切，在众多理论构成要素中，学习理论作为形成性评价基础理论得到了研究者的一致认可；（2）对形成性评价文献中的其他理论基础考察发现，心理学、教育学和学科认识论等理论基础，都与学习理论密切相关，存在重叠关系；（3）教师的课堂评价实践受隐含的个人学习理论的指导（Stobart, 2008），学习理论这一表达更容易为教师所接受。

形成性评价的目的是促进学习，与学习的关系密不可分，因此学习理论是其不可或缺的一部分。从现有的文献来看，可以用于理解形成性评价实践的学习理论包括行为主义学习理论、认知建构主义学习理论、社会文化理论、社会建构主义学习理论，等等。但是，本书没有规定任何一个具体的学习理论，如社会文化理论作为本书的形成性评价的学习理论。这是因为：（1）本书认为所有的评价、评价过程的每一个步骤和评价实践的每一个方面都具有形成性的潜力。（2）学习和评价都是一种高度语境化的活动，形式多样，过程复杂。没有一种学习理论指导所有的学习和评价或保证学习与评价的效果。既定的学习理论最好作为实施评价过程的依据和参考，而非必须亦步亦趋遵守的规范。

3.2　本书的研究设计

鉴于形成性评价的重要意义，考虑到翻译教育领域中，教师形成性评价系统实证研究和理论建构的匮乏问题，本书将采用质性研究中的个案研究法对本科英译汉课程中翻译教师的形成性评价过程进行研究。具体而言，本书拟通过课堂观察、访谈和实物等方式收集翻译教师的评价实践资料，然后通过类属和情境分析的方式探索本科英译汉课程中翻译教师的评价实施过程。本书希望通过对个案教师的形成性评价过程的描述和分析，增进研究者和实践者对翻译课堂形成性评价实践的理解，为形成性评价的理论建构，特别是翻译课程中形成性评价理论的建构作出贡献。

3.2.1　研究问题及其设置特点与原因

本书试图通过个案研究的方式探索本科英译汉翻译课程教师如何实施形成性评价，其具体的研究问题及其设置特点与原因如下。

3.2.1.1　研究问题的设置

根据本书的研究目的和文献综述中提炼出的概念框架，本书设置了三大研究问题及其子问题。

研究问题 1：林老师是如何分步实施形成性评价的？
- ▶ 研究问题 1.1：林老师是如何选择学习目标与成功标准的？
- ▶ 研究问题 1.2：林老师是如何收集学习信息（选择翻译文本）的？
- ▶ 研究问题 1.3：林老师是如何阐释和使用学习信息的？

研究问题 2：林老师形成性评价实践的理论模型是什么样的？
- ▶ 研究问题 2.1：形成性评价实践的分类框架模型是什么样的？
- ▶ 研究问题 2.2：形成性评价实践的过程理论模型是什么样的？
- ▶ 研究问题 2.3：形成性评价实践的活动理论模型是什么样的？

研究问题 3：林老师形成性评价实践的学习理论基础是什么样的？
- ▶ 研究问题 3.1：学习目标与成功标准选择的学习理论基础是什么样的？
- ▶ 研究问题 3.2：信息收集（翻译文本选择）的学习理论基础是什么样的？
- ▶ 研究问题 3.3：信息阐释与使用的学习理论基础是什么样的？

3.2.1.2　设置特点与原因

与其他形成性评价研究相比，本书的研究问题设置有所不同，其设置特点及原因如下。

（a）研究问题 1 的设置特点与原因

本书将学习目标和成功标准的选择作为研究问题 1 的第一个子问题是因为：

（1）本书所关注的大学翻译课程中，教师本身是课程的设计开发者，其中涉及的目标和标准往往是教师本人选择的，而不像关注基础教育的形成性评价研究中，课程目标一般由课程标准明确，教师需要选择的机会不多。（2）教师所选择的目标和标准，代表了学生学习成果的最终状态，其重要性不言而喻，但现有形成性评价研究多关注给定目标和标准的分享和理解，对其选择过程的探究较少。（3）如概念模型及其阐释所述，学习目标和标准的选择实际上是发生于整个评价过程中，融于信息收集、阐释和使用步骤之中，且在这些步骤的描述中也必然会涉及。在现有的形成性评价实施步骤的研究中，很少有研究将教师学习目标和成功标准的选择作为一个独立的形成性评价研究问题加以探究。但本书认为，将其作为一个单独的问题提出并加以探索，更利于突出这个问题的重要性以及系统呈现相关研究发现。

本书将学习信息收集中的翻译文本选择作为研究问题 1 的第二个子问题是因为：（1）信息收集是形成性评价过程的有机组成部分，对教师信息的阐释和使用意义重大，信息收集的过程和结果本身对学生学习的形成性意义重大。（2）翻译文本是英译汉课程中最主要的信息收集方法和最主要的评价任务，其重要性已经在文献综述中说明。（3）虽然在翻译课程中也有其他信息收集方法，如有声思维、翻译日志和教师提问等，它们没有列在本书问题之中是因为，这些方法要么没有在林老师的评价过程中出现（如有声思维和翻译日志），要么出现的频率非常低（如教师提问），且相关研究已经较为丰富。

本书将信息阐释和使用放在一起作为一个子问题加以探索。这主要是因为：（1）信息阐释本身发生在教师的脑中，是不可视的，而在实践中阐释与使用密不可分，信息阐释的方式体现在教师评价的话语（提供的反馈）之中，对教师反馈的分析势必涉及教师阐释。（2）信息的收集、阐释和使用理论上都应该围绕目标和标准展开，信息的阐释和使用主要关注的是同一问题：目标和标准在整个评价过程中是如何被运用的。（3）托伦斯和普赖尔（2001）的过程描述理论模型中判断（也就是阐释）和反馈为同一构件进行处理，文秋芳（2011）的理论模型也没有将阐释进行单独处理。

本书希望通过对研究问题 1 的回答揭示林老师实施形成性评价过程每一个步骤的实践样态，其意义在于：（1）对典型教师的翻译课堂评价实践的描述可以为翻译教师的反思学习提供经验上的参照，帮助教师以更加理论化（结构化）的方式看待自己的课堂评价实践。（2）对翻译课堂评价实践实然状态的描述是将其与理想翻译状态进行比较、找出差距，改进实践的前提。（3）对翻译课堂评价实践实然状态的描述为了解评价实践对学生学习和发展的影响提供了实证基础。（4）对翻译课堂评价实践实然状态的描述本身还可以为验证和修订现有的形成性评价理论提供实证基础。

（b）研究问题 2 的设置特点与原因

本书选择构建分类框架模型、过程理论模型和活动理论模型对实践进行理论化描述是因为：（1）它们是形成性评价研究领域已有的经过研究证明的适当的理论化描述工具。为使形成性评价的描述进一步概念化和理论化，许多研究者提出了形成性评价的各种分类框架模型（Cowie & Bell, 1999;Torrance & Pryor, 2001;Shavelson et al., 2008）。不少研究者建构了形成性评价的过程描述理论模型（Cowie & Bell, 1999;Torrance & Pryor, 2001; 文秋芳, 2011），还有一些研究者探索了形成性评价的活动理论模型（Black & Wiliam, 2006;Pryor & Crossouard, 2008）。（2）现有的分类框架模型、过程理论模型和活动理论模型往往是基于不同研究构建而成的。科维和贝尔（1999）基于基础教学科学课程评价事件提出了互动和计划性形成性评价，并构建了过程理论模型，但没有在实证数据的基础上构建活动理论模型。普赖尔和克罗苏阿尔德（2008）构建了博士生导师形成性评价实践的活动理论模型，但没有构建过程理论模型。换言之，很少有研究基于同样实证研究数据，同时构建分类框架模型、过程理论模型和活动理论模型。（3）分类框架模型、过程理论模型和活动理论模型构成了一个完整的形成性评价实践的理论化描述体系。第一，从功能上说，这三个描述模式是互补的。分类框架模型优势在于从宏观上区分了不同类型的形成性评价，明晰评价实践类型在诸多维度上的相似与不同；过程理论模型优势在于明确对学习目标与标准和评价过程之间的互动、评价过程各步骤之间的互动关系的描述；而活动理论模型善于解释社会文化语境对于形成性评价作为人体活动系统的影响。第二，从逻辑上说，描述模型构建应该遵循从分类框架模型到过程理论模型和活动理论模型的顺序。先通过建立分类框架模型，实现其评价过程的进一步理解，在此基础上，探索评价过程各个步骤以及评价过程与目标标准的互动关系，最后再探索整个社会文化语境对评价过程的形塑作用。

本书试图通过对研究问题 2 的回答，构建出林老师形成性评价实践的分类框架模型、过程理论模型和活动理论模型，其意义在于：（1）进一步推进形成性评价实践的理论化。描述模型是再现丰富而复杂的形成性评价实证数据的一种良好的方式，同时也是形成性评价实践概念化和理论化的一部分，而理论化应该是学术研究的必然追求和结果。（2）通过系统的理论化描述为实践提供启示。无论是分类框架模型、过程理论模型还是活动理论模型都是为了更好地揭示形成性评价实践实施过程，而三种模型之间的互补可以提供更为细致全面的描述，为实践提供更佳的启示和参照。

（c）研究问题 3 的设置特点与原因

本书选择将学习目标与成功标准选择、翻译文本选择和信息阐释与使用的学习理论基础的内容作为三个子研究问题是因为：（1）学习理论与形成性评价过程关系密切。所有的评价过程都是一样的（Taras, 2005; Taras, 2007），而形成性评价这一概念最大的贡献之一在于将学习理论作为形成性评价的理论基础。斯托巴特（2008）提出形成性评价是有学习理论基础的，只是理论基础没有明晰化。布莱克（1998）认为有必要探讨学习理论和具体的评价实践之间的关系。（2）学习理论是论证形成性评价效度的理论证据来源。形成性评价效度关注的是评价实践是否或在多大程度上促进了学习（Hargreaves, 2007; Shepard, 2006），而效度论证的两大来源是实证证据和理论证据。对形成性评价的实施者而言，需要根据学习理论反思自己的评价实践，论证自己评价行为的合理性，评估自己评价实践的促学潜力和效果。对于形成性评价的研究者而言，需要在描述被研究者形成性评价实践的基础上，参照学习理论，分析和讨论教师评价实践的潜在形成性价值。（3）学习理论的研究者关注的是学习本身，不一定会研究学习理论对教学和评价实践的启示和应用。从学习理论到学习理论在评价实践中的应用，需要评价研究者对理论的应用进行同样严格的考察（James et al., 2005）。但是在翻译评价实证研究中，探索教师评价实践所蕴含的学习理论基础的研究很少，探索不同步骤的学习理论基础的研究更为缺乏。

本书试图通过对研究问题 3 的回答，使林老师形成性评价实践的学习理论基础明晰化，其意义在于：（1）进一步推进形成性评价实践的理论化。学习的理论化，或构建形成性评价的学习理论基础是形成性评价实践理论化的一部分，对教师个人评价实践学习理论基础的分析和探讨，有助于提升对学习理论基础的认识，更好地认识形成性评价实践的本质。（2）形成性评价实践学习理论基础的明晰化，可以为实践提供更佳的启示和参照。学习理论的更新要求评价实践的更新，但评价实践的更新往往落后于学习理论的发展，因此探究教师的学习理论基础非常重要，至少提供了比较的基础，也就是改进的可能。

3.2.2 研究方法

本书采用的是质性研究中的个案研究方法，旨在描述个案翻译课堂教师在课堂上是如何展开形成性评价的。质的研究是以研究者本人作为研究工具，在自然情境下采用多种资料收集的方法对社会现象进行整体性的探究，使用归纳法分析资料和形成理论，通过与研究对象互动对其行为和意义建构获得解释性理解的一种活动（陈向明，2000）。迈尔斯和胡贝尔曼（Miles & Huberman, 1994：10）总结质性研究的三大优势为：（1）对现实世界有力的把握；（2）对潜在的、隐性的问题的理解和解释；（3）对问题复杂性的揭示。

本书所选择的研究路径是质性研究这把大伞下的个案研究。个案研究属于现象学研究范式的范围，是对真实的生活环境的精细观察，对研究对象在其现实环境中所展开的全面、翔实、深入地描述和分析。个案研究的目的是为理解某一特定存在或实体（entity）的复杂性和动态本质，找到经验、行为和相关环境之间的系统联系（Duff, 2008：32）。个案研究具有有界性或单一性、深度研究、多元视角或三角互证、特殊性、情境性和解释性等特点。个案研究的关注点是个案的特殊性、复杂性、和启发性。在条件有限的情况下，如果我们希望了解人类经验的深处，必须从少数个案入手（陈向明, 2000: 414）。

个案研究的价值在于它可以在生产实践性知识的同时，促进理论的构建。首先，个案研究可以提供实践性知识。一般的观点认为一般化的理论知识（独立于语境之外的）比具体的实践性知识（依赖于语境的）更有价值。但个案研究认为个案知识是人类知识的核心。社会科学尚无法提供概括性的、独立于语境的预测性理论（predictive theory），所以依赖语境的知识和经验是专家能力的核心，而这样的知识也正是个案研究和个案教学法的核心，或者说，认知的核心。因此，具体的、依赖于语境的知识比徒劳地寻找预测性理论和普遍性更有价值（陈向明, 2000：422–423）。个例研究是一种经验性的研究，不是一种纯理论的研究，意义在于回答是"为什么"和"怎么样"的问题（Yin, 1994; Denzin & Lincoln, 2000），而不是回答"应该是什么"的问题。个案研究并不能告诉我们某个个案是不是能够在统计上代表总体（如我们无法在个案研究中逻辑推断出"所有和 A 组织处于同一类别的组织都有 a 特征"），而是能帮助我们了解"在 X 情况下，Y 现象是否出现和 W 因素有关"。但是个案研究能帮我们提出一些高质量的待检验的假设，假设中往往蕴含着对某种机制和因果纽带的论述，虽然验证该假设可能需要定量研究的支持。其次，个案研究具有理论构建的价值。余菁（2004）指出在被研究的现象难以从其背景中抽象、分离出来的研究情境中，案例研究是一种行之有效的研究方法。它可以获得其他研究手段所不能获得的数据、经验知识、并以此为基础来分析不同变量之间的逻辑关系，进而检验和发展已有的理论体系。案例研究不仅可以用于分析受多种因素影响的复杂现象，它还可以满足那些开创性的研究，尤其是以构建新理论或精炼已有理论中的特定概念为目的的研究的需要。胡塞尔认为你必须亲身投入特殊性中，以从中发现恒定性。柯瓦雷（Koyré, 1973）也宣称，伽利略要理解落体现象，也不是非得要重复斜面实验不可。一个特殊的案例，只要构建得完善，就不再是特殊的了（布迪尔、华康德, 1998）。换言之，个案研究可以为进一步的研究提供理论假设，同时也可以对现有的理论进行修正、建构新的理论。

本书之所以选择个案研究方法，主要是基于个案研究方法与本书的适切性和翻译评价领域中采用个案研究方法进行的实证研究的匮乏。首先，质性研究中的个案研究方法的特点和价值与本书研究对象和研究目的具有高度的适切性。评价，特别是发生在课堂中的形成性评价是一个高度情境化的活动，是一个复杂的过程，具有动态性，与环境密切相关。学生特性、教师自己的背景知识、兴趣、个性、爱好、偏好、学校、学区等因素都会影响教师在学校中的实践行为（Wragg, 2002）。对具体环境中的评价实践进行个案研究更容易揭示其本质和动态发展过程。其次，本书中已经有了一个理论或操作的框架，在这个框架下，用个案研究的方法对实践进行深度详细的描写，其意义在于：（1）它可能发现更为精细的动态实践模式，明晰实践与理想状态的差距，为评价的改进提供实证的基础。（2）以丰富的实证数据为基础，对评价实践过程进行进一步的概念化和理论化，推进形成性评价理论的发展，为进一步的大规模研究提供线索。最后，由研究综述可知，在翻译教育领域内，关于教师评价实践的实证研究十分匮乏。在为数不多的实证研究中，基本采用的是自我报告的研究方法，即研究者总结、自述自己的评价方法。就本书完成时所掌握的文献来看，几乎没有研究采用个案的研究方法探索自然环境下英译汉课程中翻译教师的评价实践。从研究方法的角度来讲，本书有助于推进个案研究方法在翻译评价领域中的运用。

个案研究按案例数量维度可以分为两类：单案例和多案例。本书采用的是单案例个案研究。陈春花、刘祯（2010）提出了五种适用于采用单案例研究的情形：（1）对一个广为接受的理论进行批驳或检验；（2）对某一极端案例或独一无二的案例进行分析;（3）用于研究有代表性的、典型的案例；（4）用于研究启示性案例;（5）纵向案例研究，即对不同时点的同一个案例进行研究。陈春花、刘祯（2010）还强调：

　　　　"不能以案例的数量来评判案例研究方法的品质，如果能对单个案例进行细致的研究同样能够发现新的理论关系，改进旧的理论体系，应当更加聚焦于重点案例的深度研究而非泛泛地对众多案例进行表面研究。尼尔等 1971 年的著作《组织创新的实施》虽然只对一个案例进行研究，但该书却成为创新理论的分水岭，在该著作出现后，学者们关于创新理论的研究才由'创新的障碍'转向'实施创新的步骤'，由此可见，案例研究的品质在于他的效用而非案例本身的多少。"（p.177）

本书之所以选用单个个案研究主要是因为上述五种情形中的 1、3、4 种情况都与本书十分吻合。首先，形成性评价已经有许多广为人知的模型和理论，但这类模型和理论是基于不同学科、不同教育阶段实证研究数据的提炼，对英译汉课程中的教师评价的适用性有待进一步的验证。本书的一个重要目的是验证、修正或构建形成性评价理论。为此目的，一个个案，如果挖掘充分，亦可胜任。其次，聚焦翻译课堂本身在教育评价领域内，也算是独一无二的案例。再其次，由于大学课堂的翻译教师大多数为非翻译专业背景，大部分是由文学或语言学的教师转岗而来，因此选择文学背景的教师进行翻译个案研究也具有一定的代表性（详见 3.2.4 节研究对象）。最后，本书也希望通过对所选择的个案的探索，为提升翻译课程，特别是英译汉课程中的形成性评价实践质量提供启示。除此之外，本书选择单个案还有以下三个原因。

一是研究的工作量。以往的研究大多聚焦评价过程的某一步骤，本书探索的是形成性评价的过程整体：目标和标准的选择，信息的收集、阐释和使用。每一个步骤从某种程度上都可以作为一个博士题目加以研究，如果采用多个案的话，研究工作量将过大。

二是研究的现状。翻译教育中关于形成性评价的实证研究非常少，研究同样一个个案已经可以揭示许多有意义的问题。

三是本人的研究偏好（信念）。本人倾向于认为个案研究（质性研究）中最为重要的是对案例的深入分析与挖掘，而非多个案的数据收集和比较。集中于一个个案，也许更可能得出有意义的发现，也是对研究者更大的考验。

综上所述，本书决定采用质性研究中的个案研究方法，集中于单个案例，探索英译汉课程中具有代表性的典型翻译教师的形成性评价实践过程。

3.2.3 研究场域

本书的主要研究场域为翻译课程中的本科英译汉课堂。以翻译课程为基础研究形成性评价的原因有三点。

一是翻译是与评价关系最为密切的课程之一。一方面，翻译领域的关于标准的争论由来已久，产生了很多多元化的目标和标准体系，它们被认为是翻译学科本身重要的知识组成部分；另一方面，翻译评价是翻译实践活动和翻译教学中无法避免、最为频繁的活动，许多翻译教学都是以教师对学生翻译产品的评价展开。鉴于翻译标准的多样复杂和翻译课堂评价活动的频繁，选择翻译课堂作为形成性评价的研究场域有望获得更多关于形成性评价的洞见和理解。

二是可以增强对翻译本体知识的理解。评价的核心是目标和标准，对教师评价实践的研究，有助于我们获得更多关于目标和标准本身的知识，通过深化和扩展对目标和标准的理解促进对翻译本体知识的掌握和理解。比如赫里蒂奇（2012）就曾指出教师进行学习进度开发的副产品是教师深化了自己关于专业领域学习的知识，这对学习证据的收集和使用都是很有益处的。

三是翻译专业发展迅速，翻译人才紧缺，翻译教育在当今对国家全球化发展日益重要，选择翻译课程作为研究对象，其研究结果有助于提升翻译评价和教学的质量，从而提升翻译人才培养的质量。当然，翻译课程类型丰富，之所以选择本科阶段的英译汉课程作为研究场域，主要原因在于英译汉课程是最基础的翻译课程，是英语专业和翻译专业共有的课程。这意味着教授这门课程的教师最多，学习这门课程的学生数量最大，研究结果的实践意义较大。

3.2.4　研究对象

本书采用目的性抽样的方式选择具有代表性的翻译教师作为本书的研究对象。下面我们将简述林老师的学习和工作经历与经验，然后再解释选择林老师为本书个案的原因。

林老师，男，1982 年出生，本科为英语语言文学专业，硕士就读于国家重点师范大学英文文学专业，毕业后留校任教，任教期间在任教学校在职完成英文美学专业的博士学习，获得博士学位。博士毕业后离开原工作单位，至现单位（一所原"211"大学外国语学院）工作，并于工作 1 年后，进入国内知名外国语大学博士后流动站工作，研读文学专业。

在学术方面，在现工作单位，林老师属于学术骨干，发表文学类专业论文多篇，专著一本，主持国家社科项目一项。在教学方面，林老师具有 11 年的从教经历，所教授的课程包括文学、笔译和口译课程，并出版了口译教材一本。

在教学方面，虽然林老师的专业一直为文学专业，但是由于资历较浅，在原单位一直没有机会教授文学专业课程，承担的课程多为英语专业的基础课程，如口译课程和笔译课程的教学，有较为丰富的翻译教学经验，而这也是林老师被现单位录用的原因之一。自进入现单位以来，林老师一直教授笔译课程，同时兼授少量听说和口译类课程。林老师笔译课程教授质量较高，受到了学生的认可，学生评价优秀，甚至有学生发长文对林老师的付出表示感谢。

在翻译实践方面，林老师的口译经验较为丰富，笔译的实践经历与口译相比较为单薄。由于教学、科研和学习占用了大量时间，再加上翻译市场的混乱和翻译专业本身地位的尴尬，林老师并没有从事翻译实践和翻译研究的打算。

在教学评价实践方面，林老师的英译汉课程采用的是"过程性评估的方法"。

林老师之所以会采用这种方法实施评价，主要是受到自己在原师范大学教学经历的影响。林老师原工作单位是一所师范类院校，对教学方法的改革比较重视，"过程性评估方法"是当时林老师所在的学院在全院范围内强制实施的一项评价改革措施。根据林老师的描述，林老师学院的"过程性评估方法"的主要特征是取消期末考试等终结性评价，在教学过程中实施多次评价，以多次评价的结果作为评定学生成绩的依据。对于这种评价的方法，林老师在实践之后表示比较认可，认为其好处在于三个方面：（1）与一次性考试相比，这种过程性评价可以更加科学地评价学生的学习水平；（2）这种过程性评价，可以帮助学生更好地内化所学到的知识，特别是对于语言课程来说；（3）可以督促学生平时学习，防止学生平时不学，期末临时抱佛脚。

　　林老师的上述经历使得他与本书的研究目的十分契合。首先，本书试图描述具有代表性的中国翻译教师的评价现状。林老师的学术和教学背景，在目前的翻译教师中具有一定的普遍性和代表性。翻译学和翻译教学虽然有着悠久的历史，但翻译学作为一个独立的学科的历史并不长。大多数国内翻译教师并不具有翻译专业教育的背景，他们大多为语言教师，多为语言学以及外国语言文学专业毕业。林老师的硕士和博士都为文学专业，教授笔译翻译多年，但笔译实践的经验并不丰富，具有一定的口译实践经验。这样的代表性将使本书的研究结果具有较大的参考价值。其次，林老师是坚持不对学生进行期末考试的，认为期末考试本身并不能帮助学生学习。为更好地促进学生学习，林老师声称自己坚持过程性评价的方式考核学生。林老师的这种观念与普遍接受的形成性评价的理念较为吻合，与本书的研究目的较为匹配。

　　当然，除了林老师与本书的研究目的较为契合之外，选择林老师还考虑到了研究的可行性、便利性和伦理方面的问题。麦克斯韦尔（2012）指出"样本的选择需考虑你的研究与研究参与者的关系、数据收集的可行性、效度考量以及伦理问题"。首先，林老师为本系教师，与研究者本人关系融洽，是研究者申请的校级教学与评价研究项目的成员，非常愿意参与本人博士研究，提供相应的帮助，这将大大增加研究的可行性。其次，从便利性的角度来看，林老师同样是一个很好的选择。由于处于同样的工作环境，数据的收集会更为便利。最后，林老师的教学质量较高，从评教成绩和学生的反馈来看，林老师的教学得到了学生的普遍认可，更有学生撰写长文，感谢林老师对自己翻译学习的帮助。鉴于形成性评价与教学密不可分的关系，对林老师的评价实践的研究可能会给其他翻译教师提供借鉴，而且作为一名优秀的教师，林老师对于自己的教学更为开诚布公，减少因为关系教学实践的不利信息可能带来的伦理问题。

3.2.5 数据收集方法

为获得本书所需要的信息，本书采用了以下 3 种信息收集的方法：（1）实物资料；（2）课堂观察；（3）访谈。表 3-1 显示了数据搜集方法与研究问题的对应关系。

表 3-1 数据收集方法与研究问题

数据收集方法	如何选择目标与标准？	如何收集学习信息？	如何阐释和使用信息？
实物资料之课件（514 页 ppt）、5 次任务和 5 次测试	√	√	√
实物资料之研究日志和接触摘要单（约 2 万字）	√	√	√
课堂观察之课堂录音（约 13 万字）	√	√	√
课堂观察之田野笔记（约 3 万字）	√	√	√
访谈之非正式访谈（多次，主要呈现于研究日志和田野笔记）	√	√	√
访谈之正式访谈（约 3 万字）	√	√	√

使用多种方法收集数据将有助于提升本书研究发现的信度。下面笔者对每一种数据收集方法进行描述，并提供数据收集方法选择的依据。

3.2.5.1 实物资料

鉴于本书探索的是教师的评价实践，因此记录教师评价任务和评价反馈的实物资料是本书一个非常重要的数据来源。本书所收集的最主要的实物资料为林老师整个学期的英译汉课程的课件以及林老师布置的任务与测试。为方便研究者及时进行分析，林老师同意在每单元结束之后，将该单元的 ppt 提供给研究者。另外，教师会定期布置翻译任务和测试。本书收集了六位同学的作业作为实物资料，分析林老师的评价实践。如表 3-1 所示，它们提供了回答研究问题 1：教师如何选择目标和标准？和研究问题 2：教师如何收集学习信息（选择翻译文本）的基础数据。林老师的 514 页 ppt 和 5 次任务与 5 次测试基本涵盖了林老师英译汉课程中所有学生需要翻译或处理的翻译文本（除林老师在授课过程中临时提供的翻译文本之外）。换言之，它们构成了林老师收集学习信息最主要的方式，完成它们所需要的知识和技能界定了学生学习信息的范围。除此之外，教师提供的课件标注了每一单元主要关注的学习目标以及一系列文本所对应的子学习目标，它们构成了教师计划的主要学习目标。除了林老师的课件、任务和测试之外，本书的实物资料还包括研究者撰写的研究日志和接触摘要单（contact summary form）。研究者从研究伊始就要求自己养成两个习惯：（1）将自己关于研究主题各方面的想法记录下来，撰写到研究日志中，供日后修正、参照。（2）在每次访谈结束后，填写一个接触摘要单，将访谈中出现的主要问题和内容做一个提纲挈领的总结。

3.2.5.2　课堂观察

除了实物资料之外，课堂观察是本书另一个非常重要的数据收集方法。根据研究者的参与度，观察可分为参与性观察和非参与性观察。在质性研究的过程中，多数研究者会使用后者，即研究者在观察现场不参与、不介入研究对象的活动当中，像"趴在墙壁上的苍蝇"（杨鲁新、王素娥、常海潮、盛静，2012）进行非参与性观察。本书主要采用的是非参与性观察，通过课堂录音和田野笔记的形式记录自然状态下的教师课堂评价实践。所谓自然状态指的是录音和观察的课堂并不是为研究目的准备的。本书的研究目的是将在教师日常教学中已经实践的形成性评价概念化和理论化，以推进人们对教师形成性评价行为的理解，使更多的老师从中受益。因此，观察不受干预的真实的常规课堂是课堂研究本身的需要（Van Lier，1988），特别是教师课堂形成性评价实践的需要。课堂互动形成性评价是非计划的、即兴的，很多是教师无意识的行为（Rea-Dickins，2007;Ecclestone & Pryor，2003），在课堂互动的环境下发生的，是教师不能提前预测和控制的（Cowie & Bell，1999）。自然的课堂数据有利于再现即时形成性评价的原貌。从教师已有的日常实践出发，探究教师个人课堂行为中潜在的教学价值（Johnson，2009），而不是通过从"理论到实践"的灌输，是质的研究特性，同时也会为教师发展提供更多有益的启示（杨华，2012）。为深入全面地了解真实的英译汉课堂的评价状况，本书对一整个学期的英译汉课程（12 次课）进行了录音。之所以采用录音而非录像，主要是由于两个方面的原因。一方面，在有录像设备的情况下，学生容易感到拘束，为呈现出良好的状态，可能体现出非真实的一面。另一方面，本书的课堂观察主要是为了解教师在课堂上所进行的形成性评价，由于林老师授课时大多数时间是坐在讲台边，录音本身就可以很好地记录林老师的评价实践。对于收集到的教师评价的录音资料，研究者及时进行了逐字转写。在对一个学期的英译汉课程进行录音的同时，研究者还通过看和听的方式对课堂现场进行了观察，并在田野笔记中对研究者的课堂流程和凸显的评价现象进行了记录和反思。

3.2.5.3　教师访谈

访谈是访谈者和被访者之间就某些话题通过言语进行互动的过程。根据被访谈者在交谈过程中所能够主动发起谈话主题机会的不同，访谈可分为结构式访谈、半结构式访谈和无结构访谈。本书所涉及的访谈包括非正式的无结构访谈和正式的半结构式访谈。研究者在资料收集阶段主要运用非正式的无结构访谈，访谈对象为林老师，访谈一般由所收集到的原始资料（包括文本、录音）以及课堂观察中凸显的问题引发，随着访谈的推进，访谈内容会涉及研究者的学习、生活、工作等各个方面。通过这种非正式的交谈，除了可以获取与研究问题直接相关的数据之外，还可以对研究对象形成一个较为全面和立体的了解，包括人生经历与性格特征等。由于访谈性质和访谈环境等原因，研究者没有对非正式访谈进行录音，访谈中的重要内容依靠记忆在访谈之后记录于研究日志和相关的田野笔记之中。

在完成了资料的收集和初步分析之后，研究者对研究对象进行了 4 次较为正式的半结构式访谈。每一次访谈围绕一个主题展开：教师的评价知识、目标和标准的选择、信息收集方法、信息阐释和使用方法。第一个主题的访谈问题主要是基于非正式访谈中研究对象提到的一些关于评价的认知和做法，其目的是探索林老师关于评价知识的储备。后三个主题的访谈问题与研究问题密切相关。这些访谈问题是在对实物资料和课堂录音进行初步分析的基础上提出的，其目的有二：（1）向被研究者确认研究者的观察和提炼出的被研究者的评价实践是否恰当；（2）探索被研究者评价实践背后的主体和社会文化语境因素。为了保证访谈的顺利进行、提高资料的可信性，研究者根据提纲初稿对两位高校教师进行了预访谈，并根据他们的反馈，访谈提纲中的问题和措辞进行了多次修改和调整（见附录 2），对访谈内容和技巧进行了反思。在访谈过程中，研究者针对出现的本土概念（native concept）追问（probing）、不断追问、倾听和回应，以期能够深入了解概念背后的实质内容。与非正式访谈不同，研究者对这些正式访谈进行了全程录音，并及时将其逐字转写为文本资料（见附录 4）。

3.2.6　数据整理、分析、综合与再现

本小节将描述本书如何对收集的信息进行整理分析与综合再现的。

3.2.6.1　数据的整理与分析

数据的整理与分析部分将简述数据的分析方法、数据整理分析过程和编码方法。

（a）主要的数据分析方法

在分析方法上，本书拟采取类属分析和情境分析两种方式对收集到的数据进行分析。类属分析的长处是将一部分资料（概念或主题）从它们所处的情境中抽取出来，通过比较的手法凸显它们之间的关系；而情境分析的长处是更加贴近当事人的真实生活，叙事的结构本身与他们的日常生活比较类似。类属分析的短处是容易忽略资料之间的连续性以及它们所处的具体情境，无法反映动态事件的流动过程，有可能将一些无法分类，但是对回答研究问题十分重要的研究资料排除于

研究结果之外；而情境分析的短处在于可能忽略叙事和情境中存在的一些基于相似性的意义关系，对资料内容的相同点和不同点视而不见（陈向明，2000）。在实际的研究中，可以将这两种分析方式结合起来。一个类属可以有自己的情境和叙事结构，而一个情境故事也可以表象一定意义的主题（Merriam, 1998; Yin, 1994）。将类属分析与情境分析结合起来使用可以获得单独使用其一所不能获得的效果。情境分析可以为类属分析补充血肉，而类属分析可以帮助情境分析理清意义层次与结构。结合两者可以达到共时性与历史性的统一，不仅可以在叙述一个完整的历史性故事的同时进行共时性的概念类别分析，而且可以在共时性的概念类别框架内叙述历史性的故事。这样做可以比较完整地保存当事人实际生活经历的原貌，而不是人为地对其进行概念上的切割或情节上的拼凑（Viney & Bousfield, 1991）。

（b）数据整理分析过程

在研究中，资料收集、整理、分析是同步进行的。从不同来源收集到相关数据之后，按不同的研究问题分别放入目标和标准、信息获取、信息阐释和使用的相应文档中，与此同时在当下力所能及的范围内对其进行进一步的分析，并撰写研究分析备忘录。在目标和标准部分，首先将课件任务和测试中所呈现的以及课堂录音中教师话语中涉及的学习目标和成功标准摘录出来，对其进行类属和情境分析，描述教师在整个英译汉课程中所呈现的实践目标和标准。在信息收集部分，首先分析了所收集到的课件、测试和任务中所涉及的文本的主题、体裁、形式（词、句、篇），然后将课堂录音中教师对于所选择的翻译任务的评论摘录出来，提炼出其中的本土概念。根据实际任务资料和教师对任务的评论，对教师的文本选择实践进行类属和情境分析，描述教师是如何选择翻译本文体的。在信息阐释和使用部分（主要是反馈），首先将课堂录音教师评价话语摘录出来，再对其进行类属和情境分析，描述教师在课堂上是如何阐释和使用学习信息的形成性反馈的。

为方便数据的组织和分析，本书中课堂录音和访谈资料以评价事件和访谈片段的形式出现在资料分析过程之中。如表 3-2 所示，评价事件由四部分组成：（1）评价事件编号；（2）任务范例：原文和 / 或参考译文;（3）计划目标；（4）教师评价。

表 3-2 中的"任务范例"和"计划目标"主要来自实物资料，包括教师的 ppt 课件、任务和测试。而"教师评价"主要摘自课堂录音转写文本中，由任务范例展开的教师评价话语。评价事件的编号以教师课堂评价话语为基础，由课堂录音中"课堂"的拼音首字母、课堂录音的次数序号和选择的教师评价内容的开始和结束时间构成。比如上例中的评价事件－ KT9: 46:20-47:00 的"KT"表示课堂录音，阿拉伯数字"9"表示第 9 次课堂录音，"46:20-47:00"表示截取的教师课

堂录音从 46 分 20 秒处开始，于 47 分处结束。

表 3-2　　　　　　　　　　　　　　　评价事件范例

评价事件－ KT9: 46:20-47:00

任务范例	His failure to observe the safety regulations resulted in an accident to the machinery. 因为他没有遵守安全规则，机器出了故障。
计划目标	句子拆分
教师评价	observe 什么意思啊？我们经常在口译中听到某某某等前来观礼，那个观礼，口译中怎么译的啊？……

访谈片段（见表 3-3）主要由访谈片段编号和研究者与被研究者的对话构成。

表 3-3　　　　　　　　　　　　　　　访谈片段范例

访谈事件－ FT1: 1:13:10-1:15:18

R:	为什么要选择一个常用的句子给大家做翻译呢？
L:	这个可能和我教口译有关系，很多时候都要求学生背诵大量的套语，比如说祝酒词，这个肯定是要背的，然后讲话介绍的语言框架，而这些在他们未来的工作中必然会遇到。
R:	还是考虑到他们将来工作，就是考虑到它的实用性。
L:	对对对。
R:	我感觉您在选择的时候，在源语的选择部分，除了您讲语言质量之外，就是实用性的考量比较多一点。就是我学了这个，不仅是学到抽象的技巧，还是可以把这些直接运用到我的生活当中去。
L:	用到工作中。

访谈片段中的研究者与被研究者对话来自访谈录音的转写，而访谈片段的编号方式由"访谈"的拼音首字母、正式访谈的次数序号＋访谈文本的开始和结束时间构成。比如访谈片段－ FT1: 1:13:10-1:15:18 中的"FT"表示访谈录音，"1"表示第一次访谈，"1:13:10-1:15:18"表示截取的访谈录音从 1 小时 13 分 10 秒处开始，于 1 小时 15 分 18 秒处结束。

（c）数据的编码方案与范例

数据编码是数据分析的重要组成部分之一。在初读了各个来源的资料之后，本书根据文献综述部分提出的概念框架和收集的数据中浮现的类属创建了初步的编码方案，主要类属包括：目标、标准、文本、使用（教学调整和反馈）。在数据的进一步收集和分析过程中，新的类属和每一个主要类属的子类属逐渐浮现，整个概念框架得到进一步的调整和丰富。以信息使用这一研究问题的编码为例，本书首先根据文献综述中的概念框架将反馈列为一级编码。在进一步的资料收集和分析过程中，新的类属不断出现，如口译知识扩展、文学知识扩展、操作性建议、实践示范和理论提升等不同的类属。而这些类属又可以进一步分为横向扩展型反馈和纵向提升型反馈，于是本书将横向扩展型反馈和纵向提升型反馈定义为二级编码，并在这两个类属下继续寻找符合其性质的子类属，以构建出林老师在英译汉课程中的形成性反馈的结构化的实践样态。具体的编码过程如下：首先将收集到的资料按三个研究问题放到对应的三个 Word 文件夹中，然后给文件夹中不同来源的文档中的词汇、句子和段落标上研究者的设定的编码。为确定编码的合理性，本书邀请了两位从事相关研究的老师利用本书提供的编码系统对部分资料进行编码，同时鼓励他们发现新的类属，并与其讨论现有编码系统可能存在的问题和改进方法。在对现有资料和两位老师的意见考虑之后，本书确定了本书所有资料的编码方案（见表 3-4）。

表 3-4　　　　　　　　　　　　　　　编码方案

一级编码	二级编码	三级编码
WB= 文本	WBG= 工作对象	WBG 1= 未来职业发展 WBG2 = 职业要求
	WBZ= 知识载体	WBZ1= 语言 WBZ2= 翻译 WBZ3= 专业／百科
	WBJ= 激励（动机）工具	WBJ 1= 兴趣 WBJ 2= 喜欢 WBJ 3= 生活／工作距离
MB= 目标	GJMB ＝高计划性目标	GJMB1= 有扎实双语基础 GJMB2= 有高超翻译技巧
	DJMB ＝低计划性目标	DJMB1 ＝有较广百科知识 DJMB2 ＝持严肃认真态度 DJMB3 ＝具一丝不苟精神 DJMB4 ＝应勤查勤用词典 DJMB5 ＝培养多种思维力 DJMB6 ＝不断总结与完善
BZ= 标准	GSBZ= 高识别性标准	GSBZ1= 通顺 GSBZ2= 雅
	DSBZ= 低识别性标准	DSBZ1= 忠实
TZ= 教学调整	QSTZ= 前摄性调整	QSTZ 1= 材料更新
FK= 反馈	FKH= 横向扩展型	FKH 1= 文学知识 FKH 2= 口译知识 FKH 3= 语言知识 FKH 4= 百科知识
	FKZ= 纵向提升型	FKZ 1= 操作建议 FKZ 2= 实践示范 FKZ 3= 标准分享 FKZ 4= 理论提升

根据上述编码方案，研究者对本书所收集资料内容进行了编码（见表 3-5）。在编码的过程中，有时候会给一段文本标注多个编码。被标注的文本就会被剪切、复制到相应的文件之中。

表 3-5　　　　　　　　　　　　　　　　　编码范例

录音／访谈转写	编码
"Stevenson was eloquent and elegant—but soft. 这个句子写得很好，有头韵也有尾韵，这个有修辞在那里面，很难译。那我们在译这个的时候，要做到信达，最难的是做到雅。那怎么样做到雅呢？就是给它做到同等字数的，同等字数的，最优先考虑的是四个字吧。eloquent，精致的，那不是 exquisite 吗？能言善辩的，那 elegant 呢？优雅，那成两个字了，四个字的有没有啊？文质彬彬，还有吗？风度翩翩，然后 but soft？你们就没点判断啊？eloquent and elegant 都是褒义词，but 说明 soft 的走向是相反的？你要译成温文尔雅，不是应该是 and soft 吗？good，应该是性格懦弱吧。要读清楚了啊，你一个词决定你这个词的方向，所以这句话译成了：史蒂文森有口才、有风度，但很软弱。为什么这么处理啊，因为这个 soft 很难找到一个四字句与其起进行对应，所以把他们都处理成仨字，有口才、有风度，但很软弱，就可以。这样读的时候，节奏感要好一些。这个是就所谓的信达雅，属于最高最难的一个层次，我们最后一个层次去处理。"（KT 60:43 － 62:47）	GSBZ2 = 雅 GJMB1 = 双语知识 GJMB2 = 翻译技巧 FKZ 1 = 操作建议 FKZ 2 = 实践示范 FKZ 3 = 标准分享

3.2.6.2　数据的综合与再现

本书的目的是探究翻译教师林老师的形成性评价实践。为此，本书设定了三个研究问题：（1）林老师是如何分步实施形成性评价的？（2）林老师形成性评价实践的理论模型是什么样的？（3）林老师形成性评价实践的学习理论基础是什么样的？围绕第一个研究问题，本书展开了数据的收集与分析，描述了教师实施形成性评价实践的分步实施样态，主要是以类属分析、辅助以情境分析的形式分别呈现了针对第一个研究问题的三个子研究问题的研究数据：（1）林老师是如何选择学习目标与成功标准的？（2）林老师是如何收集学习信息（选择翻译文本）的？（3）林老师是如何阐释和使用学习信息的？在此基础上，本书对实证数据进行了进一步的提炼，以分类框架模型、过程理论模型和活动理论模型三种形式再现了英译汉课程教师林老师的形成性评价实践，提供了与现有的形成性评价理论研究成果进行对话的机会。最后，本书以上述两个研究问题的研究发现为基础，对林老师形成性评价实践的学习理论基础进行了探究。

3.2.7　研究的效度、推论和伦理

3.2.7.1　研究效度

"效度"是源于量化研究的一个概念。对于质性研究中是否适宜使用这一概念

存在着争论。部分学者认为量化研究中的效度概念不适合质的研究，主张用其他词语来代替，如"真实性""可信性""可靠性""确实性""一致性"等（Lincoln & Guba, 1985）。目前主流的观点倾向于认为质的研究中可以保留效度这一概念，但其内涵与量化研究中的效度很大的区别。质的研究中的"效度"指的是一种"关系"，是研究结果与研究其他部分（包括研究者、研究的问题、目的、对象、方法和情境）的一致性。质的研究中的"真实有效性"不是绝对的。在质的研究中，说某一研究结果是"真实可靠的"时候，是指对这个结果的"表述"是否"真实"地反映了某一特定条件下某研究人员为了达到某一特定目的而使用某一研究问题以及与其相适应的研究方法对某一事物进行研究这一活动；说某一表述"有效时"，我们并不是说这一表述是该研究现象唯一正确的表述，只是表明这一表述比其他表述更为合理。

　　换言之，质的研究中的"效度"这一概念是用来评价研究结果与实际研究的相符程度，而不是像量的研究那样对研究方法本身的评估。质性研究的效度不是一个可以抽空出来进行测量的实体，而是具有了被反思、被使用的和情境化的特点（Lather, 1993）。质的研究中的高效度意味着该研究使用的方法有效，而且对研究结果的表述再现了研究过程中所有部分、方面、层次和环节之间的协调性和契合性。

　　本书中"教师如何进行形成性评价"是研究者与研究对象共建的。研究的效度在于研究对象是否明白研究者的问题；研究对象是否愿意把真实的情况与研究者分享；研究者对研究对象的实践描述与理解是否和他们真实的想法与做法一致。本书采用以下方式来检验个案研究的效度。

（1）　收集丰富的原始资料。本书的主要资料收集方法包括访谈、观察、实物资料（文本和音像），多种资料的相互补充可以提高研究的效度。

（2）　参与者检验。在资料收集、整理和分析过程中，研究者经常性地与研究对象分享研究的初步成果，核实这些是否符合他们的真实情况。

（3）　诚实详细的描述。研究者尽可能透明详细地呈现资料收集的过程、种类和数量以及资料分析的思路。

（4）　反馈法。研究者得出初步结论之后广泛地与自己的同行、同事、同学分享、交换意见与看法。

（5）　自我反思。研究者不断地思考自己的背景、角色、前见及其与研究对象的关系。在质的研究中，为提高研究效度，研究者的自我反思特别重要，因为研究者是研究的主要工具。对研究的个人因素及其与研究的相互关系进行不断的反思才能较为客观地对待研究者的主观意向，使研发现更加趋向客观、严谨，更加逼近事物的本原，并为研究发现的可靠性提供保障（陈向明，2000）。

3.2.7.2 研究推论

任何研究都希望其研究结果能够为其他人和组织提供借鉴，质的研究也不例外。所以质的研究者必须思考研究的推论问题。虽然质性研究采用目的性抽样的原则，结果很难在量的研究意义上进行推论，但质性研究的结果是可以进行推论的，而且它的推论，可以达到更深层的共性。陈向明（2000）指出，质性研究的外部推论可以通过两种途径达到：（1）对研究结果的认同来进行推论。如果读者在阅读研究报告时得到了思想上的共鸣，那就是一种认同性的推论（或称思想上的启发或启示）。（2）通过建立有关的理论来达到推论。如果本书建立的理论有一定的诠释性，也可起到理论性推论的作用。

3.2.7.3 研究伦理

关于研究伦理问题，许多学者都提出自己的建议（陈向明，2000; Tsui，2003）。为遵循研究伦理，本书采取的如下具体方法。

（1） 自愿原则。本书事先征得了研究对象的同意，在研究开始之前签订了研究知情同意书。

（2） 尊重个人隐私与保密原则。研究报告中没有使用研究对象的真实姓名以及其所在学校的真实姓名，全用字母代替，以保护研究对象的隐私和资料机密性。

（3） 成员核查。研究中对相关情况的描述尽量做到客观中肯，谨慎或避免使用负面评价，每次整理和分析完资料后，都与研究对象分享成果，聆听研究对象的反馈。

（4） 互惠原则。建立轻松、愉快与互相信任的研究合作关系，做到尽量不干扰课堂的正常进行及研究对象的个人生活。同时，在力所能及的范围内，为研究对象提供帮助，如分享他工作和生活中的压力与快乐，为改进课程提供一些个人的建议等。

第 4 章　研　究　发　现

本章将从以下三个方面入手,呈现林老师形成性评价个案研究的研究发现,即林老师形成性评价实践的分步描述、林老师形成性评价实践的理论模型,以及林老师形成性评价实践的学习理论基础。

4.1　林老师形成性评价实践的分步描述

一个完整的形成性评价实践过程由学习目标与成功标准的选择、学习信息收集以及学习信息的阐释和使用三个步骤构成（文秋芳, 2011; Linn & Gronlund, 2000）,且每一步都具有形成性潜力。评价实践过程分步描述的目的是对每一个步骤进行深描和概念化的再现,为教师的评价过程的分步实施提供参照,并为整个评价过程的理论化和学习理论基础的探索奠定实证基础。

4.1.1　学习目标与成功标准的选择

确定学习目标是形成性评价的第一步（文秋芳, 2011）, 也是最重要的一步（Tyler, 2013; 文秋芳, 2011）。成功标准的选择亦是如此,无论评价者是否意识到, "评价标准是评价活动的基本依据,它对于评价活动而言具有逻辑上的先在性"（吕俊, 2007）。学习目标和成功标准为学习信息的收集、阐释和使用提供依据,对其选择方式的描述可以为教师的目标与标准选择提供反思式的参照。本部分将描述林老师在一学期的英译汉课程中:（1）课件呈现的学习目标与评价标准;（2）评价实践中实际参照的学习目标与标准;（3）学习目标与成功标准选择的特点。

4.1.1.1　课件呈现的学习目标与成功标准

研究数据显示,林老师以多媒体课件形式分享了职业素养目标、具体的课程学习目标和翻译产品评价标准。

（a）林老师呈现的翻译职业素养

林老师在课件的第一章中呈现了九条翻译职业素养（见表 4-1）。将这些素养进行类属分析,我们发现教师呈现的素养或学习目标,主要涉及四个层面:知识技能层面（1、2、3、4）;情感态度层面（5、6）、行为习惯（7）、思维层面（认知和元认知）（8、9）。这四个层面,涉及了重要的知识分类,包括陈述性知识和程序性知识，可见的习惯的养成以及不可见的认知和元认知层次，甚至还涉及情感态度。参考翻译能力构成的模型，对这些素养进行内容分析，我们会发现，教师呈现的素养涉及了翻译能力的诸多方面，如语言能力、百科知识、技巧策略，甚至还涵盖了一些翻译能力模型中没有明确提出，但非常重要的翻译职业素养，如思维层面的认知和元认知能力与一丝不苟的工作态度。只是林老师在呈现语言上，没有采用现有翻译能力模型描述所采用的话语。从课程性质角度看，英译汉课程属于技能课程，而翻译教育又属于人文教育。林老师在英译汉课程开始分享的译者素养部分涉及了非技能的目标，如态度目标和多种思维力，在某种程度上，将技能课程与全人教育的目标进行了关联。对林老师的访谈显示，林老师认为表 4-1 列出的素养为译者的职业素养，即学生从事翻译工作所需要具备的素质和达到的要求，是一个远景性的学习目标。

表 4-1　　　　　　　　　　林老师呈现的翻译职业素养

译者素养	目标性质（为研究者所加）
1. 有扎实双语基础	知识 / 技能
2. 有较广百科知识	知识
3. 有较高理论素养	知识
4. 会高超翻译技巧	技能
5. 持严肃认真态度	情感态度
6. 具一丝不苟精神	情感态度
7. 应勤查勤用词典	行为习惯
8. 培养多种思维力	思维
9. 不断总结与完善	思维（认知与元认知）

（b）林老师呈现的具体课程目标

除了九大职业素养之外，林老师在接下来的六个章节中以章节为单位向学生呈现了具体的课程学习目标。

由表 4-2 可以看出，林老师预先确定的课程学习目标主要分为知识目标和技能目标。为帮助学生理解和掌握这些知识和技能目标，教师围绕每一个小的知识和技能目标选择了一定数量的翻译任务（除了 56-71 页的语系、文字、发音和词汇没有对应的翻译任务之外）。这意味着，当学生完成所有这些翻译任务的过程中，必然会接触到上述知识与技能目标，而教师在对翻译任务完成情况进行阐释和评价的过程中，必然要参照这些知识和技能目标。换言之，整个课程结束后，学生通过完成任务和被评价的经验至少可以接触并有望理解和掌握上述知识与技能目标。

（c）林老师呈现的翻译产品成功标准

在翻译领域，对于翻译产品质量标准的认识和讨论有着长久的传统。除了译者素养之外，林老师还在课件的第一章中呈现了翻译产品的评价标准（表 4-3）。

表 4-2　　　　　　　　　　　　　林老师预先计划的学习目标

章节	知识与技能目标
第二章：英汉语言对比（55 - 180 页）	语系 (56)：Indo-European family ／ Sino-Tibetan family
	文字 & 发音 (57)：拼音文字；句有语调／表意文字；字有声调
	词汇（58-71）：构词法／词义对应关系／词的搭配能力
	语法 (72-180)：综合 vs. 分析／形合 vs. 意合／刚性 vs. 柔性／繁复 vs. 简短／物称 vs. 人称／被动 vs. 主动/静态 vs. 动态／抽象 vs. 具体／替换 vs. 重复
第三章：词语的翻译（181 - 214 页）	词义的选择（182-185）
	词义的引申（186 - 207）
	词义的褒贬（208 - 214）
第四章：翻译技巧（上）（215 - 279 页）	增译法（amplification）（216-233）
	省译法（omission）（234 - 247）
	词类转换法（conversion）（248 - 265）
	正反互译法（negation）（266 - 279）
第五章：翻译技巧（下）（278 - 332 页）	语态变换法（278-297）
	拆译法（298-332）
第六章：常见句型的翻译（333-375 页）	定语从句的翻译（334 - 348)/状语从句翻译 (349-358) ／名词性从句的翻译 (359-365) ／长句的翻译 (366 - 375)
第七章：翻译的难点（376-514 页）	修辞与翻译（377 - 444）／文化与翻译 (445-514)

表 4-3　　　　　　　　　　　　　林老师呈现的翻译产品标准

来源	内容
释道安	"五失本，三不易"的翻译理论。 "五失本"是指有五种情况可以允许译文不同于原文； "三不易"指翻译工作中的三种难事：难得恰当，难得契合，难得正确。"五失本"与"三不易"要求既要正确表达原著的内容和义旨，又要力求译文简洁易懂
玄奘	既须求真，又须喻俗
严复	1898 年，严复在《天演论·译例言》中，提出了中国历史上第一个较为明确的翻译标准，也就是"信、达、雅"的翻译标准。 信: 意义不背本书； 达: 不拘泥于原文形式，尽译文语言的能事以求原意明显； 雅: 译文语言古雅
鲁迅	信（faithfulness）顺（smoothness）。 翻译必须有异国情调，就是所谓洋气。其实世界上也不会有完全归化的译文，倘有，就是貌合神离，从严辨别起来，它算不得翻译。凡是翻译，必须兼顾着两面，一当然力求其易解，一则保存着原作的风姿，但这保存，却又常常和易懂相矛盾：看不惯了。不过它原是洋鬼子，当然谁也看不惯，为比较的顺眼起见，只能改换他的衣装，却不该削低他的鼻子，剜掉他的眼睛（《且介亭杂文二集·"题未定"草》）
林语堂	忠实（faithfulness）通顺（smoothness）美（beautifulness）
傅雷	神似（resemblance in spirit）。 以效果而论，翻译应当像临画一样，所求的不在形似而在神似
钱锺书	化境（reaching the acme of perfection）。完全保存好原作的风味，不因语文习惯差异而露出生硬牵强的痕迹

表 4-3 中的标准主要是关于翻译产品与原文之间的对应，多为文学翻译家基于文学翻译经验提出的标准，如"忠实""通顺""信达雅"。这些标准都涉及语言、结构和内容三个层面，表述有所不同，但基本意思相似，不过也有相互矛盾的地方，比如在信和顺的关系上，鲁迅提出的"宁信而不顺"与绝大多数标准对"顺"的强调有所不同。就来源来说，这些标准一部分是前人经验的总结，林老师直接奉行拿来主义，分享给学生，如严复"信、达、雅"、如钱锺书的"化境"。除了呈现大家提出的各种原版标准之外，林老师还通过 ppt 的形式呈现了自己认为对于现阶段的学生来说最基本的两条标准：忠实与通顺。

4.1.1.2 实践参照的学习目标与成功标准

上面呈现了林老师以课件的形式呈现给学生的学习目标和成功标准，但教师呈现的目标和标准并不一定等同于教师评价实践中运用的目标和标准。对林老师整个授课过程的录音转写和课件的分析显示：（1）林老师在实践中运用的学习目标可以分为高计划性学习目标和低计划性学习目标，运用的成功标准可以分为高识别性标准和低识别性标准（见表 4-4）；（2）不同的学习目标和成功标准在评价实践过程中被运用的程度也有所不同。

表 4-4　　　　　　　林老师评价实践中运用的学习目标与成功标准

学习目标	高计划性学习目标	有扎实双语基础
		有高超翻译技巧
	低计划性学习目标	有较高理论素养
		有较广百科知识
		持严肃认真态度
		具一丝不苟精神
		应勤查勤用词典
		培养多种思维力
		不断总结与完善
成功标准	高识别性标准	顺 / 雅 / 翻译腔（这个还有点主观）
		在产品标准方面，林老师参照最多的是顺，其次是雅
	低识别性标准	信 / 忠实

学习目标的计划性程度是从课程实施的角度提出的一种新的学习目标分类标准。高计划性学习目标指那些适合在课程开始之前选择明确的翻译任务予以阐释和支撑的目标，这类目标可以通过常规的纸笔测试予以考察评价，常常通过"掌握学习"的方法进行教学与评价。低计划性学习目标指那些难以在课程开始之前选择明确的翻译任务对其进行阐释和支撑的目标，这类学习目标的成果往往没有可以预先描述的形式，需要长期的观察才能够对其是否被掌握的情况进行评价。

　　林老师评价实践中涉及的高计划性学习目标包括所有预先安排了对应翻译任务的知识和技能目标。具体而言，教师对双语知识十分重视，将双语知识视为最重要最基本的翻译能力，教师把英汉对比作为一个章节用 170 多张幻灯片分析英汉之间的差异，说明教师认为英汉对比知识（双语）是翻译能力的基础。另外，在整个学期的教学中都贯穿着对语言的分析和强调，12 次课堂观察中，教师有 6 次课明确对双语知识进行了评价。在教师对语言的评价和分析中，从词汇到语篇都有所涉及，其中对用词的分析和关注特别多。简言之，林老师评价实践非常关注学生的双语表达，特别是对词汇层面的表达，多次强调翻译过程中应该多查字典。对语言的分析主要通过对翻译文本的点评和译文的分析进行。教师对翻译技巧也十分重视，不仅有专门章节加以探讨，而且在整个学期的教学过程屡次提到，教师点评也多集中在这个方面。教师会将原文中的难点提炼出来，然后再提出攻克难点的翻译技巧的建议。林老师对翻译技巧的讨论也主要体现在词和句的层面。在低计划性目标方面，林老师在实践中经常参照的目标是翻译过程中的习惯态度目标，特别是鼓励督促学习者养成使用字典的好习惯。对"有较高理论素养""有较广百科知识""持严肃认真态度""具一丝不苟精神""培养多种思维力""不断总结与完善"的学习目标，林老师的评价实践中都有涉及，但频率不高。例如，在整个英译汉课堂中，林老师提供的理论概念只有寥寥的几个，如归化异化、法国释意派理论、顺序驱动以及摘译等。理论素养的建立似乎不是林老师英译汉课程中评价实践关注的重点内容。

　　学习标准的易识别性是从评价实施的角度提出的一种新的翻译评价标准类型。高识别性的标准是指那些较为容易观察到的产品特质，通常指向语言的形式；而低识别性的标准是指那些较难观察到的翻译产品特质，通常指向语言的内容。在林老师采用的评价标准中，顺和雅属于高识别性的标准，信和忠实则属于低识别性的标准。在英译汉课程中，汉语是学生的母语，因此通顺的标准的可识别性最高，学生凭语感就可以判断，只需要通过朗读汉语就可以发现是否存在问题。优美和雅的标准也具有较高的易识别性，这个标准的本身是凸显的，是关于形式的，容易被感知的，因为特别具有风格的语言形式很容易被感知。虽然产出达到雅的标准的译文比较难，但判断一个译文是否优美是相对容易的。可识别性最低的是信和忠实的标准。信和忠实的内涵较为丰富，涉及许多不同的层次。对什么是忠实，忠实到什么程度，不同的人可能会有不同的看法。除了语言形式上的错误以及求助字典就可以确定的忠实问题之外，确定译文是否忠实于原文并非一眼就可以决定的易事，因为忠实指向意义，而意义是流动的，与具体语境密切相关。即使是语言上的错误的识别，因为需要求助字典，也比识别语言形式上的"顺"和"雅"更为困难。

从评价的频率上来看，林老师对顺的标准的参照最为频繁，12 次课堂观察中，每一次课堂观察都显示林老师多次强调译文是否通顺，关注读起来是否像"汉语"或有"翻译腔"；其次是雅，在 12 次课堂观察中，教师有 6 次课程中提到了译文的优美或风格；林老师参照最少的是"忠实"，对忠实的关注只在 3 次课程中提到，主要是以词义是否准确为中心展开讨论。

4.1.1.3　学习目标与成功标准选择的特点

对各课件、访谈性资料的分析显示林老师在信息阐释中目标与标准选择和运用呈现出如下特点。

（a）学习目标与标准的选择体现了学习经验的继承性

翻译教育领域中的目标和标准十分丰富多样，且存在相互矛盾的情况。这些目标和标准由专业人士生产，并不一定会落实到具体的课堂实践之中，而教师所选择的目标和标准，往往体现在对自己学习经验的继承。教师通常以自己被教授的方式教授自己的学生。这一点在林老师学习目标和标准的选择上体现得非常明显。就学习目标而言，翻译教育（特别是本科翻译教育）包括通识教育目标和翻译专业教育目标。将林老师呈现的目标与其进行比较，我们会发现林老师呈现的目标在性质上属于翻译专业教育目标。在这个类别中，林老师所选择的目标是与自己学习经验最为接近的目标，许多关于翻译能力的重要能力并未以翻译专业的语汇的形式与学生分享。就高计划性学习目标而言，林老师的目标选择体现出更为明显的学习经验的依赖。林老师所选择的六大主题及其所涉及的知识和技能目标大部分为现有的教材中出现的知识和技能目标，也是传统的翻译教学的教学重点。在成功标准部分，翻译教育中的标准包括来自翻译家的标准、教育者的标准和评价机构的标准，林老师呈现的主要是文学翻译家提供的标准，而这些标准是广为人知的，也是林老师的翻译学习经验中被强调的标准。

（b）根据自己实践经验选择呈现自己认为重要的学习目标和成功标准

在翻译课程的形成性评价中，目标和标准多样，教师需要对这些目标进行选择。选择过程共涉及三种类型的目标和标准：翻译领域中共享的目标与标准，林老师呈现的目标与标准和林老师实践参照的目标与标准。第一种是显性的、出版的、教师知道的目标和标准；第二种是教师认为重要的目标和标准，其中包括根据自己的经验提炼和总结的目标和标准；第三种为实践中运用和实施的目标和标准，在评价实践中加以运用。本书发现，教师根据自己的知识和经验，分享呈现自己认为重要的目标和标准。

在访谈片段－ FT4: 1:07:20-1:09:58 中，林老师认为一丝不苟的态度是一种职业素养，非常重要："职业素养，就要反复提醒你这个活，其实很重要，你要细致地去做"，"我会反复提醒他们"以及"就是干砸一次，以后就别想有活"。

访谈片段－ FT4: 1:07:20-1:09:58

R:	我注意到您在具体的课堂教学中，对一些素养提到得比较多，比如双语能力、翻译技巧等，特别是您经常强调学生要"勤查、勤用字典"，这是为什么呢？
L:	这个离本科生的教学目标更接近。比如说一丝不苟的态度，这个完全就是一种职业上的要求，学生作业认不认真你可以看出来，工作的时候一定要认真，就是对学生未来的要求。
R:	嗯，我懂了，比如前面有讲到一丝不苟的态度，认真的态度，实际上这个是工作习惯吗，还是什么？
L:	它是职业素养。
R:	职业素养？
L:	职业素养，就是要反复提醒你这个活，其实很重要，你要细致地去做。我会反复提醒他们，让他们知道，就是干砸一次，以后就别想有活。

从访谈片段－ FT2: 1:05:00-1:05:46 中可以看出，教师认为所列出的译者素养中，双语基础根本不用写，说明教师认为它最为基础和重要，对百科知识的评价是"都不用说了"。对于"应勤查勤用词典"，林老师回答"嗯，一定要查"。

访谈片段－ FT2: 1:05:00-1:05:46

R:	我注意到您在第一节课用 ppt 的形式呈现了九种评价素养。这些素养目标是从什么地方来的？是你个人的经验总结，还是间接经验的总结，还是有具体的出处？
L:	出处有一些，比如说针对译员（这是翻译的职业性要求）有一些行为准则，国家译协有一个。
R:	您专门从中摘录出来的吗？
L:	还有一些就是我根据工作总结，比如说双语基础这个都不用写，肯定在里头，百科知识就不用说了。像第七个，应勤查勤用词典，运用辞书就是根据实践总结的。
R:	就是根据您自己的实践。
L:	嗯，一定要查。
R:	而且，这个好像在课堂实践中不断有强调。

在评价事件－ KT8: 10:33-11:42 中，林老师首先对学生的译文进行了评价，接着再一次提醒学生"我们是专业人士"，所以"准确度，或者信达雅这个三个要素都是咱们需要去考虑的一个 target"。也就是说，在教师看来，"信、达、雅"对于学生来说都是重要的目标和标准，但就现阶段而言，"忠实和通顺"是最基本的要求。从本部分的访谈片段和评价事件中可以看出，林老师对于自己列出学习目标和成功标准的重要性是十分认同的。

评价事件－ KT8: 10:33-11:42

任务范例	He once again imparted to us his great knowledge, experience and wisdom. 我们又一次领受了他渊博的知识、丰富的经验和无穷的智慧。
计划目标	词语翻译技巧
教师评价	imparted 大家都查了，就是传授，教授的意思。但是我们要观察后面，知识、经验都是可以传授的，可是唯独智慧没法传授。什么叫智慧？我们大家看一下，这个词的搭配，它是有使用范围的，智慧是指辨析判断发明创造的一种能力，既然是能力，它不可能是传授过去的，所以传授和最后的这个 wisdom 没有办法搭配。所以很多同学我都给扣了分。就是大家可能觉得为什么一个词要这么矫情？上第一节课的时候我就说过，咱们和非专业的学生比较，我们是专业人士，所以，准确度，或者信达雅这三个要素都是咱们需要去考虑的一个 target。

（c）在评价中，运用易于评价的学习目标和标准

教师在自己能力范围内，呈现和实施自己认为有价值的目标。除了这个主观性的性质之外，目标和标准还具有一些客观的属性，决定了对其进行评价所存在的挑战。通常情况下，复杂的目标比简单的目标更难评价，模糊的标准比明确的标准更难评价。研究发现，教师倾向于在评价实践中选择比较容易评价的目标和标准，特别是易识别性高和可操作性的目标和标准。易识别性高的目标和标准指的是比较容易被观察和发现的目标和标准，而可操作性指教师将其运用到评价实践中以及传达给学生的难易程度，可操作性强的标准可以较容易地转换为可操作的课堂实践和行为。就目标而言，林老师在整个课程中都围绕知识和技能展开，对双语知识和翻译技能的评价最多。从评价者的角度来说，很容易从学生的译文中看出学生是否运用到了教师计划教授的知识点以及翻译技巧。行为习惯的目标具有较高的可操作性，比如职业素养中的勤查勤用字典。情感态度的标准具有较高的

可操作性，比如态度认真可以转化为多读几遍。多种思维力以及百科知识的评价则相对复杂，无法通过学生某一个翻译任务或可操作性较高的方法进行评价。就评价标准而言，虽然信被视为最基本的标准，但教师对顺和雅的关注远远大于信。在实际评价过程中，林老师最常参考的是"顺"这个标准，其次是"雅"，最后提到的才是"信"。考察"顺"这一标准，我们会发现，它具有非常强的可识别性，特别是对于英译汉而言，汉语为学生的母语，语感本身就可以告诉学生译文是否为顺，要求学生朗读就可以发现问题。"雅"这一标准也被林老师视为较高的标准，在初级阶段对学生不做"雅"的要求，但在评价中出现的频率却很高，而雅具有很强的可识别性，特别是在译文中。虽然创造出"雅"的译文很难，但识别它并不困难。

4.1.2　学习信息的收集（翻译文本选择）

赫里蒂奇（2012）指出教师在学习过程中产生和收集学习信息是形成性评价中的核心实践。萨德勒（1989）指出，无论学习证据的来源是什么，教师的角色是建构和设计能揭示学生真实学习状况的方法。在翻译教育中，翻译文本是最重要的获取学生翻译学习状况的工具。翻译文本的选择在很大程度上决定了所收集到的学习信息和作为学习过程的学生完成翻译任务过程的质量，对其选择方式的描述可以为教师的目标与标准选择提供反思式的参照。本书关注的是翻译教育信息收集方法中的翻译文本选择。本部分将描述分析林老师在一个学期的英译汉课程中翻译文本选择的五大维度考量及翻译文本选择的特点。

4.1.2.1　翻译文本选择的五大维度考量

数据显示林老师的文本选择参考了文本来源、主题、体裁、形式／篇幅和质量凸显性五个方面考量因素（见表 4-5）。

表 4-5　　　　　　　　　　翻译文本选择的五大维度考量

文本维度	文本选择结果
1. 来源	在来源维度上，以正式出版物为主，非出正式出版物为辅
2. 主题	在主题维度上，涉及不同的知识领域，没有特别突出的主题
3. 体裁	在体裁维度上，涉及不同体裁，以文学体裁为主，非文学体裁为辅
4. 形式／篇幅	在形式/篇幅维度上，涉及词句篇，以词和句为主，篇章为辅
5. 质量凸显性	在质量凸显性维度上，非凸显性文本较多，凸显性文本较少

（a）翻译文本的来源

整个英译汉课堂的翻译文本的来源主要包括正式出版物和非正式出版物。正式出版物主要包括翻译教科书和翻译考试中的材料（如英语专业八级考试），非正式出版物包括工作和生活中遇到的翻译实例、网络上出现的最新的具有特色的翻译（如广告）以及自己翻译过的文本。总的来说，林老师文本选择的来源十分多样。其中大量的翻译文本来自不同的正式出版物，主要是翻译教科书，其次是翻译考试。这些文本是在教师在课程开始之前就已经确定的。简言之，在文本来源这一维度上，林老师的文本选材结果可以概括为：涉及不同来源，以正式出版物为主，非出正式出版物为辅。对于为什么选择经典教科书中的例子作为翻译文本，林老师在访谈片段－FT3: 23:10-23:45 中进行了说明。

访谈片段－FT3: 23:10-23:45

R:	您 ppt 里面的很多翻译文本（译例）都来自于一些经典的教科书，您为什么会选择从教科书中选择大量译例放到课件中呢？
L:	我选择的这些典型译例基本反映了我们讲的某种翻译的方法；先讲方法，再给例子，让学生明白这种方法。

由访谈片段－FT3: 23:10-23:45 可知，选材来自教科书中的翻译文本主要是因为它们可以较好地阐释林老师所计划的学习目标，即课程所关注的翻译的方法。因为基本方法在各类教科书中都有涉猎，所以来自教科书的翻译文本较多。

对于为什么选择翻译考试中的材料作为课堂任务，林老师在访谈片段－FT3: 37:20-38:55 中进行了说明。

访谈片段－FT3: 37:20-38:55

R:	您还选择了一些专八考试的翻译材料给学生翻译，为什么会选择这些材料作为课堂教学的任务？
L:	专门会留，隔几周就有一个八级题，这是出于一个很实用的目的。因为学生开设翻译课的时候是大三的上学期和下学期，大四马上就没有课了，到考八级的时候基本上没有时间复习，都在准备考研、出国和找工作，所以也是想帮学生简单复习一下，整合一下，看历年的题都怎么出的（这是出于帮助学生复习，但同时也是对课程安排时间的回应）。另外一个就是在讲八级题目的时候还要不断给他们渗透一下本科阶段教学大纲是怎么规定和要求的，从哪些方面去考量你，这样学生在备考八级的时候，就知道在本科阶段要达到什么目的。
R:	就是目标吧？
L:	对对对。既复习了，又把目标告诉了学生，我们要达到什么样的目标。

R:	也就是通过八级考试，和学生分享一下你作为英语专业的学生应该达到的目标和水平是吧？
L:	对对对。再一个八级题有很多专家负责出题和阅卷，所以它也代表了一种比较成熟的翻译测试，质量还可以，选材也好，参考译文也好。
R;	就是相当于本身的选材也是比较经典的。

由访谈片段－FT3: 37:20-38:55 可知，林老师选择英语专业八级考试原因有三。首先，最直接的原因是帮助学生复习应考；其次是通过英语专业八级考试向学生传达本科阶段对于翻译学习的要求；最后，英语专业八级考试文本本身的质量，包括原文和译文都比较高。

除了正式出版物之外，林老师还选择了一些非正式出版物的文本，如工作和生活中遇到的实例、网上出现的翻译文本以及教师自己实践的文本其中前两者数量较多，后者的数量较少。这些文本不是教师事先计划的，而是教师在课程进行过程中临时起意，穿插在课程之中的。对于为什么选择生活中的例子，林老师在访谈片段－FT3: 25:00-26:00 中进行了说明。

访谈片段－FT3: 25:00-26:00

R:	您有时候在上课过程中，会穿插一些在生活中遇到的译例，为什么？您觉得选择这样的例子有什么好处？
L:	激发学习兴趣。最鲜活的语言，现在会用到，以后也会用到，对未来的帮助比较大些。另外一个就是最直接的教学目的，提醒学生翻译就这个东西就在你周围，你得时刻去考虑，如果遇到这个东西我该怎么翻译，这样你平时想了，遇到一个急活的时候就有了一定的积累。
R:	提醒学生翻译无处不在，要慢慢积累，这是一个学习方法，学习习惯上的提示。
L:	对。就是告诉学生，我平时看到这些的时候，你们也要想到。
R:	就是不仅是翻译技巧的层面，还有学生习惯的养成。

由访谈片段－FT3: 25:00-26:00 可知，林老师选择在课程中穿插生活中遇到的一些翻译文本主要原因有二。首先，实用性较强，因此可能激发学生的学习兴趣；其次，提醒学生翻译的本质之一：翻译无处不在，可以随时随地学习翻译。是一种学习方法的提示，其目的是促进学习习惯的养成。

需要指出的是，教师自己实践的翻译文本虽然很少，但是林老师非常乐于使用，无论是笔译文本还是口译文本。对于为什么会选择自己实践过的文本，林老师在访谈片段－FT3：26:42-28:06 中进行了解释。

访谈片段－ FT3: 26:42-28:06

R:	您在讲汉译英的时候，讲过一个自己翻译的例子，乍暖还寒，以后就很少讲自己翻译过的例子，这是为什么？
L:	当时讲那个例子，就是告诉学生翻译的一个完整的过程。别人让我翻译个东西，我先得分析一下，有一个分析的过程，然后我译出了一个初稿，最后我又再三修改，这样一来就可以告诉他们一个完整的翻译过程就是这样。
R:	这个翻译是您亲身经历的，所以您就可以把整个翻译的过程展示给学生看……
L:	包括我以往在上口译类的课程的时候，我就会把我口译过的东西拿到课堂上来讲，有哪些地方我译得好，哪些地方我为什么译得这么差……还有一个好处是什么呢？就是告诉学生你要非常客观地对待翻译这样一个 activity，你不可能知道所有的事情，你的译文也永远不可能是最好的，不停地会有人改善你的译文，总之就是要告诉他们要在更高层次上理解翻译这个工作。

从访谈片段－ FT3: 26:42-28:06 中可以看出，林老师选择自己翻译过的材料其主要原因有二。首先，作为译者的教师经历了整个从任务分析到任务完成的过程，可以更好地为学生分析和展示所选材料的整个翻译过程。换言之，林老师本人也认可"展示翻译过程"对翻译教学的价值。其次，通过教授自己翻译过的作品，林老师可以分享自己从中得出对翻译这个活动本身的理解，如永远不存在完美的译文以及永远存在改进的空间等。

从访谈片段－ FT3: 32:15-35:19 中可以看出，林老师使用自己实践过的材料的比例比较低，因为从事翻译实践，特别是笔译实践比较少，这主要有三个原因。首先，相对于口译报酬较低；其次，对职称的帮助不大；最后，高校翻译教师的任务繁重，除了教学之外，还需要有科研，而在教学工作中，除了翻译教师的任务之外，还需要承担其他课程的教学。因此，如果想要使用自己实践过的材料，林老师只能将自己的专业研究过程的任务拿到课堂上与学生分享。

访谈片段－ FT3: 32:15-35:19

R:	但您现在这么忙，很少有机会自己翻译东西了吧？
L:	但是会有什么机会呢？比如你有时候要写文章，文献全是英文，你写汉语文章的时候，必然要去翻译，这种例子会很多。
R:	这种就是工作中……我们现在的工作状态。您还要做博士后……很少再有时间去做实际的翻译工作了。
L:	以前会，比如口译，那种文本会很多。
R:	我觉得现在大家都很少有热情去做这个事了（翻译）。
L:	现在很少了。我觉得翻译在国内比较尴尬，一方面你想评职称，你得有项目，国内翻译项目非常难申请，你必须要有一个自己的专业，现在翻译依然处于一个比较边缘，你到底把它成为一个单独的学科，还是和语言学有关系和文学有关系？但你自己想要发展，你必须有一个专业……
R:	您会不会觉得很辛苦，做老师，还要把各种东西做一个结合。
L:	我们的角色造就了我们科研和教学的双重困惑。我们和社科院不一样，他们就专一个方向，就是科研……我们可能就比较多，一方面我们要从事翻译教学……了解翻译的基本方法，它的基本流派，做翻译；另一方面要做自己的专业，做科研，比如做文学；另外我们还要做教学，不只教翻译，还有其他课程。

（b）翻译文本的主题

除了来源多样之外，本书还发现林老师的选择的英译汉翻译文本的主题也十分多样，涉及旅游、法律、商务、科技等。简言之，在主题这一维度上，林老师的选择结果可以概括为：涉及不同的知识领域，没有特别突出的主题。

从访谈片段－ FT3: 39:13-40:10 可以看出林老师选择的文本涉及多样主题的主要原因有三。首先，多样的主题代表了百科知识——翻译人员重要的知识储备，同时也反映了翻译本身的性质——杂学，而且翻译是无处不在的，并且意识到译者的公共责任；其次，从学习的角度来讲，接触这些文本也是获得主题知识的一个过程；最后，从教学的角度来讲，因为涉及的主题具有多样性，可能更容易做到"学以致用"。

访谈片段－ FT3: 39:13-40:10

R:	您选择的翻译文本中，各种主题似乎都有涉及，这个您是怎么考虑的？

续表

L:	翻译这个活，我每个学期都会跟学生强调需要 encyclopedia knowledge（百科知识），要想做到百科全书的话，那给学生的这个 exposure 就要丰富，我在上课过程中讲过，广告讲过、新闻讲过、说明书讲过。还有实践教学，基本上每个学期会带学生完成一个固定的项目，比如上个学期，先让学生去把本部的公共标识照下来，然后他认为有什么错误，让他们做 ppt 在课堂上分析，他们讲完之后，我会根据自己的经验提出修改意见，最后我们会形成一个报告给教务处……这样除了把我们学到的东西学以致用，运用到学习过程之中，还有一个就是学生渐渐意识到翻译是无处不在的，平时就要注意。再一个翻译人员他有自己的 public responsibility，这些标识是给外国人看的，它代表的可能是中国人的一面，所以要把这个译好，那我想，长远来说，它是能够整体把翻译的质量提高的（译者的责任感）。

（c）翻译文本的体裁

除了主题多样之外，林老师所选择的翻译文本在体裁上也十分丰富，大体可以分为文学类和非文学类。文学类中包括小说、诗词、散文等，而非文学类则包括说明书、广告合同、技术文本等。总的来说文学体裁的文本比例较大。简言之，在体裁这一维度上，林老师的翻译文本选择结果可以概括为：涉及不同体裁，以文学体裁为主，非文学体裁为辅。

从访谈片段－FT3: 42:10-44:29 中可以看出，林老师之所以偏爱选择文学性的文本主要原因有三。首先，林老师对翻译性质的认识："翻译是一个创造性的工作。"其次，林老师对文学文本属性的认知：具有更大的教育教学价值。在林老师看来文学文本本身是"一个杂糅的场域，各种各样的变化都会在里面存在"，从技巧和策略的角度来讲，文学文本所蕴含的挑战性更大一些，对创造性的要求更高一些，因此更符合林老师对翻译实践"创造性属性的认知"。最后，从教学的角度来看，林老师认为如果学生掌握文学文本的翻译，其他文本的翻译的问题就不会太大。

访谈片段－FT3: 42:10-44:29

R:	感觉您选择翻译文本时，文学方面的比较多，商务法律也涉及一些，但科技类的就相对比较少，这是为什么？

L:	这是有意为之，因为就像我刚才说的，像说明文这类文体，综合来说它的变化比较小，修辞的处理都很少。但文学文本呢，它就像一个杂糅的场域，各种各样的变化都会在里面存在，所以就得给学生展示这种比较难的文本，这种学习本身就更具有挑战性。就举个例子，如果你从头到尾都用说明文，很快就会发现没什么挑战……
R:	我可不可以这样理解，您是认为所有主题都得有，但是文学文本比较多，因为它变化比较大或者说文学文本，它就翻译而言蕴含的教育价值更大一些，能涉及更多的翻译技巧或翻译现象？
L:	对。更主要是什么呢，我刚才说过，翻译是一个创造性的工作，这种创造性在不同的文类中操作的空间不同，它的创造性操作的空间在这里头（文学）更大。
R:	对，文学你想要把它做好，可能要求的能力更高一些，译者发挥的空间可能更大一点。
L:	很多时候，可能不是说对错的问题，也不是优劣的问题，而是很多种都有他存在的空间，不同的译者他这么去译都是有原因的。就是告诉学生 possibility，你处理也一样，老师讲了这个方法，我是不是一定要按照这个方法？不是，但有一点你要记住，翻译是创造性的工作，所以你要思考，根据方法，我怎么去创造，这个我觉得更重要。
R:	文学的文本更能传达创造性。
L:	还有就是你刚才说的，文学文本是我认为在翻译中最具挑战的，这类文本做好了，其他文本问题应该不是很大。

（d）翻译文本的形式和篇幅

林老师选择的英译汉翻译文本的存在形式上包括词语、句子和篇章，文本的大小从 2 个字的词，到 500 字的篇章不等。在同一个单元中，林老师往往会选择篇幅和形式不同的译例加以说明。例如，第二章：英汉语言对比，为教授和考查学生对英汉差异的掌握，林老师选择了词和句任务形式。第三章：词语的翻译，林老师选择了词和句作为译例和翻译任务，传授和考察学生翻译词汇的技巧和能力。第四章和第五章：翻译的技巧，为了教授和考查学生的翻译的技巧（词与句的转换与表达），教师选择的任务包括词和句。第六章：常见句型的翻译，为了教授和考察学生处理常见句型的技巧，林老师采用了句子形式的任务。第七章，为说明翻译的难点（修辞与翻译／文化与翻译），林老师选择了词和句子形式的翻译。总的来说，林老师选择词和句子的比例远远高于选择篇章的比例，所选择的篇章总共涉及四篇：两篇英语专业八级考试的英译汉篇章、一篇苹果公司 CEO 库克的演讲以及一篇电脑说明书翻译。简言之，在文本的形式与篇幅这一维度上，林老师的文本选择结果呈现出与文献不同的特征，可以概括为：涉及词、句、篇，以词和句为主，篇章为辅。

对此，林老师在访谈片段－ FT3: 46:18-48:05 中进行了解释。

访谈片段－ FT3: 46:18-48:05

R:	林老师，我发现您在选择译例的时候，词和句的译例非常多，但篇章层次的翻译文比较少，我能记得是八级翻译的考试题、库克的演讲以及说明书的翻译，为什么多选择词和句，而不是篇章作为翻译材料？这个是因为有什么特别的考量吗？
L:	这个主要是因为上课，每一次课都要有一个中心的议题，这是你首先要讲的，分析这种技巧和技能的翻译。如果你在上课的时候只选择一个篇章，结果很可能一节课也没有完成，那就会影响你授课的效率。比如说你要他翻译一个 I have a dream 这样的演讲稿，流程是你先布置给他，给他一到两周去做，做完之后你回收，回收之后你修改，这是一个很漫长的过程，修改完你要进行一个统计，学生容易出错的在哪，要进行汇总，这样一来，一份大概需要一个月的时间。
R:	要翻译个完整的篇章，我们这种学期、学时的安排不允许您把所有想讲的内容都讲了。
L:	对。让学生多做句子有什么好处呢？句子是构成整个篇章意义传达的最基本的单位，一个句子才能传达一个完整的意义单位。所以学生把句子练精了，然后再做小的篇章，八级要求翻译过程中要考虑衔接，我认为可能更符合本科翻译教学的要求。

从访谈片段－ FT3: 46:18-48:05 中可以看出，林老师选择的文本中之所以篇章较少，主要原因有二：首先，教师关于授课效率的考量。林老师在课程开始前就设定了计划性的教学目标，每一堂课都要围绕一个中心议题展开。如果选择较长的篇章作为任务，那么完成一个任务的跨度会非常长，无法按计划的要求顺利完成计划的学习目标。由此可见，篇章对授课效率产生负面影响的前提下以具体的知识和技巧为单元来组织课程，一个单元的学习完成之后，再进行下一个单元的学习。其次，教师的翻译习得顺序认知和个人教学理论。林老师认为句子是意义的最小单位，所以先掌握了句子的翻译之后，再过渡到篇章，强调句子之间的

衔接，更符合本科翻译教学的要求。

（e）文本的质量凸显性

除了来源、体裁、主题和篇幅这几个常规的文本分类标准之外，林老师所选择的文本还可以归为两个明显的类属：质量凸显型文本和质量非凸显型文本。质量凸显型文本指那些在教师阅读时立刻可以引起教师关注，吸引教师眼球的文本。在教学过程中，遇到这类文本时，教师会本能地进行评论。而质量非凸显型文本则指那些特质本身较为平淡，无法一眼引起教师关注的文本。在评价过程中，教师往往不会对这种文本本身进行评价，而是直接关注译文是否反映了计划的知识和技能目标。林老师所选择的文本的质量凸显性主要体现在：文本的难度、使用频率、语言质量以及与目标的契合程度。

首先，文本的难度。英译汉课程中的原文文本的难易指的是文本本身可能给翻译带来的困难程度。在难度方面，难度高的文本和难度低的文本都具有一定凸显性。从评价事件－ KT5: 32:23-32:33 中可以看出，林老师选择的翻译任务中有难有易。对此，林老师在访谈片段－ FT3: 57:13-58:29 中进行了说明。从访谈片段－ FT3: 57:13-58:29 中可以看出，林老师声称难易的搭配对应的是真实的翻译市场或工作的状态，且总的来说有一个循序渐进的过程。由此可见，林老师在选择文本时，是有难度意识的。

评价事件－ KT5: 32:23-32:33

任务范例	1. The existence of an area of <u>free land</u>, its <u>continuous recession</u>, and the advance of American settlement westward, explain American development.
	2. New food crops were introduced, mainly from the <u>Indian Ocean</u>.
	3. Possibly, tradition says the most about people's character and <u>mentality</u>. The main purpose of tourism, apart from visiting different places, is to <u>get acquainted with</u> each other's customs and cultures.
计划目标	词语的翻译
教师评价	我觉得我这三个句子前两个句子都很难，第三个绝对是放水的句子。

访谈片段－ FT3: 57:13-58:29

| R: | 林老师，为什么有时候选择比较难的句子作为翻译材料，有时候又选择比较容易的句子作为翻译材料？ |

T:	就想告诉学生，以后翻译的过程中，你是没有办法选择的。短句肯定是最小的单位，也容易操作，你必须要会。长句的出现是根本不可能回避的，任何翻译工作中都会出现这种比较难的长句，所以你就要让学生做好准备。有时候这个地方难，那个地方易，实际上是要给学生一个真实的工作体验，你就是有时候会遇到很难的，有时候会遇到比较容易的任务，每一个不同的任务处理的方式可能是不一样的。简单的东西有简单处理方法，难的东西有难的处理方法。但总体上还是有一个从易到难的过程。

其次，文本的使用频率。使用频率指的是文本本身在生活和工作中遇到和被使用的程度。在使用频率方面，出现频率高的文本对于林老师来说具有较高的凸显性。

评价事件－ KT6: 54:32-58:38

任务范例	We should settle the disputes in the context of the Five Principles of Peaceful Coexistence. 我们应本着和平共处五项原则的精神解决争端。
计划目标	词语的翻译：词义的引申
教师评价	……这是官方文本中经常遇到的一个短语……

从评价事件－ KT6: 54:32-58:38 中可以看出，林老师特别提到"In the context of"是官方文中经常遇到的短语。对于在文本选择中，选择使用频率高的句子，林老师给出了如下解释。

访谈片段－ FT1: 1:13:10-1:15:18

R:	为什么要选择一个常用的句子给大家做翻译呢？
L:	这个可能和我教口译有关系，很多时候都要求学生背诵大量的套语，比如说祝酒词，这个肯定是要背的，然后讲话介绍的语言框架，而这些在他们未来的工作中必然会遇到。
R:	还是考虑到他们将来工作，就是考虑到它的实用性。
L:	对对对。
R:	我感觉您在选择的时候，在源语文本的选择部分，除了您讲的经典、亮点的东西，另外就是实用性的考量比较多一点。就是我学了这个，不仅是学到抽象的技巧，还是可以把这些直接运用到我的生活当中去。
L:	用到工作中。

从访谈片段－ FT1: 1:13:10-1:15:18 中可以看出，林老师选择常用的文本主要是因为学生在将来工作中可能会用到，具有一定实用性。选择这样的文本形成性潜力在于，学生也许可以在翻译过程中习得相关实用性的词汇和短语，为学生的未来工作做好准备。翻译实践在这里成为一种语言习得的工具。

再其次，语言质量。英译汉课程中的语言质量指的是原文语言形式在用遣词造句方面的艺术性。语言质量高的文本由于其形式比较特别，对于林老师来说，具有较高的凸显性。在谈到这些文本时，林老师会首先被原文本身的性质吸引，给出正面的评价。

评价事件－ KT9: 1:38:05-1:39:25

任务范例	The sun, which had hidden all day, now came out in all its splendor. 那个整天躲在云层里的太阳，现在又光芒四射地露面了。
计划目标	合句法
教师评价	这句话写得非常好，写得非常美，你怎么把它译好？

在评价事件－ KT9: 1:38:05-1:39:25 中，林老师在看到翻译文本后，首先注意到的是原文本身的质量："写得非常好"和"写得很美"。对语言质量的关注还体现在对于文学材料的偏爱中。

最后，与目标和标准的契合度。在英译汉课程中，与目标契合度是指所选择的翻译任务能在多大程度上反映教师预先设定的目标和标准。高契合度的文本对于林老师是凸显的，低契合度也可以反映预先设定的目标和标准，但效果并不十分突出。林老师常常用"典型"来描述这类翻译文本。

评价事件－ KT4: 1:10:30-1:11:13

任务范例	I talked to him with brutal frankness. 我对他讲的话，虽是逆耳，却是忠言。
计划目标	用形象性词语使抽象意义具体化
教师评价	学生：坦率地告诉了他，虽然这种坦率很残忍。可以拆分，但这个译本是不是要高明很多啊：我对他讲的话是增补出来的，虽是逆耳，却是忠言。不管是结构还是修辞，都很好。我们要学好的译本，这个译本译得真的太好了。不管是在意思上还是形上都保留了。这个例子非常好，非常典型。虽然我每次作业留少，但大家要动脑，怎么要把意思译出来，但又要把汉语的美给体现出来。

在评价事件－ KT4: 1:10:30-1:11:13 中，林老师用"非常典型"描述了本评价事件中的译本，指出其在形式和意义上都与原文形成对应。一方面，在技能目标上，用中文中形象的"逆耳"对应了英文中的"brutal"，形象的"忠言"对应了英文中"frankness"，非常好地阐释了"用形象性词语使抽象意义具体化"技巧。另一方面，在形式上，译文也体现了对称之美，达到了"雅"的境界。简言之，该任务虽然是一个短句的翻译，但非常高效地体现了学习目标和成功标准。

4.1.2.2 翻译文本选择的特点

数据显示林老师的翻译文本选择呈现出以下三大特点。

（a）以预先计划的学习目标与成功标准为统领性的选择原则

数据分析显示，无论选择结果在来源、主题、体裁、文本形式／篇幅以及文本本身的凸显性等方面体现出什么样的特征，被选择的具体的词、句和篇都必须符合单元的教学目标。比如在主题和体裁方面，林老师的选材体现了多样性的特征，但整个课程的翻译文本并没有按主题或体裁进行组织，而是按翻译知识和技巧为基础进行组织。因此，只要能反映单元的知识和技能目标，无论什么主题和体裁的文本都可以选择。有时候某一体裁的文本与单元学习目标特别契合，在特定的单元里，这类体裁的文本就比较多。

评价事件－ KT9: 4:00-4:24

任务范例	USB 电脑摄像头使用说明书 1. 配备需求 在使用 USB 摄像头之前，请先确定您的电脑满足下列最低配置： ● 含有一个可用的 USB 接口的个人电脑 ● 配有多媒体增强指令集技术的奔腾处理器 ● Windows 98/2000/Me 系统
计划目标	综合／被动语态
教师评价	上节课我们主要处理的是主动和被动，所以这个练习 group work 主要就是为了巩固主动和被动语态在说明类文体中的使用和你们翻译过程中的练习……

在评价事件－ KT9: 4:00-4:24 中，林老师坦言，为了巩固被动句的翻译技巧，特别选用了说明类文体的材料。在评价事件－ KT2: 1:28:08-1:28:40 中，林老师特别强调，每次翻译课的英汉对比单元里都会用到《天净沙·秋思》这首诗的翻译作为译例，因为它非常完美地展示了中英文形合与意合的不同。然而，这首诗

的翻译并不是英译汉，而是汉译英，教师选择的是中文文本和它的英译。从理论上，这种应该放在汉译英的课堂而非英译汉的课堂，但由于它能够充分体现所在单元的教学目标，教师还是选择了它作为所在单元的翻译文本。可见选择什么样的文本，取决于该文本的文本在多大程度上契合单元的教学目标。

评价事件－ KT2: 1:28:08-1:28:40

任务范例	枯藤老树昏鸦，	Withered vines hanging on old branches, returning crows croaking at dusk,
	小桥流水人家，	A few house hidden past a narrow bridge and below the bridge a quiet creek running,
	古道西风瘦马。	Down a worn path, in the west wind, a lean horse comes plodding.
	夕阳西下，断肠人在天涯。	The sun dips down in the west and the lovesick traveler is still at the end of the world.
计划目标	形合 vs. 意合	
教师评价	我每年都会用这个例子。英语造句注重各种形式连接手段，注重句子形式，注重结构完整。句中的连接手段和形式数量大、种类多、使用频繁。	

除了学习目标之外，在英译汉课程之中，翻译文本的选择还要考虑到成功标准。除了支持学习目标之外，在选择文本时，林老师还会考虑译文与标准的契合度，倾向于选择那些与成功标准契合度高的译文（见评价事件－ KT4: 1:10:30-1:11:13）。

（b）考虑文本作为工作对象、知识载体和激励工具的教育价值

访谈数据分析显示，教师在选择文本时会考察文本本身的教育教学价值，而林老师所考虑的教育教学价值涉及三个方面的内容：对翻译本质和翻译工作的更深层次的认识、文本本身的实用性和趣味性以及文本本身的语言质量。从这三项教育教学价值中本书提炼出教育语境中翻译文本所特有的相互关联的、文本选择参照的三大属性：（1）作为工作任务的属性；（2）作为知识的载体；（3）作为激励学习的工具。具体如图 4-1 所示。

首先，对翻译本质和翻译工作的更深层次的认识。除了符合单元知识技能训练目标之外，林老师在选材时还十分重视文本能否帮助学生提升对翻译和翻译工作本质的认识。数据显示，林老师的文本选择涉及了六个方面的关于翻译和翻译工作性质的认知（见表 4-6）。

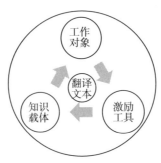

图 4-1　　翻译文本的教育价值

表 4-6　　　　　　　　　　翻译文本选择与翻译或翻译工作属性

文本选择结果	体现的翻译或翻译工作的属性
生活中的例子： 广告、新闻、说明书	翻译无处不在； 翻译是一个杂学，需要百科知识； 翻译者有公共责任
自己翻译过的文本	永远不可能有最好的译文
文学文本	翻译是一个创造性的工作
难易搭配的文本	翻译的工作是没有办法选择的，有难有易

如表 4-6 所示，林老师选择不同的文本的目的之一是向学生传递关于翻译或翻译工作属性的知识。

其次，文本本身的实用性与趣味性。林老师在选材时，还非常注重文本的实用性和趣味性。在本个案研究中，实用性和趣味性是紧密相关的，文本的趣味性来自文本本身的实用性。

访谈片段一 FT3: 14:15-15:35

R:	除了一些经典的翻译文本，您有时候还会选择一些网络上、生活中比较新的材料，为什么？
L:	没有官方的译本，没有 authorized 的版本，我们不能说它有错，新的译本有它存在和翻译的合理性，但也可能有问题。选择这些新的东西有几个好处：首先，学生很喜欢新的东西；你讲旧的材料，比如红楼梦，红楼梦的东西离他们很远，像文学翻译这种东西与他们未来的工作关系也不大，所以你需要关注当下发生了什么？这个有两个目的：一个就是扩展词汇，有些词别人已经试着译过，有合理性，就可以借鉴，如果他译得有错，我们可以稍加修改，之后把它接收过来，这样学生的兴趣就会比较大。另一个就是与现实生活很接近，对他们工作比较有帮助。这些译本的语言都是现代人用的语言，在工作中可以用到。

在访谈片段－FT3: 14:15-15:35 中，林老师表示选择生活中的新材料的原因在于新材料与学生的生活比较接近，对他们的工作有帮助，与经典的翻译比较，实用性更强，而这种实用性还体现在，它可以帮助学生在学习翻译技能的过程中扩展学生的词汇。除此之外，林老师认为这种实用性的材料，学生会比较"喜欢"或者"感兴趣"。换言之，这种实用性的材料可能更有利于刺激学生的学习动机。由此可见，虽然没有言明，但林老师的选材，已经考虑到了选材与学习动机之间的关系。

访谈片段－FT3: 18:50-18:59

R:	教科书不能满足学生需求。每年更新的原则是什么？
L:	第一年讲方法这个不变，但例子会变，比如这个例子不典型，或例子太长，我就会换短一点的。第二年的时候学生觉得哪一类的问题值得他们去学习……就是基本的方法肯定是要有的，在这个基础之上，要有一些对他们更实际的，他们未来职业发展所需要的例子。

在访谈片段－FT3: 18:50-18:59 中，林老师表示，材料更新的原则除了寻找更典型的文本之外，还会考虑文本是否"实际"或者"更利于未来职业的发展"。这再一次证明了，林老师在更新材料时的另一个重要的考量点是材料本身的实用性，材料能否提供学生在未来工作中需要使用的语言。

在访谈片段－FT3: 1:13:10-1:15:18 中，林老师坦言，自己选择常用句式与自己的口译教学背景有关。虽然是笔译课程，但还是会选择一些口译中常用的表达，原因就在于林老师预测这些东西将来他们的工作中"必然会遇到"，具有非常实用的属性。

由上述两个访谈片段可知，除了计划性目标之外，教师在选择给学生做的任务时，还会本能地考虑到文本内容的实用性。这种实用性主要体现在文本本身所蕴含的内容与学生的生活和工作比较接近，特别是在未来的工作中可能会遇到。另外，这种实用性的考量带来的另外一个好处在于，学生可能会对这种材料，更"喜欢"或更"更感兴趣"。

最后，文本本身的语言质量。林老师在选材时还十分注重文本本身的语言质量。课堂录音显示，林老师在评价过程中，比较关注语言的质量，即原文在遣词造句上的艺术性。对林老师的访谈，也支持了这一结论。比如林老师表示，之所以选择更多的文学文本，原因之一在于文学文本的语言质量，包括它的修辞和创造性比其他文本更胜一筹，因此也为翻译提供了一个创造性的空间。换言之，在符合单元目标之外，林老师在选择翻译文本时还会考虑原文在语言方面的质量。

综上所述，在满足符合单元教学目标的情况下，林老师在选择翻译文本时还考虑了文本在三个方面的教育教学价值。将学习目标与成功标准、这三个方面的教育教学价值以及翻译选择的结果结合起来考察，我们会发现它们揭示了在翻译教学中，翻译文本的三大属性或功能：作为工作对象的属性（传递职场信息）、作为知识载体的属性（承载知识）和作为激励工具的属性（激励学生学习动机）。

首先，工作对象。翻译作为一项真实生活中的职业性的工作，将其"工作对象"的属性作为翻译教学任务选择所考量的因素是合理的。翻译文本的这一属性是其他类型的文本（如阅读文本）所不具备或不明显具备的。林老师在更新课件时会选择"更实用的，对他们未来职业发展所需的例子"，就是考虑到了文本作为工作对象的属性。"难易"文本的混搭和选择"自己翻译"过的东西都是为了将真实的翻译过程和翻译职业环境呈现给学习者。从林老师的选材特点可以看出，在文本选择的实践中，翻译文本作为工作对象的属性主要体现在下几个方面。（1）最基本的标准是文本必须是真实的（authenticity），是真实世界存在的，并非为教学目的而改编的文本；（2）"工作对象"的属性还要求所选择的文本作为翻译任务真实地存在过或有可能在实际的工作中遇到；（3）作为工作对象的属性还要求文本应该尽量真实反映实际翻译工作中可能遇到的问题。

其次，知识载体。在翻译教学中，除了工作对象这一属性之外，翻译文本还是各种知识的载体。林老师所选择的材料涉及各种主题、体裁，除了是翻译工作的对象之外，它们本身还承载了许多知识。翻译者进行翻译的过程也可视为一种学习和吸收各种知识的过程。简言之，在翻译教育中，文本不仅是工作的对象，而且还是各种知识的载体。林老师选择的翻译文本所承载的知识大致可以分为两类。一类为"翻译本体"的知识，包括如翻译技巧、策略、理论方面的知识。这类知识通常通过教师的讲解呈现，通过翻译训练获得。另一类为"非翻译本体"的知识，如百科知识、主题知识、跨文化知识、人文知识等。这类知识通常可以通过其他的、非翻译的途径获得。

最后，激励工具。除了工作对象、知识载体之外，林老师的文本选择实践还表明，文本本身还与学习的学习动机关系密切，是刺激学生翻译学习的工具。比如，林老师在选择文本时会考虑到学生会不会对翻译自己选择的文本感兴趣。趣味性本身并不存在知识层面的价值，也不是翻译文本作为工作对象的必然要求，实际上许多实际工作中遇到的专业的或技术性的文本是并不具有趣味性的。但在教学的环境中，翻译的文本多了另外一层属性，即需要或最好能够引起学生的兴趣，使学生愿意投入翻译的实践和学习中去。

（c）文本选择是一个教育惯性的继承与突破相结合的过程

教师通常以自己被教的方式来教自己的学生，这是一种教育的惯性。林老师选择的大部分的课堂翻译材料来自各种翻译教材和翻译考试材料，而这些材料倾向于选择文学性的文本。林老师的翻译学习经历过程中，接触到的文本也以文学类文本为主。林老师文本的选择体现出一定程度的教学惯性的继承，大多数文本为来自教科书的文学文本、以技能为单元以及词句多于篇章都是翻译教科书和自己学习翻译时的选材模式。对这些材料的优势和不足教师是有所认知的或察觉的。因此，在这些传统材料的基础上，教师还会选择一些非传统的材料，如 iPhone6 的广告、说明书等翻译材料，以试图在传统的基础上赋予教学材料一些新意。这可以视为对传统依赖的突破。大学教师在教学材料的选择上有着更多的自主性。越来越多的教师选择使用自己准备的材料，而非出版的教材作为自己教学的媒介实际上就体现了一种对依赖的突破。由此可见，教师的文本选择存在着明显的教学惯性倾向和对教学惯性直觉性的挣脱和突破，而教师文本选择就在惯性的牵扯和对惯性的突破中逐步展开。

4.1.3　学习信息的阐释与使用

学习信息的阐释与使用是形成性评价的最后一环。信息阐释发生在评价者脑中，不可观察，体现在教师的可观察的信息使用（教学调整和反馈）之中。信息的阐释和使用对教师教学与学生学习的影响巨大，对其实践样态的描述可以为其他教师提供反思式的参照。本部分将描述分析林老师在一个学期的英译汉课程中：（1）如何阐释和使用学习信息调整教学；（2）如何阐释和使用学习信息提供反馈；（3）阐释和使用学习信息的特点。

4.1.3.1　基于学期的教学调整

数据显示林老师的信息使用，很少涉及教学的调整。少量的教学调整体现为以学期为单位的翻译文本的更新。

访谈片段－ FT1: 16:58-18:59

R：	您为什么用课件代替教科书？选择教科书是不是更方便？
L：	用一本固定的教科书，甚至一本书用好几年，对它更加熟悉，这个对老师挑战不大。如果您自己不停地换……我基本上每个学期都会换内容，对于学生来说的好处是，这个老师在不断地提升他自己，所以他知道的会更多，对老师来说挑战就比较大，他的工作量就会大。
R：	对啊，你拿一本教材上课……
L：	对，我很早就要考虑这个学期的课程怎么样进行调整。但这样一个很明显的好处是，现在的学生，每一级和每一级的变化都很大。招来的学生不管因为他们以往的知识构成也好，还是因为现在信息爆炸，他们的知识储备每一级也有差异，所以这样调整的一个好处就是非常动态，根据学生的情况进行调整，去年我上了……之后觉得没有帮助，剔除。

续表

R:	教科书不能满足学生需求。每年更新的原则是什么？
L:	第一年讲方法这个不变，但例子会变，比如这个例子不典型，或例子太长，我就会换短一点的。第二年的时候学生觉得哪一类的问题值得他们去学习……就是基本的方法肯定是要有的，在这个基础之上，要有一些对他们来说更实际的，他们未来职业发展所需要的例子。

从访谈片段－ FT1: 16:58-18:59 中可以看出，林老师基于学期的调整也是一种微调，不是课程结构和内容的大调整。这种微调的内容主要针对翻译文本的更新。这种更新还是以预先计划的学习目标为基础，即"基本的方法肯定是要有的"，只是在满足这一条件的基础上，更加注重翻译文本本身的质量。如译例本身与教学目标和成功标准的契合程度、译例的篇幅以及译例本身的实用性，即与未来工作的相关性等。

4.1.3.2　横向扩展型与纵向提升型反馈

对林老师评价数据的进一步考察和分析发现，林老师在英译汉课程中的反馈实践从内容上看可以归纳为两个凸显的反馈类型：（1）横向扩展型反馈；（2）纵向提升型反馈，每个类型又包括 4 个子类型。

如图 4-2 所示，横向扩展型反馈包括 4 个子类型：口译知识、文学常识、语言知识和百科知识，具体如下。

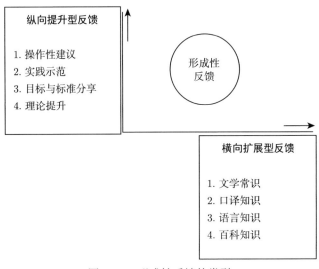

图 4-2　形成性反馈的类型

（a）横向扩展型反馈之口译知识扩展

口译知识扩展是林老师常常提供的横向扩展型反馈，即在英译汉笔译课堂中，教师常常由笔译的内容，联想到口译的技巧和知识，为学生提供口译方面的知识输入。

在评价事件－ KT3: 1:00-1:37 中，翻译任务的学习目标是掌握英汉对比知识之："繁复 vs. 简短"特征以及与之对应的翻译技巧。但是，在评价过程中，教师除了提醒学生要使用"不破不立"的技巧以对应中文"简短"的特征之外，还由译文的特色联想到了对于同样的原文，口译和笔译在处理上的差别，并进一步向学生提供了口译实践中的重要策略"顺序驱动法"，最后根据这种方法提供了一个口译版本的译文："这样的日子已经一去不复返了，在这样的日子中，我们在过去的一些想法中寻求慰藉"，与笔译版本形成对比。口译中的"顺序驱动法"与本例中的翻译任务的计划目标"突出繁复 vs. 简短的对比特性"并采用"不破不立"的方法并没有直接关系，但是在教师的反馈中关于它的讨论却占据了近半篇幅。

评价事件－ KT3: 1:00-1:37

任务范例	This time has long passed when they sought comfort in the thought that our economic plans were unrealistic and unworkable. 以前他们认为我们的经济计划是不现实的、行不通的，并以此聊以自慰。这样的岁月，早已一去不复返了。
计划目标	繁复 vs. 简短及与之对应的翻译技巧
教师评价	这句话大家要译一下，因为词比较简单，但一定要记住我刚说的一句话：不破不立。这就是一个典型的例子。这个句子翻译的时候就可以明显地看出口译与笔译的差异，在口译这个句子的时候，有一个非常重要的原则叫作顺序驱动法，就是不打破原句顺的情况下对其进行翻译。所以口译员一定是这样译这个句子的："这样的日子已经一去不复返了，在这样的日子中，我们在过去的一些想法中寻求慰藉。这样的想法是我们制订的经济计划既不现实，也不可行。"这是顺序驱动，没有改变语序，但是不停地加东西，这是同声传译的必备技能。但是笔译不是这样：以前他们认为我们的经济计划是不现实的、行不通的，并以此聊以自慰。这样的岁月，早已一去不复返了。这就是笔译，因为时间充足，所以我们要对句子进行重大调整，让他更符合书面语的表述习惯。所以我们要译得非常好。我挑出的样本都是非常值得大家学的。

在评价事件－ KT6: 39:08-40:05 中，翻译任务的计划目标是为了呈现并帮助学生掌握"增词"的技巧。除了提醒学生注意增加并列连词之外，在评价过程中，

教师还由此联想到了口译中的摘译法，向学生解释摘译法的含义，并提醒学生在何种情况下可以使用这种方法。口译中摘译法与本例中"增词"的学习目标相距甚远，而且与评价事件－KT3: 1:00-1:37 中涉及的口译知识相比，本评价事件中的口译知识与本评价事件中的任务的计划目标的联系也比较微弱：应该使用摘译法的"大量的 repetition"并没有在本翻译中出现。林老师由"研究敌情，分析敌情"联想到了中国人说话喜欢"重复"的特点，再由这种重复的特点，联想到在口译中可能存在的处理方法：摘译法。尽管如此，在本评价事件的反馈中，围绕摘译法而展开的反馈占了大部分篇幅。

评价事件－KT6: 39:08-40:05

任务范例	他们开始研究敌情，分析敌情。 They began to study and analyze the situation of the enemies.
计划目标	增加并列连词
教师评价	我们来看第 8 个，这第 8 个是要大家做一个对比的。你看第 8 句话，他们开始研究敌情，分析敌情。这是汉语说话的特点吧？这一般人说话也是这样；你看当官的那个说话，一口气说 6 个成语，其实都是一个意思。但他就要那么说，为了有气魄，有气势。那在翻译的时候大家要注意，将它处理成一个 They began to study and analyze the situation of the enemies。这一点你们在学口译的时候也务必注意，在做口译的时候我们有一种翻译方法叫作摘译，也就是说他说的是大量的 repetition，由于两种语言的差异，那你进行口译的时候，就给它进行一个摘译，你就给它 summarize it 就可以了。

评价事件－KT9: 46:20-47:00

任务范例	His failure to observe the safety regulations resulted in an accident to the machinery. 因为他没有遵守安全规则，使机器出了故障。
计划目标	句子拆分
教师评价	observe 什么意思啊？我们经常在口译中听到谁谁谁等前来观礼，那个观礼，口译中怎么译的啊？observe the ceremony。是不是这么译的？所以 observe 有这个比较特殊的意思。这里的 observe the safety regulation 和那个词译的方向差不多。它就是指，因为他没有遵守安全规则，机器出了故障，就是从这来的。

在评价事件－ KT9: 46:20-47:00 中，林老师并没有直奔主题，讨论如何将句子"拆分"，而是首先注意到了原文中的"observe"这个词，由这个词联想到了口译中常常遇到的一个"谁谁谁等前来观礼"的英文表达"observe the ceremony"。这一表达与翻译任务的计划目标"句子拆分"关系不大，但林老师首先关注的是"observe"这个词，以及这个词本身在口译中的运用"observe the ceremony"，最后才提供了体现了拆分技巧的译文。

评价事件－ KT9: 28:05-30:56

任务范例	The station chief would have to be close to the director, a member of the inner circle. 这位站长就得接近董事，因为董事是核心集团的成员。
计划目标	短语拆分
教师评价	英语中的头衔啊，一般来说，口译老师可能会提一下这个，因为在口译的过程中，对官阶的翻译是一个非常敏感的事情。最怕把别人的级别翻译低了。翻译高了，他不会生气的。那比如我们回忆几个，我考大家几个。 教师：主席。 学生：chairman. 教师：还 chairman 呢？president。总理呢？premier 。国务委员，国外没有的官阶，state councellor，比总理低一些比副总理高一些。部长是 minister。司局长，比处长高一点, director in chief。大家以后查一下, 这些都是比较重要的，你们以后翻译这些东西都会碰到。

在本评价事件－ KT9: 28:05-30:56 中，林老师也没有直接讨论本翻译任务预先计划的学习目标——短语拆分——而是先将注意力放到了自己认为在口译中很敏感的一种翻译——官阶的翻译，指出了翻译官阶时应该注意的问题："最怕把别人的级别翻译低了。翻译高了，他不会生气的。"在指出官阶翻译的重要性之后，林老师临时决定测试一下学生官阶翻译的能力，要求学生翻译几个中外常用的官阶：主席、总理、国务委员、司局长等。这些官阶的表述方式，与本翻译任务的主题"短语拆分"并没有太大的关系，但是教师反馈的主要内容。至于为什么扩展官阶方面的内容，林老师认为"这些都是比较重要的，你们以后翻译这些东西都会碰到"。这句话表明提供这种形式的反馈的前提是林老师进行了两种判断：（1）对学生未来需求的判断："你们以后翻译这些东西都会碰到"；（2）是对现在学生知识状态的判断：没有掌握这种知识。换言之，这种反馈实际上涉及的是一

种前摄性的形成性评价，而这种评价的效果取决于教师的经验，即教师能从过去的经验中准确预测到现在的情况。

从上述 4 个评价事件中可以看出，林老师的口译知识扩展式的反馈并不是围绕翻译任务预先设定的目标展开，而是教师下意识地由原文中的词汇联想到与之相关联的一些口译知识，并将其提供给学生。从频率上看，在横向扩展型反馈中，口译知识扩展的频率是最高的。

（b）横向扩展型反馈之文学知识扩展

文学知识扩展是另一种林老师常常提供的横向扩展型反馈，即在英译汉笔译课堂中，教师常常由笔译的内容，联想文学方面的常识，为学生提供文学方面的知识输入。

评价事件－ KT9: 44:10-46:06

任务范例	She had made several attempts to help them find other rental quarters without success. 她已经试了好几次，要帮他们另找一所出租的房子，结果并没有成功。
计划目标	句子拆分
教师评价	我们看这个句子,稍微长一些,这个句子会越来越长,有时候大家会遇到，比如你翻译的时候会有切身的体验，有时候最难译的就是这样的句子，一个句子可能一段。你们最近学那个英国文学会讲到一个作家亨利·詹姆斯（Henry James），学到他了吗? not yet, Henry James，他的小说就是很多都读不下去，因为它有时候很长的一段就是那么一句话。

在评价事件－ KT9: 44:10-46:06 中，林老师没有直接讨论本翻译任务的计划学习目标——句子拆分——而是首先注意到了原文句子本身的特点"长"，由此联想到翻译中常会遇到的翻译起来比较困难的英语长句子。英语中的这种长句子又进一步激活了林老师脑中的文学知识，由此联想到学生正在上英国文学课以及英国文学课上可能提到的作家亨利·詹姆斯——他的写作的句法特点就是"太长"以及由此而产生的对于大多数读者来说的阅读困难。虽然英国文学家亨利·詹姆斯的写作句法特点与本翻译任务的计划目标无关，但却构成了教师评价的一部分。

在评价事件－ KT9: 34:46-37:30 中，林老师也没有直接讨论本翻译任务的学习目标——句子拆分——而是先将注意力放在了美国文学课程中会提到的本杰明·富兰克林 (Benjamin Franklin) 身上，并由此联想到了一个可以用于描述本杰明·富兰克林身份的常用表达:Jack of all trades, 然后介绍了本杰明·富兰克林的生平。在这之后，林老师点评了参考译文："译很好译，把后面拆开"，紧接着，林老师又从 Jack of all trades 这个短语中的 Jack，联想到扑克牌中四个花色的英文的表达法以及花色本身的英文词汇。在评价事件的反馈中，林老师对计划学习目标的关注只占了很少一部分内容。

评价事件－ KT9: 34:46-37:30

任务范例	Throughout his life, Benjamin Franklin continued his education, learning from human contacts as well as from books. 富兰克林的整个一生都在受教育，他不仅从书本中学习，而且也从与人的交往中学习。
计划目标	短语拆分
教师评价	你们还学美国文学吧，这学期，我们一说本杰明·富兰克林，我们有一个词来描述他，我们称他叫作 Jack of all trades。什么叫 Jack of all trades？他经历非常丰富，复印厂干过，给他哥哥打工，后来变成了美国的著名政客。大家记不记得独立战争的时候，他去法国游说，一待就待了一年多，就游说法国帮助他们，很厉害一个人。译很好译，把后面拆开：富兰克林的整个一生都在受教育，他不仅从书本中学习，而且也从与人的交往中学习。大家都知道扑克牌里有个 J 是吧。那叫什么啊? Jack。Jack 是干吗的啊？王子啊？他可不是，Jack 是宫廷中的内侍，有点像咱们皇宫里的太监。ACE 什么意思啊？王牌？我们经常会夸别人 ACE 很棒，等级很高叫 ACE。扑克牌里有很多神秘的事情，据说扑克牌里所有的数加起来是 365。那么扑克牌里的四个花色是什么，因为我们有四个花色吧，diamond, spade, club and heart。牌上的花色叫 suite。扑克牌里有很多有趣的东西，大家回去可以查一查，看一看。

从上述评价事件中可以看出，林老师的文学知识扩展式的反馈并不是围绕翻译任务预先设定的目标展开，而是教师下意识地由原文中的词汇联想到与之相关联的一些文学知识，并将其提供给学生。从频率的角度看，凡是原文中出现文学相关信息的地方，林老师都会展开扩展，提供文学扩展式反馈。

（c）横向扩展型反馈之语言知识扩展

语言知识扩展也是林老师常常提供的横向扩展型反馈，即在英译汉笔译课堂中，教师常常由笔译的内容，联想到相关的语言知识，为学生提供语言方面的知识输入。

评价事件－ KT9: 1:36:50-1:37:15

任务范例	In recent years, however, people have begun to become aware that cities are also areas where there is a concentration of problems. 可是，近几年来人们开始意识到城市也是问题成堆的地方。
计划目标	合句法
教师评价	这 concentration 指的是密度，大家下次去超市，买果汁，如果是 concentration 或 concentrated juice 这种最好别买。什么意思啊？浓缩果汁。

在评价事件－ KT9: 1:36:50-1:37:15 中，林老师并没有直接讨论翻译任务的计划目标——合句法——而是将注意力放在了原文中的词汇"concentration"之上。林老师由"concentration"联想到"concentrated juice"（浓缩果汁）并提醒学生不要购买。从内容上看，"concentrated juice"（浓缩果汁）与合句法的反映目标没有关系，但也构成了林老师评价内容的一部分。由此可见，林老师的语言知识扩展部分主要集中在词汇知识的扩展。

（d）横向扩展型反馈之百科知识扩展

百科知识扩展是最后一种林老师常常提供的横向扩展型反馈，即在英译汉笔译课堂中，教师常常由笔译的内容，联想到相关的百科知识，为学生提供百科方面的知识输入。

评价事件－ KT9: 15:45-17:23

任务范例	Buckly was in a clear minority. 巴克利属于少数派，这是明摆着的事实。
计划目标	词的拆分
教师评价	minority 什么意思啊？少数派。有些电影就翻译得莫名其妙，比如 Minority Report，Tom Cruise 主演的一部老电影，翻译成《少数派报告》，字面是这么译的啊，可以看那个电影名。你们能知道它是什么吗？少数的人？然后呢？人群。其实那是一个科幻片，和这个族裔没有关系。这个电影名的翻译就不好，大家记不记得我上次讲的 Lolita，那是一个很成功的案例，它翻译得就很文雅。这里的 clear minority 也一样进行了一个转移和拆分：这是明摆着的事实。最近中国的一个科幻小说《三体》很火，你们有没有看到它的英文版本怎么翻译的啊？就叫 Three body。哇，为啥呢？所以要观察啊，多看看我们翻译的东西，挺有意思。

在评价事件－ KT9: 15:45-17:23 中，林老师并没有直接讨论翻译任务的计划目标——词的拆分——而是首先注意到了原句中的（minority）一词，并由此引出了电影 Minority Report 的翻译和小说 Lolita 的翻译，接着对根据翻译任务的目标对译文进行了点评，最后又引出了小说《三体》及其英文翻译: Three body。在这一评价事件中，Minority Report、Lolita 和《三体》以及其英文名称都与翻译任务中的目标无关，但它们却构成了教师反馈的主要内容。换言之，林老师会在反馈过程中，借由原文的内容引申出百科知识或常识。

除横向扩展型反馈之外，林老师的评价实践中另外一大凸显的反馈类型为纵向提升型，涉及具体的操作建议、实践示范、目标与标准分享和理论提升。

（a）纵向提升型反馈之操作性建议

操作性建议是最常见的纵向提升型反馈，即林老师在分析完学生译文之后，会给学生提供一些用于改进译文的操作性较强的建议，主要包括两种类型: 查字典和大声朗读。

评价事件－ KT4: 26:57-29:48

任务范例	New food crops were introduced, mainly from the Indian Ocean. [原译] 新的粮食作物传入了非洲，这主要来自印度洋……
计划目标	词汇翻译技巧
教师评价	抛开原文，把你们译的东西带入。有一个问题，农作物最起码是长在陆地上。有什么问题？印度洋上长农作物了？ 印度洋地区: 好一些，但范围太大。 印度洋一带: 没好哪去。 印度洋国家: 什么叫印度洋国家？很少有这种说法。 印度洋农业圈: 什么叫印度洋农业圈？这种啊，怎么说呢？我刚才为什么要谈标准问题。我以前可能给学生的印象也是错误的。我给他们上翻译课的时候我说，只要外国人用的词，你就可以用。但是如果是你自己造的一个英文单词，你肯定不能用。后来，我一想，这个话也不严谨，即便是外国人造的词，如果没有 recognized by dictionary 也不能用。就像这个词，中国人都说印度洋农业圈，但实际上你查字典，你查一查有没有印度洋农业圈这种说法。没有吧，那就是说这个单词也不符合规范。为什么要编字典，为什么小学就要使用字典，就是要告诉你规范地使用语言。

在评价事件－ KT4: 26:57-29:48 中，在看到学生 Indian Ocean 的译文"印度洋农业圈"之后，林老师认为这样的表达并不正规，不符合汉语的习惯，于是要求学生查字典，确认这样的词汇是否收录于字典之中。在这里查字典是为了确定所使用的词汇是否为已经被字典确认的词汇，学生的语言使用是否规范。在目标呈现部分，林老师将勤查勤用字典列为职业素养之一，并指出这是根据自己的翻译实践提炼出的重要经验。在评价中，林老师提出不被字典收录的词汇在翻译中不可以使用的规定。在林老师看来，查字典是一个译者必须养成的习惯，是一种职业精神的体现。

除了"查字典"之外，林老师提供另一种操作性建议"大声朗读"。

评价事件－ KT4: 23:56-26:57

任务范例	The existence of an area of <u>free land</u>, its <u>continuous recession</u>, and the advance of American settlement westward, explain American development. [原译] 一个<u>自由土地区域</u> 的存在，<u>及其继续的收缩</u>，以及美国向西部的拓殖，都可以说明美国的发展。
计划目标	词汇翻译技巧
教师评价	……你们现在最大问题依然是翻译腔调很重。等会儿拿到你们的译文，你们自己读一下，大声朗读。以后都养成一个好习惯，译文之后别急着打出来，你在屏幕上你大声读，哪不顺，哪有问题，动手要改了。这是第一个句子，等会儿我会挨个说，每个人的错误情况还都不一样……

在评价事件－ KT4: 23:56-26:57 中，在林老师看完学生们的译文之后，发现整个班级的译文都存在翻译腔很重的问题，读起来不像中国人说的汉语。于是林老师要求学生在完成翻译之后"大声朗读"，通过朗读发现译文本身是否流畅、具有可读性。由此可见，"大声朗读"针对的学生中文表达不地道的问题，其对应的评价标准属于"顺"的范围。虽然林老师并没有将译后"大声朗读"列入译者素养列表之中，但在功能上，它与查字典一样，都属于译者应该养成的实践习惯。

从上述两个评价事件分析中可以看出，在这种操作性建议类型的反馈中，教师通常会先指出学生译文存在的问题，然后给出具体的操作性的建议，如"即便是外国人造的词，如果没有 recognized by dictionary 也不能用""但实际上你查字典，你查一查有没有印度洋农业圈这种说法。没有吧，那就是说这个单词也不符合规范""等会儿拿到你们的译文，你们自己读一下，大声朗读"。这种反馈一般具有严格的规定性，是一种明确的指示，规定了行动的具体内容。

从反馈的数量来看，这两种操作性建议在整个课程中出现的频率都非常高。查字典是林老师最常给提供的操作性建议，在本书所观察的每一次课程中，关于"查字典"的操作性的建议都会多次出现，而几乎在每一次点评学生译文的时候，林老师都会提醒学生在翻译完成之后大声朗读。

（b）纵向提升型反馈之实践示范

除了提供操作性建议之外，另一种提供纵向提升型反馈的方法是实践示范，即教师示范自己的分析过程，然后再提供一个自己认为合理的翻译版本。

评价事件－ KT3: 1:03:25-1:04:28

任务范例	I marveled at the relentless determination of the rain. 雨无情地下个不停，我感到惊异。
计划目标	名词，动词转化
教师评价	林老师：每个单句里面都有一个亮点，这个句子的亮点我已经标出来了，就是 determination。怎么译？因为所有的词是围绕着它来铺开的，determination 知道怎么译，前面的 relentless 就知道怎么弄，然后 marveled 作为它的谓语，施加在它身上，然后 of the rain 是它的定语。另外，determination 虽然是名词，是不是带有动词的特征啊？那好办了，汉语喜欢多动句，determination 具备动词特性，那么就把它拆成两句，一个用 marveled 做谓语，另一个用 determine 做谓语，策略出来了，怎么拆？这里还有一个介词要注意，这个 at 在英语中很有特点，它通常表示一种原因，因为什么什么，这也是要注意的一个小的地方。 学生：雨一直无情地下，我感到非常惊讶。 林老师：good，或者调整一下，更符合语言习惯：我感到惊异的是雨无情地下个不停。为什么用惊异呢，因为比较书面。

在评价事件－ KT3: 1:03:25-1:04:28 中，林老师在呈现了"I marveled at the relentless determination of the rain."这一翻译任务之后，并没有直接让学生进行翻译，提供译文，而是自己先分析了一下可以采用的翻译策略，如"determination 具备动词特征"以及"那么就把它拆成两句"，接着为学生翻译提供了一些提示，如"at 在英语中很有特点，它通常表示一种原因"。林老师在这里的提供的策略和提示的过程，实际上就是示范了自己翻译前的思维过程。在提供了这样的思维过程之后，学生开始翻译，并产出自己的译文"雨一直无情地下，我

感到非常惊讶"。在学生产出译文之后，教师开始对学生的译文进行评价：首先作出了一个积极的评价"good"，接着婉转地指出还有可进一步提升的空间，然后给出了一个自己认为更符合汉语表达习惯的版本："我感到惊异的是雨无情地下个不停"，并在最后解释了用"惊异"替换代"惊讶"的原因。林老师的整个实践示范过程大体涉及过程示范和产品示范两个部分，中间穿插了对学生作品的评论。

从频率上看，这种实践示范型的反馈在整个课程中出现的频率也比较高，仅次于操作型建议。

（c）纵向提升型反馈之目标与标准分享

目标与标准分享是林老师提供的另一种纵向提升型反馈，即在对学生的译文进行评论之后，向学生强调译作应该达到的水准和学生应该追求的目标。

评价事件－ KT4: 21:27-23:56

任务范例	The existence of an area of free land, its continuous recession, and the advance of American settlement westward, explain American development. ［原译］一个自由土地区域的存在，及其继续的收缩，以及美国向西部的拓殖，都可以说明美国的发展。
计划目标	词语翻译技巧
教师评价	……"continuous recession"很多同学译成经济衰退，经济不景气，我认为就是阅读理解有问题，没有认真去读这个 its 到底在说什么。我们来看看大家的译本。先看这个原译中的收缩，我们抛开 context 来说，什么东西我们会说它收缩：心脏收缩。这个词不是很恰当，但是还是可以理解。但我们看下面有些词是我们无法理解的，这也是我摘录的同学们作业例里的。 减少：这个还不错，除非前面搭配的是土地面积。 不断缩小：…… 衰退：什么叫作衰退，因为衰落而减弱功能，所以不合适。 不断地消亡着：你们给我解释解释，消亡还怎么不断地消亡。所以要经得起推敲，你们写的这个词，译的东西，我都说了咱们是学英语专业的，翻译的东西要拿得出手……

在评价事件－ KT4: 21:27-23:56 中，教师首先列出了学生对"continuous recession"的各种译本，并逐一对其进行了点评。涉及积极评价，如"这个还不

错"；还有"向学生译文提出质疑和挑战"（Washbourne，2014），如"什么叫作衰退，因为衰落而减弱功能，所以不合适"等。在点评到"不断地消亡着"这一译文时，林老师指出了译文表达逻辑上的问题"消亡还怎么不断地消亡"，并由此向学生提出了译文的标准质量标准"要经得起推敲"这样较为模糊的质量评价标准，同时向学生强调了远景式的目标，学生的专业身份："我们都说了咱们是学英语专业的"以及这种身份所意味着的质量标准："翻译的东西要拿得出手"。简言之，林老师通过对学生译文的评价，向学生强调了形成性评价的"成功标准"和"学习目标"。

从频率上看，这种目标与标准分享式的反馈的频率也较高，与实践示范的频率相当。

（d）纵向提升型反馈之理论提升

纵向提升型反馈的最后一个类型，即教师在译文评价的基础上，将翻译实践进行进一步提炼，形成概念，使其与超越操作层面的理论发生联系。在本个案研究中，林老师在评价实践中用以解释笔译实践的翻译理论主要涉及：domestication（本土化／归化）、over-translation（过翻译）、法国释义派理论中的一些概念（得意忘形、认知补充）以及林老师提炼的"不破不立"。

评价事件— KT8: 12:00-12:36

任务范例	He shook his head and his eyes were wide, then narrowed in indignation. 他摇了摇头，两目睁得圆圆的，接着又眯成一条线，脸上露出了愤怒的神色。
计划目标	词的拆分
教师评价	本来应该是眼神愤怒，但译成脸上露出了愤怒的神色，进行一个变化，原因很简单，就是要向着目标语的方向。我们之前讲过一个术语，大家还记得吧，叫作 domestication, 就是本土化。就是你译出的目标语，一定要更符合它的 target language 文化，这才是成功的翻译。

在评价事件— KT8: 12:00-12:36 中，林老师首先对原文和译文进行了比较性的分析："in indignation"本应该是"眼神愤怒"，但最终译文中呈现的是"脸上露出了愤怒的神色"，并指出这一转化的原因在于"向着目标语的方向"，也就是更符合汉语表达的习惯。但林老师的反馈内容并没有停留在"向着目标语的方向"上，而是进一步地将这一层意思与翻译理论中的"domestication"这一

概念进行了连接，试图用"domestication"这一概念去描述（表征）具体的翻译实践。

评价事件－ KT8: 12:00-12:36

任务范例	The physical distance between speakers can indicate a number of things and can also be used to consciously send messages about intent. ...A lowered head when speaking to a superior （with or without eye contact）can convey the appropriate relationship in some cultures. （13 年英语专业八级考试） 演说者与听众之间的实际距离通常是用来传送演说内容的最佳途径但是同时可以表明很多问题……但当和尊者沟通还伴随着时不时的眼神交流时，谦卑地低头在一些文化背景中却也是一种合适的氛围。
计划目标	综合性目标
教师评价	这里将"send"译为"传送"是不是有点问题？我感觉这里存在 over-translation。当我们采用意译法的时候，意译的尺度有时候的确比较难以把握。

在评价事件－ KT8: 12:00-12:36 中，林老师对将原文中的"send"一词翻译成"传送"提出了异议，认为它存在问题，但对这个问题究竟是什么，林老师并没有展开分析，而是用了翻译理论中的一个概念"over-translation"（过度翻译）来表达，并感叹"译意"的尺度很难把握。

评价事件－ KT5: 23:56-26:57

任务范例	The existence of an area of <u>free land</u>, its <u>continuous recession</u>, and the advance of American settlement westward, explain American development. ［原译］一个<u>自由土地区域</u> 的存在，<u>及其继续的收缩</u>，以及美国向西部的拓殖，都可以说明美国的发展。
计划目标	词语翻译技巧
教师评价	这是出现的问题。我们现在看 reference:

续表

	[**改译**] 在这里，有着大片的（认知补充）无主土地（法律术语），但被东部国民（认知补充，法律术语）不断蚕食，加上西进运动（得意忘形，历史术语）的雷霆万顷之势（认知补充）——所有这一切，都表明：美国史，就是向西拓殖史、向西发展史（得意忘形、认知补充、流畅通顺）。

注：括号内是根据法国释意理论和翻译质量控制要求做出的部分解释。

在评价事件－ KT5：23:56-26:57 中，林老师在原译基础上提供了一个与其形成对比的改译的版本，并在所有改译部分的后面译以号的形式指出改译的依据，其中大多数依据为法国释意派理论中的重要概念。

评价事件－ KT3：11:12-12:40

任务范例	In the doorway lay at least twelve umbrellas of all sizes and colors. 门口放着一堆雨伞，少说也有十二把，五颜六色、大小不一。
计划目标	破句重组，化繁为简
教师评价	教师：有没有人愿意试试，怎么说中国话？没关系，大胆说，这话要你翻译，怎么译？有没有同学愿意试一下？ 学生："门口放着至少 12 把形状各异颜色不一的雨伞。" 教师：非常好！她在处理 of all colors and of all sizes 的时候非常好。两个四字成语，四字词，然后汉语表述也是可以理解的。 我们看看下面的译本好不好，看看它灵活不灵活： "门口放着一堆雨伞，少说也有十二把，五颜六色、大小不一。" 它这个不破不立是不是贯彻得更好了。对比一下，四字成语。

在本评价事件－ KT3：11:12-12:40 中，林老师首先对学生的疑问进行正面的评价"very good"，然后指出其译文的优点在于"两个四字成语，四字词，然后汉语表述也是可以理解的"。但是，林老师的反馈并没有停留于此，而是要求学生再看一些参考译文，让学生可以更直观地感受"自己的译文"与"参考译文"的不同和差距，帮助学生发展"成功标准"意识。最后林老师点出参考译文的优势："将不破不立贯彻得更好。"这里的"不破不立"是林老师自己提炼出的一个典型的本土概念，它是对翻译中拆分和组合的一种更为凝练和形象的表达，体现出林老师下意识地将自己的翻译实践"理论化"的倾向，同时也表明教师日常实践中就有很好的形成性评价实践，我们需要将它们挖掘出来。

从频率上看，在理论提升部分，除了林老师自己提炼出的"不破不立"的本土概念频率较高，其他理论概念在整个课程中出现的频率都非常低。

4.1.3.3 信息阐释与使用的特点

（a）不以预先计划的学习目标和成功标准为统领性原则

林老师的英译汉课程分为 7 大单元，每一个单元都有固定的主题和学习目标，并围绕这些学习目标进行翻译任务的选择。但在具体的评价实践过程中，从上述对林老师信息使用的描述可以看出，林老师的信息使用体现出一个明显的特征：不以预先计划的目标和标准为统领性的原则。在信息阐释和使用阶段，用于指导文本选择的统领性目标和标准已经失去了其统领性的作用。林老师所选择参照的目标和标准，往往偏离单元预先确定的目标和标准。林老师的横向扩展型反馈所扩展的口译、文学、语言与百科知识的内容，在很多时候，与具体学生当下要完成的任务并没有直接的关系。显而易见，所有横向拓展型反馈的内容都是偏离计划学习目标的。不仅如此，即使在旨在提高翻译质量的纵向提升型反馈中，也有对目标和标准的偏离，如评价事件－ KT9: 40:40-42:13 中对计划目标"拆译"的偏离和对计划标准"信达雅"的偏离。

（b）从功能的角度看，反馈的意义在于扩展知识、引发思考的学习输入

与预先制订的学习计划的偏离使得林老师提供给学生的反馈更像一种学习输入，而非仅仅是学生具体任务表现与理想任务表现之间差距的建议。这种学习输入的主要功能是扩展知识和引发思考。从信息内容的视角来看，林老师所提供的反馈信息不限于具体任务表现与理想表现的差距。与科学课堂仅仅围绕确定的任务的目标与程序不同，翻译课程的反馈内容与预先设定的任务目标之间的距离可能近，也可能远，不是仅仅关注具体的任务目标。也就是说，教师提供的反馈，在很多情况下，对于提升学生在具体翻译任务上的表现并没有实质性的帮助。林老师横向扩展型反馈的内容中，口译、文学、语言和百科知识的反馈对于改进具体译文的质量并没有直接、实质性的帮助。林老师纵向提升型反馈的内容在很多时候也不是提供了可以直接改进译文的方案。前者在功能上是扩展学生的知识储备，而后者的主要目的似乎是鼓励学生对翻译过程和策略进行思考。因此，教师的反馈不仅仅是提供具体的改进具体任务表现的方案，更多情况下是帮助扩展学生的知识储备和刺激学生的思考，服务于更广的形成性的目的——学生的综合素质的发展。

（c）从产生的机制看，反馈是教师知识与能力倾向的投射

林老师的个案研究显示，对于翻译课程来说，教师本身的知识和技能倾向是教师反馈能力中最重要的部分，它在很大程度上形塑了反馈的实践样态。翻译是

一个复杂的构念,涉及的知识和能力要素范围十分宽广,而教师所掌握的知识和技能有其局限性。林老师的反馈中比例最高的内容都是林老师最为擅长的内容,反馈是教师知识和能力的投射。进一步分析,从能力的视角看,反馈是一个教师知识被激活的过程。教师走进教室,带着他对于整个社会和世界的知识,这些东西可能在课堂上被激活,表达出来,从而成为学生教育经验的一部分。当学生给出"不断地消亡着"这一译文时,林老师提出质疑:"消亡还怎么不断地消亡"?并由此指出译文的质量标准:"要经得起推敲"。显然,学生的译文激活了教师脑中"译文要经得起推敲"这一质量标准,而这可能是当下对于教师来说印象最深最熟悉的知识和经验。这说明,从产生机制角度来说,反馈是反馈者知识和经验被激活的过程。因此,教师的反馈实际上也可以看成是自己的知识和经验被课堂信息所激活的产物。

4.2 林老师形成性评价实践的理论模型

形成性评价实践的理论模型主要可以分为实践分类框架模型、过程理论模型和活动理论模型三种层层递进、互为补充的类型。构建评价实践理论模型是为了以更加概念化的形式再现和探索形成性评价的实践过程,在丰富形成性评价的理论构建的同时,更加深刻地揭示了形成性评价实践动态复杂的过程,为形成性评价实践的改进提供启示性的参照,为评价过程的学习理论探索奠定了基础。

4.2.1 形成性评价实践分类框架模型

构建实践分类框架模型是简洁有效地概念化形成性评价实践过程的方法,概念化的成果可以为教师提供启示性的参照。本部分将描述分析基于林老师评价实证数据提炼出的英译汉课程形成性评价分类框架模型:计划性评价和非计划性评价(见表 4-7)。

4.2.1.1 分类框架模型中的计划性形成性评价

计划性形成性评价的特点是教师在课程开始前进行了详细的计划,基于教师认为课程应该提供学生哪些知识内容,评价的是学生在课程内容上的表现和发展,关注点是课程内容的完成情况。教师预先知道评价的内容和目标,评价始于教师对学生应该知道、理解和能够运用的最基本学科文献(教科书、大纲、课程)规定的知识、技能和方法的判断和选择。由于翻译任务的学习成果属于复杂的学习成果,不能用简单的"是否对错"进行描述(Sadler, 1998),本书中计划性评价的目的是了解学生对预先制定的目标上的理解和表现,学生在多大程度上可以运

表 4-7　　　　　　　　　　计划性形成性评价和非计划性形成性评价

维度	计划性形成性评价	非计划性形成性评价
计划程度	教师课前有意识地精确完成计划，有意坚持执行	教师课前没有有意识地进行计划，由课堂出现的信息临时引发
评价目的	意图按照预先制定的成功标准，评价一个预先制定的目标，目的是完成课程计划	意图对浮现的（被刺激出现的）非计划目标和标准进行回应，目的是补充学生所需知识和发展新知识
信息收集	预先选择翻译任务，引出学生表现（学生表现等于或低于教师期待时）	通过日常的观察与积累，获得学生先前知识／预先选择翻译任务引出学生表现（学生表现高于教师期待时）
信息阐释	阐释以翻译目标，标准和学生为参照／将学生的表现与参考译文进行对比、与未来的自己进行比较	阐释以翻译标准，翻译知识和学生为参照／将学生的表现与参考译文进行对比、与未来的自己进行比较
信息使用	前摄性调整／纵向提升式反馈，反馈内容是与本课程高度相关的翻译知识与技能，质量标准为信、达、雅	提供纵向提升和横向扩展反馈，内容不限于本课程高度相关的翻译知识与技能，涉及其他学生整体发展所需的知识与技能，涉及标准的讨论与协商
学习成果	高计划性的学习目标和标准	非计划的知识输入和新的目标和标准的讨论与协商过程，新知识的构建
评价语言	权威式的和对话式协商式的语言	权威式的和对话式协商式的语言
学习理论	行为主义和社会建构主义	行为主义和社会建构主义
评价主体	评价过程由教师和／或教师与学生合作实现；教师预先知道评价的目标和标准，教师的角色是设置任务，提供反馈	评价过程由教师和／或教师与学生合作实现；教师预先不知道评价的目标和标准；教师的角色刺激学习过程，参与对话及知识共建，教师作为学习者与学生一起共建新知识，实现新理解
教师知识基础	依赖教师的职业知识，在教师知识范围控制之内；对教师的要求相对较低	依赖教师的职业知识，有可能超出教师知识范围之内，对教师的要求较高

用预先确定的知识和技能完成评价任务。为此目的，教师所使用的信息收集方法是选择具体的翻译任务。翻译任务本身没有所谓"正确的答案"，只有参考答案，甚至有时连参考答案也没有。林老师认为没有完美的翻译，鼓励学生对参考答案进行批判，在评价学生的译文时主要分析学生作品的优点和／或不足，是任务完成情况反映什么样的问题，有时也与学生进行相关的讨论。简言之，本书中的计划性评价任务被教师用于发现学生目前的知识和技能现状，并据此为学生提供不同类型反馈的手段。

4.2.1.2　分类框架模型中的非计划性形成性评价

本书中的非计划性评价是课前教师完全没有计划和准备的。非计划性评价的特点是课前没有计划，教师事先并没有明确准备好的评价内容和目标，评价始于具体教学语境中出现的信息对教师脑中存储的知识的唤醒或引发的反思和讨论，表现为教师对课程内出现的信息自然和临场的回应。非计划性评价的动机是满足学生的发展需求，关注的是学生过去、现在和未来，学生更为全面的发展，超越了事先计划的课程内容，教师的身份也超越了具体的课程教师，体现了整体的"教师"这一身份。评价结果表现为对计划课程内容的补充和扩展。在信息收集方面，本书中的非计划性评价的信息来源未必是学生当下的表现，也可能是基于教师脑中已有的关于学生知识、技能以及其他方面发展状态的隐性的先前知识。这种知识被课堂这个信息场中出现的信息（包括翻译任务原文和参考译文中所包含的语言和内容信息）所激活，从而引发了教师的评价。由此可见，本书显示所谓非计划性评价并非是教师完全没有准备的临场发挥，教师脑中会有对于学生先前知识的判断，并且除具体的计划性目标和标准之外，还有一个更大的抽象的"形成性的目的"——促进学生发展。教师的先前知识，受到环境信息触发，引发教师评价，服务于这个更大更抽象的"形成性目的"。因此，在非计划性评价中，教师不是完全没有准备，而是时刻准备，在适当的时机，服务于除计划目标和标准之外的更大的形成性目的。在评价方式上，教师的评价未必以师生互动的形式展开，有时就是教师以横向扩展型反馈的方式向学生提供教师认为学生需要的知识。

计划和非计划的界限并不是固定的，是可以转化的。计划性向非计划性的转化的机制为：（1）学生的超出教师预期的表现，产生计划外的目标和标准，引发教师的进一步分析和评论。学生的表现超出教师期待（参考译文时），计划性评价转为非计划性评价，在这种情况下，评价也依赖教师的职业知识，但这是一种正在浮现的、与学生的互动中产生的知识。用社会建构主义理论的语言来说，这是正在被学生和教师共同构建的知识。（2）课堂信息场中的信息激活教师关于学生的先前知识（判断），使计划外的目标和标准得以浮现。由此可见，本书中的计划性评价向非计划性评价转变的机制是课堂中出现的意外信息，包括出乎意料的学生表现和引起教师关注的计划目标之外的任务特点。非计划性评价向计划性评价的转化的机制在于教师积极地反思与总结：（1）所有在课堂上浮现的非计划的目标和标准，教师可以对其进行进一步的概念化，且这种浮现的目标和标准，已经有了明确的与之对应的教学材料，因此，完全可以在下一轮的教学中，提前准备计划性的目标和标准。（2）教师可以在课程开始之前对脑中关于学生的已有知识进行系统的反思，且利用前测等方式对此进行进一步的确认和修正，在课程之中设置对其进行进一步强化的任务。这种转化的可行性在于在大学环境中，教师对于课程有着相对较大的主导权。本书中的计划性评价则针对的是大学中由教师负责的课程，教师在选择目标、材料等方面不是完全基于自上而下的大纲的规定（对于·些课程来说，根本没有大纲），教师自己选择目标、标准和材料，所以计划性的程度不是完全自上而下规定的，而是教师自己具有一定的决定权。因此，本书中计划性形成性评价中所谓"计划"不是一个绝对的概念，一个课程的评价被计划的程度和计划的内容，取决于教师对学科课程的认识和经验，教师的认识越深刻，经验越丰富，非计划的情况会越少，计划的情况会越多。课程评价的计划性程度就会越高，即使出现计划外的情况也在教师隐性的预估和应对能力范围之内。

4.2.2　形成性评价实践过程理论模型

　　除分类框架模型之外，形成性评价过程理论模型也是总结呈现形成性评价个案数据的良好方式（Bell & Cowie, 2002），可以为教师提供启发性的参照。本小节将描述和分析在林老师形成性评价实证数据基础上提炼出的英译汉课程形成性评价实践过程理论模型（见图 4-3）。

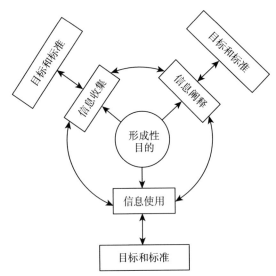

图 4-3　英译汉课程形成性评价实践过程理论模型

　　如图 4-3 所示，本书中的过程理论模式是由组成模型的结构要素以及表示要素间关系的箭头符号组成。

4.2.2.1　过程理论模型中的结构要素

　　本形成性评价过程理论模型由三个部分组成：评价过程（信息收集、阐释和使用）、学习目标与成功标准以及形成性目的。

　　首先，评价过程（信息收集、阐释和使用）。本书中评价过程与其他模型的评价过程并无本质上的区别。本书运用"信息收集、阐释和使用"涵盖了计划性和非计划性两种类型的形成性评价。这是因为本书与约克（2003）的观点一致，认为所有的评价过程本质上都是信息的获取（无论是由教师引出的，还是不是由教师引出的）、信息的阐释以及根据信息采取行动。另外，本个案研究的数据显示，在英译汉课程中，教师行动的基础，不仅来自学生在课堂上的表现（无论是不是教师通过任务引出的）的判断，还来自教师基于日常观察形成的知识和能力现状的判断。引出与注意以及帮助性问题和测试性问题指向的都是教师的信息引出，另外帮助性问题和测试性问题只是信息收集方法的一小部分，排除了其他信息收集手段，与本书获取的数据不符。因此，本书用"信息收集"这一表达代替了信息的引出。

其次，学习目标与成功标准。本模型中学习目标与成功标准位于评价过程的外围而非中心。从内容上看，学习目标与成功标准可以分为两大类型：计划的目标和标准与非计划的浮现的目标和标准。很多研究都指出教师评价过程中的目标是浮现的（Cowie & Bell, 1999; Torrance & Pryor, 2001）。本书的数据进一步支持了这一观点，非计划的浮现的目标和标准又包括两种子类型：一是由学生超标表现引出的浮现的目标与标准；二是教师已有的学生判断被课堂信息场中的信息激活而产生的学习目标与成功标准。换言之，非计划的学习目标与成功标准是在计划性学习目标和成功标准与形成性目的作用下于评价过程中产生的。

最后，形成性目的。与概念框架部分的描述性框架相比，本模型最大的更新之处在于用"形成性目的"替代了概念框架中心圈的"学习目标和成功标准"，中心圈外围的第二圈和第三圈分别是评价过程和学习目标与成功标准。这里的形成性目的，在性质上属于一种目标，但它在内容上不是预先计划好的具体学习目标和成功标准，更像是一种"远景式的目标"（horizon）（Black et al., 2003; Marshall, 2007）或更宽广的目标：学生的全面和／或长远的发展。

4.2.2.2　过程理论模型结构要素的互动关系

本过程模型中的结构要素之间存在着密切的互动关系。

首先，本书用双箭头连接了评价过程中的信息收集、阐释和使用。本书的研究数据显示，在翻译课程中，教师评价过程各步骤之间不是一次性顺序完成的，两两之间没有明确的界限：教师根据收集到的初始信息进行阐释，阐释以互动的方式进行，对收集到的初始信息进行修正和／或产生新的信息，然后再对信息进行进一步的阐释和使用，而使用的过程也可能引出更多的学习信息。评价最核心的要素是信息和判断，评价的过程在概念上分为信息的收集、阐释和使用三大步骤。但是在实践中，这些步骤之间的关系并不是界限分明的。有时候信息收集的过程就是对信息进行阐释、判断和使用的过程，如教师和学生之间的互动，不断有信息被产生、阐释和使用，同时又产生新的信息。双箭头就是表示这种关系，评价的三大步骤并不一定是按直线顺序完成的过程，有时候就是循环往复、你中有我、我中有你。

其次，在本模型中，目标与标准指向评价过程中的信息收集、阐释和使用的箭头表示目标与标准对其的指导作用，即信息的收集、阐释和使用要根据目标与标准展开，特别是在计划性形成性评价中。在信息收集阶段，教师围绕计划的目标和成功标准展开文本的选择，同时兼顾文本的其他的教学价值。在信息阐释和使用阶段，教师根据计划的目标和标准对学生的表现进行阐释并进行教学的调整和提供反馈。评价过程指向目标与标准的箭头表示，除了受目标与标准的指导之外，评价过程也会对目标和标准产生影响。在信息收集阶段，受到其他来源信息和学生表现的刺激，教师会引入计划之外的目标和标准，对计划的目标和标准进行进一步的阐释和明确或者与学生一起构建新的目标和标准知识，因此评价过程实际上是一个目标和标准不断得以补充、明晰和生成的过程。另外，在形成性评价的师生互动过程中，教师和学生对目标和标准的认知可能发生改变，从而产生的新的目标和标准或对已有目标和标准的新的理解。

最后，将"形成性目的"置于最中心，且形成性目的和评价过程之间用指向评价过程的箭头连接。这是因为"形成性"是所有评价的伦理要求。实证数据表明，林老师整个评价过程在很多时候并不完全是受具体预先计划的学习目标和成功标准的引导，而是同时也受到远景式的形成性目的的引导。在学习信息收集的文本选择阶段，林老师考虑到了预先确定的单元目标以及文本的教育教学价值。在信息阐释和使用阶段，教师在实践中运用目标和标准也并没有拘泥于预先计划的学习目标和标准，而是参照不同来源的学生学习证据，在促进学生发展这一形成性目的的引导下，提供和讨论各种教师认为可能对学生发展来说有用的知识和标准。教师的形成性评价过程大致可以做如下描述：教师以计划性目标和标准起点设计学习任务（选择文本），按照计划的目标与标准完成信息的阐释和使用，但同时课堂这个信息场产生的各种信息又可能激活教师脑中非计划性的目标以及相关的知识，使得教师评价偏离计划任务目标和标准的轨道，提供与非计划目标和标准相关的知识输入或与学生共同协商构建的目标与标准知识。这一过程看似背离了既定目标，但实际上教师评价实践本身就遵从两种类型的目标：显性的计划性目标与标准和隐性的非计划性目标与标准。当教师背离计划的目标和标准时，实际上只是按照隐性的目标展开形成性评价过程而已。例如，教师看到新词汇，刺激到隐性目标浮现——丰富学生语言知识——由此目标唤起对学生词汇知识的判断

——他们不知道——基于这一判断，提供词汇扩展。因此整个过程为根据隐性目标对学生知识进行判断（只是判断的信息不产生于当下）——学生需要——于是提供词汇扩展。再例如，学生的表现超过了计划目标和标准的范围时，教师收集到的学生学习信息刺激教师对其中涉及的目标和标准进行思考，与学生进行讨论，教师与学生互相协商和构建新的目标和标准。本书发现，目标和标准不是在评价过程中变化，而是隐性目标和标准在执行计划目标和标准的过程中，受到课堂信息场中的信息刺激得以凸显，从而展开了一场以隐性目标和标准为核心的形成性评价过程。这一过程之所以会出现，是因为除了计划性的目标和标准之外，教师整个评价行为还受到总的促进学生发展的形成性目的的引导。

4.2.3 形成性评价实践活动理论模型

4.2.2 评价过程理论模型很好地再现了信息收集、阐释及使用与形成性目的、学习目标与标准的互动关系，但无法呈现评价主体的复杂性和社会文化语境对评价过程的影响。活动理论模型弥补了过程理论模型的这一不足。本小节将分析和表述基于林老师形成性评价实践数据构建出的英译汉课程活动理论模型。

在图 4-4 中，主体包括教师的多元身份：评价者、教师、专家、学习者、研究者、社会和家庭成员身份 / 学生的目前和将来的身份；中介工具包括软件工具（课件呈现的原文、译文、学习目标和成功标准）和抽象工具（包括对翻译学科、评价、学习的认知等概念工具和课堂点评、问题以及与学生的互动等课堂活动）；客体指的是由学习证据表达的学生的学习现状；结果指的是教师或教师与学生实践的评价活动转化的学习的提升与身份的再协商；共同体包括学科、学院、大学的教师与研究者共同体，翻译实践共同体、家人与朋友社会共同体；规则指的形成性评价的社会文化语境中的合法要求和期待；分工指不同教师身份与学生身份之间的分工以及不同教师身份之间的分工。

总的来说，这些要素可以分为活动理论模型的基本单位和社会文化语境。

4.2.3.1 活动理论模型中的基本单位

活动基本单位由主体、工具以及客体（成果）构成。

首先，就活动的主体而言，林老师形成性评价活动的主体涉及主体的多重身份。

（a）作为教师的林老师

在整个翻译教师共同体以及林老师所在学院教师共同体中，笔译课程的教师往往不是专门翻译学专业出身的教师，大多数翻译教师的专业为文学和语言学等。这些教师在教授翻译课程的同时，还需要教授其他语言文学类课程。以林

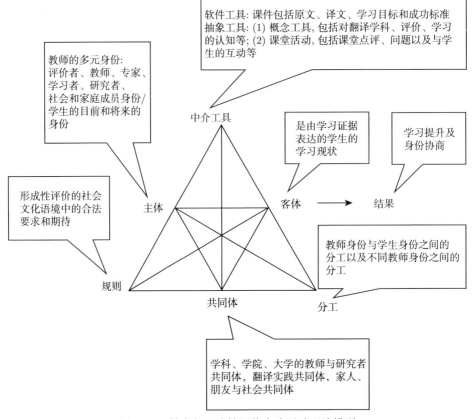

图 4-4　林老师形成性评价实践活动理论模型

老师为例，林老师从本科是英语语言文学专业，硕士到博士后期间从事的都是英美文学研究。在林老师作为教师的教学生涯中，林老师教授过笔译课程、口译课程、文学课程以及其他语言类课程，而且林老师在口译和口译教学方面的经验相对笔译更为丰富一些，出版过一本口译教材。由此可见，林老师作为教师的身份本身也是多元的，这和以往研究中，学科教师的学科身份有着明显的不同。以往形成性评价研究中的教师为单纯的学科教师：数学教师、科学教师和语言教师，而在本个案研究中林老师则具有不同性质、不同课程的教师身份，虽然这些课程之间的界限并不属于强课程分类。教师身份本身的多元使林老师在履行自己作为教师的职责时体现了自身的特点：在整个形成性评价过程中，林老师的文学、口译和语言教师的身份较为凸显，在笔译课程中，这三方面的横向反馈内容较多。

（b）作为评价者的林老师

本书的数据显示，除了上述通过对学生的趋近型评价引发学生对标准的注意以及通过评价性的语言给学生"贴标签"（在形成性评价中，教师会对学生的表现进行赞赏和批评，给学习者贴标签），如"你们已经可以出徒了"之外，林老师对评价者的身份还有一种特殊的运用：与学生协商终结性评价的方式。在本个案评价中，即使是在终结性评价的部分，林老师与学生的关系也不是完全的权威式的。林老师会征求学生意见，决定这门课讲什么内容以及如何计算这门课程的成绩，希望在可行的范围内提高学生的成绩和绩点。在这里林老师似乎是利用了自己作为评价者身份的权力，在公平的前提下，尽量为学生未来找工作和评奖，也就是学生的福利考虑，体现了作为关爱学生的教师、家人或朋友的身份。这说明教师的各种身份之间是互动的、相互支持和渗透的。这种方式有可能会增进师生之间的亲密度和信任感。同时这也表明，即使当林老师作为评价者的时候，师生之间的关系也不一定是一种等级结构关系，在接受教师的意见的同时，学生也可以是一个协商者。

（c）作为内容专家的林老师

林老师作为内容专家在评价过程中的表现主要体现在：（1）作为一个有翻译实践经验的教师，林老师实践示范；（2）作为一个有经验的笔译者，传授翻译过程中的经验与规则，如查字典和译后朗读以及一些行业的规范；（3）对翻译产品进行分析和批判。林老师不仅仅呈现学习目标和成功标准，有时还探讨和分析成功标准，并给出示范，也就是说教师不是仅仅强调标准，而是要探索任务质量标准，以及质量标准如何在教育环境中被理解。当林老师以内容专家为身份出现在评价过程中时，师生是一种师徒关系，"在这种关系中，教师创造空间，学生以弟子的身份在其中展开学习，发展实现规则、参与实践评价标准的协商"。正如，萨德勒（1989）指出的，质量标准无法通过"言传"被理解，而是在实践中通过具体事例"捕捉"。

（d）作为学习者的林老师

个案研究中，林老师常常以学习者的身份出现在评价过程之中。林老师作为学习者的身份在很大程度上是由翻译学科的性质决定的。林老师自己认为：在翻译实践中，没有最好的翻译版本，每一个翻译版本都有值得学习的地方。翻译产品的这一特性使得，每一个翻译产品都有改进的空间，而翻译实践本身是一个不断打磨和提升的过程。宏观上，翻译实践能力永远有提升的空间；微观上，每一个译文都有改进的空间。因此，作为翻译教师需要永远处于学习状态之中。除此之外，很多时候学生的表现往往超出教师的预期，突破教师的知识边界，要求教师和学生一起共建新的知识，推动真实的教师的自我学习。林老师作为学习者的具体表现包括与学生讨论译文的质量、目标和标准，更新教学材料等。

（e）作为研究者和社会成员的林老师

除了普赖尔和克罗苏阿尔德（2008）提出的教师、评价者、内容专家和学习者四种身份之外，本书的数据显示，在林老师的评价过程中体现出了其作为研究者和社会成员的身份，对评价过程产生影响。作为研究的林老师，其学术背景是文学背景，其主要研究集中在文学研究方面，几乎没有从事翻译方面的研究，也很少阅读翻译理论方面的书籍。林老师的这种研究者身份，使得林老师处于科研责任和教学责任的张力之中。林老师的应对办法是将文学研究中一些翻译带入翻译教学中。作为社会共同体的成员，教师的评价中会涉及日常的交流，如"新西兰很美，去欧洲带张卡就很方便"。这些非学科内容体现了教师作为社会成员作为一个普通人的身份，而以这种朋友似的普通个人的身份交流，可能会有助于教师与学生之间平等关系的建立，有利于轻松的课堂文化的建立。

其次，就工具而言，林老师形成性评价活动中所使用的工具包括软件工具和抽象工具。其中软件工具主要为教师制作的文化制品——PPT 课件，其中包括各种翻译的原文、译文、目标和标准等内容；而抽象工具则包括概念工具和课堂活动两种类型。概念工具包括教师对翻译学科的认知、对评价的认识以及对翻译教学（学习）的认知；而课堂活动则主要包括教师的课堂点评、问题以及与学生的互动。概念工具在很大程度上决定了软件工具以及抽象工具在课堂活动中的形态，而软件工具在 4.1 节已经有详细的说明。因此，本部分将主要介绍林老师在评价实践中所使用的概念工具：对翻译学科本质的认识、关于评价的认识和知识以及对翻译教学／学习的认识。

（a）概念工具之对翻译学科本质的认识

学科本质的认知对评价过程的重要性不言而喻。个案数据显示，林老师对翻译学科的性质的认识主要包括但不限于：

（1）翻译无处不在；（访谈片段－ FT3: 39:13-40:10）

（2）翻译是一个杂学，需要百科知识；（访谈片段－ FT3: 39:13-40:10）

（3）翻译者有公共责任；（访谈片段－ FT3: 39:13-40:10）

（4）永远不可能有最好的译文；（访谈片段－ FT3: 26:42-28:06）

（5）翻译是一个创造性的工作；（访谈片段－ FT3: 42:10-44:29）

（6）翻译的工作是没有办法选择的,有难有易。（访谈片段－:FT3: 57:13-58:29）

教师对翻译本质的上述认识，在很大程度上影响了教师对翻译文本的选择和任务的开发。同时，在反馈的阶段，这些关于翻译本质的话语也常常以教师评论的形式传达给学生。简单来说，教师的评价过程体现了教师对翻译本质的认识。

（b）概念工具之关于评价的认识和知识

如 3.2.4 小节所述，选择林老师作为研究对象的一个主要原因在于，林老师声称自己所采用的评价方式为过程评价并且认为这种过程性评价存在以下三大优势。

（1）在终结性评价方面，过程评价可以更加科学地测量学生成就，反映学生的学习状况。

（2）在学习行为方面，通过频繁的小测试，利用评价的利害性，可以督促学生平时学习。

（3）在认知层面，这种方式可以帮助学生更好地内化学到的东西。

过程评价的第一个功能涉及林老师对评价效度的认知。第二个功能涉及利用评价调节学生的学习动机和行为。第三个功能是涉及学习的理论，将评价本身作为学习过程，促进学习的发生。上述林老师对过程评价的描述显示，林老师的过程性评价相当于评频繁的迷你终结性评价。虽然这种评价是否可以称为形成性评价存在争论，但它确实影响了林老师评价活动的设计与开发。

（c）概念工具之对翻译教学／学习的认识

教师的个人理论或教学信念是影响教师形成性评价实践的另一因素。数据显示，林老师的英译汉课堂教学理念主要体现在如下四个方面。

（1）"……学以致用……"（访谈片段－ FT1: 39:13-40:10）

（2）"……每一堂课有一个中心议题……"（访谈片段－ FT3: 46:18-48:05）

（3）"……句子练精，再学篇章……"（访谈片段－ FT3: 46:18-48:05）

（4）"上课是提炼，学生实际翻译中有直觉……"（评价片段—KT4: 3:03-3:10）

上述教学理念不同程度地对评价过程产生了形塑作用。理念 (1) 促使教师选择生活中的或实用性的文本作为评价任务；理念 (2) 促使教师以具体的知识和技能为单元组织材料；理念 (3) 促使教师选择的文本中大部分为句子。理念 (4) 对整个过程都产生形塑作用，下面我们将对这一理念及其影响进行分析。提炼是指从学生学习证据中挖掘出共性的东西，提炼成概念，与学生分享，帮助学生找到概念化的方法，提升学生的翻译意识和翻译能力。这种教学的信念与许多翻译教育者倡导的教学思路十分一致。学者金圣华（2000）指出，翻译工作坊教学法是教师结合教学的需要布置翻译任务，或者由学生自己选择翻译任务，再由学生自讲自评、集体讨论、教师参评、总结，并进一步理论升华。对实物数据的分析发现，教师提炼不仅仅会针对学生的表现，还有对翻译目标和标准以及自己翻译经验的提炼。在呈现了大家提出的各种标准原版之后，林老师提炼出通顺与忠实的基本标准。根据自己的翻译经验和思考，林老师提炼出了"不破不立""不在字典中收录的词不可以使用"等这样的翻译技巧和原则。

林老师的"教学就是提炼"的信念，在评价过程中体现得也十分明显。在信息收集阶段，教师对材料的组织安排以具体的知识和技能为组织单位，这本身就是一种提炼的组织方式，一个单元所有的例子的共性在于它们都支持同一个知识或技能类别。在信息阐释阶段，林老师倾向于寻找那些原文中的翻译难点和译文中可以体现翻译亮点的地方。在输入阶段，在纵向提升型反馈中，教师往往喜欢提供自己提炼出的经验，讨论和示范自己的翻译作品和过程，并提供自己总结出的一些可操作性强的经验，比如"不破不立""不在字典中收录的词不可以使用"等。除了对评价过程的形塑作用之外，本书还发现，教师的教学理念并不一定会转化为教学实践，教学理念在评价过程中的落实程度受到教师学科内容知识（包括陈述性知识和程序性知识）的调节。数据显示，虽然林老师认为教学是提炼，但整体来说，提炼集中在技巧和策略层面，理论层面的提炼并不多。这与林老师本身的学科内容知识构成是一致的。

（d）概念工具之翻译学科内容知识

翻译学科具有很强的实践性，因此翻译学科的内容知识包括陈述性知识和程序性知识两大类型，而翻译教师作为内容专家应该掌握这两种类型的知识。翻译学科的陈述性知识指与翻译相关的由翻译领域内共享的知识。由于翻译实践本身的复杂性，翻译陈述性知识在理论上是包罗万象的。翻译教师都很难掌握所有这些知识。由于教育经历和生活经历的不同，教师的陈述性知识的构成有所不同。对林老师的研究的发现，林老师的陈述性知识构成具有一定的特点：（1）具有丰富的文学，特别是英美文学知识，出版了文学方面专著，发表了文学方面的论文；（2）林老师具有多年的口译教学和实践经验，出版过商务口译教材一部，对口译的知识了解较多；（3）林老师学习语言和教授英语多年，具有丰富的英语语言知识；（4）林老师具有多年的翻译教学知识，但林老师坦诚对翻译理论的接触不多；（5）林老师具有一定的生活常识和经验。翻译学科程序性知识是指翻译教师从事翻译实践的经验和能力。在翻译领域内，这种能力包括两个相互联系的子知识类型：口译程序性知识和笔译程序性知识。数据显示，林老师的口译程序知识经验较笔译经验更为丰富。

林老师的上述学科内容知识构成，整个形成性评价评价过程具有明显的形塑作用。在信息收集阶段，林老师的文学文本居多。在课堂上还常常主动提供口译中的范例以及日常生活中的例子让学生翻译。文献和本书数据都显示教师应该会选择自己所做的翻译作为翻译教学的选材，但这一点，在林老师的翻译课程中也没有突显，林老师的选材中自己翻译实践过的材料并不多。其原因之一：林老师是英语文学专业毕业，从本科一直读到博士后，从事都是文学研究，没有从事职业翻译的时间、精力和动机。虽有多年笔译授课的经验，但职业化的笔译实践经验并不多，因此无法选择大量自己实践过的翻译作为授课材料。但在可能的情况下，林老师还是十分愿意以自我为教学资源，比如分享自己直接或间接实践过的口译文本作为笔译教学的材料。在信息阐释阶段，教师选择和运用的目标和标准，与教师的知识和技能倾向的关系也十分密切。课堂中产生、出现的信息从某种程度上就像是金属屑，而教师的知识和技能倾向就像是磁铁，常被捕捉到的学习点，往往是教师知识和技能中的强项。教师最有把握，掌握最好的知识磁力最强，相应的信息会被教师捕捉。比如林老师最常使用的标准是信、达、雅，偶尔也会以英语专业学生，或职业翻译的目标为参照，而以此为参照时主要强调的还是语言的准确性和工作态度，很少涉及对于雇主要求、实际沟通等方面的内容去进行信息的捕捉。这在一定程度上也反映了教师知识和技能构成的特征。

在信息使用阶段，林老师的横向扩展型反馈中反馈的主要为文学、口译、语言和百科等方面的陈述性知识；林老师的纵向提升型反馈中，翻译理论提升的内容较少，为数不多提到翻译理论的地方也多为口译中的释意派理论。林老师的课堂话语中涉及翻译理论的只有归化异化等翻译理念。相对而言，林老师的翻译理论输入部分比口译、文学、语言和百科知识的输入要少很多。另外，虽然是笔译课程，教师的回应内容常常会联系到口译的知识，并向口译的释意派理论方向进行提升。在翻译这种答案为开放型的任务中，提供实践示范是非常好的反馈形式。但是，采用示范的形式，特别是教师示范的形式进行反馈，在林老师的评价过程中没有十分凸显。因为林老师本身的并没有时间和精力从事翻译实践的工作。不过虽然实践经验不多，在可能的情况下，林老师都十分愿意以自己的翻译实践经验为基础展开形成性评价过程，选择自己实践过文本作为翻译任务，与学生分享自己翻译实践的经历、感受和感悟。

由此可见，林老师的学科内容的知识构成在整个形成性评价过程中都得到了强势的体现。在整个评价过程中所涉及的存在感高的知识类型与教师的陈述性内容构成中的强项是一致的。从某种意义上说教师的知识和技能是血肉，评价过程的三大步骤是骨架，教师的内容知识决定了评价每个步骤的内容和内涵：选择什么样的文本、参照什么样的目标和标准，扩展和提升什么样的知识。由此可见，评价过程的内容，很大程度上是由教师学科内容知识决定的。需要指出的是，教师内容知识之所以可以如此强势地体现在整个评价过程中与翻译课程的性质有关。英译汉课程基础课程在课程编码上属于弱分类强架构课程，弱分类使得在英译汉课程中各种知识之间的边界并不是十分清晰，各种内容的知识在英译汉课程中出现都具有一定的合理性。而强架构使得教师有权利选择教什么内容以及什么时间教。

因此，学科和／或性质决定了形成性评价实践在理论上的可能性，而教师内容知识则决定了它在实践中的最大可能性。

最后，林老师形成性评价活动中的客体指的是由学习证据表达的学生的学习现状，而结果主要指在中介工具的作用下由客体转化而成的学生翻译学习方面的进步，包括英译汉能力的提升、翻译习惯的养成和译者身份的形成等。形成性评价活动的总体目标是促进学生的学习和发展。然而，学生的学习和发展是一个复杂的过程，每一个群体，群体中的学生的学习情况都是不一样的，学习是一个非常个人和语境化的过程，并不是以直线方式进行的。客体的这种不确定性决定了教师会根据学习的情况不断地调整自己的评价行为，包括教学材料的更新，以及根据学生的表现调整学习的目标和标准等。

4.2.3.2　活动理论模型中的社会文化语境

活动理论模型中的社会文化语境由共同体、规则和分工三个部分构成。

本书的数据显示，就共同体而言，林老师是在一个复杂多元的共同体中实施形成性评价的，这个共同体不仅包括传统的学科课堂中的教师和学生，还包括更广的学校和社会文化语境中的要素，如林老师作为教师所在的大学教师共同体，林老师作为外语教师所在的外语学院教师共同体，林老师作为翻译教师所处的翻译行业和翻译教育共同体，以及林老师作为家人、朋友和社会人所处的共同体。这一复杂多元的共同体规定了其成员的责任分工和基本准则，从而影响林老师的形成性评价实践样态。

林老师所处的大学教师共同体、大学外语教师共同体和大学翻译教师共同体对教师提出了成文或不成文的规则要求和责任分工。林老师所在的大学和学院在课程安排上并没有过多的制度性要求，林老师可以在履行教师和评价者责任时决定教学的内容和考评的方式，这为林老师充分发挥自己的主观能动性提供了空间。如林老师不采用固定的教科书，可以选择不进行期末考试，而采用"过程性评价"的方式等。

但是这一包括学生在内的共同体都有一种隐性的期望（传统）：希望学生可以在全国性高利害终结性评价中取得好成绩。这一隐性的期待（规则）促使教师在课程中融入备考的内容，规定了教师还有为学生考试进行准备的责任，规定了学生有考学的责任，实现了教师和学生之间的劳动分工。与翻译相关的高利害性评价有语言能力测试中的翻译部分（大学英语六级考试、英语专业八级考试、研究生入学考试等）。在林老师的形成性评价过程中，英语专业八级考试中的翻译部分对林老师的评价过程的形塑作用最大。在信息收集部分，林老师的为数不多的篇章翻译中大部分是专业八级考试题，而选择的原因有二：复习考试且试题质量较高。在学习信息阐释部分，林老师和同学分享和解释了专业八级翻译的评分标准，并指出："在讲八级题目的时候还要不断给他们渗透一下本科阶段教学大纲是怎么规定和要求的。"在信息使用部分，林老师按照评分标准，对学生的表现进行了集体的反馈。林老师的这种形成性评价实践实际上就是"终结性评价的形成性运用"（Black et al., 2003），且体现出了两个主要特点：首先，本书的研究结果显示，在高校工作的林老师对八级翻译的态度是比较积极和正面的，高利害翻译测试并没有引起林老师的反感。其次，林老师对这种高利害翻译测试的运用方式是为考试做准备，在课程中间隔一段时间，穿插一个八级考试的翻译任务，并没有导致整个课程为考而教。

本书表明对于高利害的终结性评价，教师在情感态度上并不一定持否定态度，高利害评价也不一定对教学造成产生不良影响，导致整个课程为考而教。对于高利害终结性评价的态度和其可能造成的影响取决于教师对考试质量的认知和教师自身的能力。林老师本身对这一考试的质量比较认可，认为由专家选择的翻译段落原文和译文的质量有所保证。在翻译教育领域，为考而教的后效并未如语言测试一样受到过多的负面批评，甚至有学者指出建议将八级考试中的无主题短文翻译作为培养学生翻译能力的主要手段（薄振杰，2011）。这与语言测试中情况形成了较为鲜明的对比。而这种差异的原因可能在于翻译学科由于其本身特性，其主要实践形式是双语之间的翻译，高利害测试的信息收集工具的效度比较高，只要文本选择的质量较高，其本身就是较好的学习工具，同时也可以帮助教师获取学生学习的证据。另外，在分析译文的阶段，林老师本身还敢于对译文提出挑战，与学生一起对译文进行分析和讨论，将为考而教变成了一个有利于学生学习的评价过程。林老师的评价实践表明考试文化或终结性评价对实践的负面影响并不是确定的，它的影响很大程度上受考试本身质量以及教师自身能力的影响。

学院和学科共同体对于林老师的具体教学内容没有制度性的要求，但对林老师的工作内容提出了明确的规定和要求。在大学外语学院共同体中工作的翻译教师与中小学学科共同体中的教师有所不同，也与其他大学其他学院共同体中的教师也有所不同。与中小学教师相比，大学翻译教师在分工方面除了教学责任之外，还有科研任务；与其他专业大学教师相比，翻译教师的教学与自己的专业往往并不匹配，由于翻译作为一门专业建立的历史并不长，大学翻译教师中很大一部分为语言学、语言教学和语言文学专业的毕业生，他们的教学和科研之间的张力显得尤为突出。除此之外，即使在教学工作分工方面，除了翻译课程之外，翻译教师往往还要兼授其他课程。简言之，翻译教育所处的社会语境，使得作为英译汉课程中形成性评价主体的翻译教师具有了多重身份，而评价过程受到这种多重身份之间张力的影响。

大学教师共同体对教师提出了多重身份的规则要求，这种多重身份规则要求在翻译教师身上更为凸显。为了能够在高校生存，除了一般高校教师的科研与教学双重角色之外，高校翻译教师还需要承担其他课程的教学任务。因此，一个高校翻译教师所在的共同体一般规定翻译教师需要有两重身份：教师和研究者。除此之外，翻译教师还可能需要处理其他身份责任：其他课程教师（文学教师、口译教师以及其他语言教师）、本专业研究者以及翻译专业研究者。由此可见，在形成性评价这一活动系统中，作为活动主体的教师分工不仅局限于教师和学生之间，还存在于教师的不同身份之间。翻译教师处于这种多重分工责任的张力的拉扯之中，使得翻译教师必须在各种身份责任之间作出协调、取舍或抉择。考虑到"翻译学科的尴尬地位"，具有其他专业背景的翻译教师往往不选择投入大量精力进行翻译方面的研究。

面对这种身份责任张力，林老师的回应方法是尽量将自己的专业、科研与翻译教学密切结合起来——进行自己研究领域的翻译——将自己专业学习中翻译的材料运用到翻译教学之中，这是在目前的环境中"最可操作的一种方法了"。但实际上，这还是从很大程度上潜在地影响了林老师形成性评价实践。虽然选择自己翻译过的材料进行教学非常符合形成性评价要求，可以向学生展示整个翻译的过程，分享翻译过程的种种体会，但是在整个课程实践过程中，这种材料的比例是非常低的，因为教师没有时间，也没有很强的动机去从事更广范围内的翻译实践的工作。这一点是可以理解的，因为作为个体的教师无法不考虑自己个人的发展。

本书的数据显示，林老师是一位十分受学生欢迎、教学态度非常认真、具有奉献精神的教师，每学期都更新自己的教学材料、补充翻译方面的知识。但是，在非常有价值地选择自己实践过的翻译材料作为教学材料方面，林老师并没有受到制度层面的支持，而是在制度的夹缝中求生存。这种制度上的双重要求将教师置于多重张力之中，而这种多重张力使得教师的发展与学生的发展之间的矛盾凸显出来——一方面，为了提高教育评价质量，应该多从事翻译实践工作；另一方面，为了科研与职称，必须要放弃翻译实践工作。多重身份对教师提出考验。要求教师在自我发展和学生发展之间作出一定的妥协和牺牲。由此可见，共同体的规则和分工调节着教师发展与学生发展之间的张力，影响翻译教师知识获取的方向和重心，从而影响了翻译教师的知识结构，最终影响翻译教师在课堂上的形成性评价实践。

除了学院和学科共同体之外，教师还处于家庭共同体、朋友共同体以及更大的社会共同体之中。这些共同体也会对作为活动主体的教师和学生有一定的规则和分工要求，从而影响整个形成性评价活动系统的样态。除了教师和学生的身份之外，教师和学生还是家庭共同体、朋友共同体和更广的社会共同体的成员。作为隐性的社会人、家人和朋友，在课堂中教师和学生常常会将自己在家庭生活和社会生活中的自我带到课堂之中，进行非学术的交流。当林老师作为社会成员的时候，教师和学生的关系也较为平等，教师不是知识的传授者，而是一个平等的交流者，交流对于社会、生活的看法和经验，学生的身份也转变为社会成员。这种关系对于构建互信的课堂文化和气氛比较有帮助，但对于学生的直接的认知技能的发展并没有太大帮助。

从上述对英译汉课程教师形成性评价活动理论模型中各个要素的分析可以看出，这些要素之间是密切相关，互为中介的（Cheng, 2011）。活动理论系统可以帮助教师和研究者更加全面深刻地分析和反思教师现在和过去的实践，指明未来实践的方向。这一框架在"教学实践—反思—进一步教学实践—进一步反思"的循环中特别重要。对于新手教师而言，这一循环可以从对其他教师的实践的"反思"开始（Cheng, 2011）。

4.3　林老师形成性评价实践的学习理论基础

教师的形成性评价实践是有学习理论基础的，且现有的形成性评价的定义既支持行为主义学习理论，也支持社会建构主义学习理论。形成性评价实践学习理论基础研究的目的是明确具体的评价实践与学习理论的关联。研究结果在为形成性评价实践提供学习理论支持的同时，也为教师开发、实施评价实践以及论证形成性评价的效度提供了启示性的参照。

4.3.1　学习目标与成功标准选择的学习理论基础

目标与标准是评价的核心要素，其选择是形成性评价过程的中心环节。分析显示，林老师的目标与标准选择实践是有行为主义和社会建构主义学习理论基础的。

4.3.1.1　学习目标与成功标准选择的行为主义学习理论基础

从学习目标的内容来看，行为主义学习理论更适用于解释一些基本技能或习惯性行为的发展（James, 2006）。林老师在目标的选择方面体现了较重的行为主义学习理论色彩，选择的学习目标绝大多数为翻译的基本知识技能和习惯性行为目标。林老师呈现的职业素养中"应勤查勤用词典"和"不断总结与完善"都是习惯性行为的成分。林老师的具体实施的课程目标中，更是以基本的技能为主：第四章和第五章的名称为翻译技巧，涉及的具体技巧包括增译法、省译法、词类转换法、正反互译法语态变换法和拆译法，第二章和第三章章名为英汉语言对比和词语的翻译，其实质内容还是如何将这些知识内容运用到翻译实践中的基本技巧，第六章（常见句型的翻译）和第七章（翻译的难点）也是如此。

除了学习目标的内容与行为主义学习理论的契合之外，更能体现目标和标准行为主义理论基础的是整个课程中学习目标和标准的组织方式。行为主义学习理论认为知识可分解成层级式结构的独立的单元，通过逐渐掌握整体知识的各个部分逐渐掌握知识的整体。在课程计划方面，体现为先介绍基本技能，再引入复杂技能。在基于行为主义学习理论的掌握学习模式中，学习被分解为小的学习单元的形式进行，一旦一个学习单元的教学结束之后，即可进行以纸笔测试为主要形式的形成性评价。在林老师的英译汉课程中，学习目标和标准的安排主要也是采取了这样的组织方式。英译汉课程的翻译知识技能目标被分解成为不同的单元，教学和评价以单元为基础组织和推进，在完成一个单元的教学和评价之后，再进入下一个单元的学习和评价。如先学习完英汉对比知识之后，再学习词语的翻译，再到翻译的技巧和句子的翻译技巧等。在每个单元的具体技能目标也是按先后顺序的方式组织，学习完一个技巧如"增译法"之后，再学习"省略法"。对林老师的课堂观察也显示，在实际的课堂教学过程中，林老师也是遵照了这样的顺序安排。在成功标准方面，林老师也提出了类似的顺序要求。林老师主要采用了信、达和雅的评价标准，但同时也强调在本科和英译汉课程所涉及的阶段，主要还是以忠实和通顺为主。由此可见，在成功标准的选择组织方面，林老师也是遵循了一种循序渐进的，直线的发展模式，认为在总体上，先应该做到了忠实和通顺，才能谈到雅的境界，体现了行为主义学习理论的特点。

不过需要指出的是，这种学习目标和标准的理想组织和安排虽然具有行为主义学习理论的特点，但实际上是一种较为粗糙的行为主义学习理论。因为虽然学习目标和成功标准按照单元进行了组织，在实践中按照单元进行了实施，但是各个单元之间、单元中不同技能之间以及不同的成功标准之间并非是严格的层级关系，只有在其一完成之后，才可以进行下一个。换言之，在翻译实践和教学中，这种顺序不是一以贯之严格执行的知识技能习得顺序，学生往往在课程的初期就表现出课堂后期才安排的技能和策略或更高级的策略，在学习翻译不久后，就有可能产生不仅忠实，而且顺和雅的翻译作品。

4.3.1.2 学习目标与成功标准选择的社会建构主义学习理论基础

除行为主义学习理论之外，林老师的目标和标准选择也体现了一些社会建构主义的学习理论成分。建构主义学习理论适合解释某一主题领域中对概念结构和处理策略的深度理解，强调的是在学生现有知识（概念结构和处理策略）的基础上构建知识。有时候学生往往可以在单个翻译达到信达雅并存的状态，甚至在顺和雅方面做得更好。换言之，学习在成功标准方面，并不是按照直线或顺序的方式发展，不一定要在达到忠实的基础上才能够达到顺和雅的境界，有时候忠实甚至是更难达到的，所谓"不忠的美人"就是这个意思。在具体的翻译实践中，成功标准或质量标准的三个目标的达成往往是曲线的、甚至是无规律的可循的、独立的。因此，教师的教学和评价的实践中，实际上并没有完全遵守信、达、雅的顺序，而是在其中任何一个质量标准出现时，予以及时和实时地捕捉和评价。也就是说，就信达雅而言，在具体评价过程中，它们的组织顺序并不是由低到高或由易到难，而是平行排列，在任何一个标准在作品中凸显和出现时予以及时的评价，而这种凸显实际上体现了学生当前的知识状态。这体现了明显的社会建构主义学习理论中认知建构主义的特色，即标准的选择和确定是基于学生现有的理解和处理策略。具体的技能目标的评价实践也体现了这一特点。在具体的教学实践中，学生的表现往往超越教师安排的单元的要求。这时候，教师也是根据学生现有的知识水平进行评价。另外，在具体评价实践中，根据学生翻译作品呈现出的质量特点，展开相应的评论和／或与学生进行讨论，与学生协商评价的目标和标准，体现出社会建构主义学习理论强调的师生互动的特点，

4.3.2 信息收集（翻译文本选择）的学习理论基础

学习信息收集是信息阐释和使用的前提，其本身具有巨大的形成性潜力。在翻译评价中，信息收集的主要手段是教师选择的翻译文本。分析显示，林老师的翻译文本选择实践是有行为主义和社会建构主义学习理论基础的。

4.3.2.1 翻译文本选择的行为主义学习理论基础

从行为主义学习理论的视角来看，对学生学习的评价适合通过学生没有见过的计时测试实施，测试题目来自技能层级中的相应级别。为评价学生对所学知识的掌握，林老师总共安排了 5 次测试和 5 次任务，5 次测试与 5 次任务中的翻译题目都是学生没有见过的。5 次测试和任务所选择的任务包括词语、句子和篇章。除 5 次较为正式的测试和任务之外，在具体的单元学习过程中，林老师设计了针对具体翻译技巧的练习。这些文本的选择和安排体现了行为主义学习理论的部分思想。

文本选择的研究显示林老师在选择文本时会考虑到文本的形式和篇幅，所选的文本包括词、句和篇章，文本的大小从 2 个字的词，到 500 字的篇章不等。但总的来说，林老师选择的词和句子的比例远远高于选择篇章的比例，其中句子的比例最高。对此，林老师的解释之一是：句子是意义的最小单位，所以先掌握了句子的翻译之后，再过渡到篇章，强调句子之间的衔接，更符合本科翻译教学的要求。林老师的访谈显示，林老师认为从词、到句再到篇章是一个循序渐进的发展路径：学生先掌握了词的翻译、再练习句子的翻译最后再到篇章的翻译，这体现了行为主义学习理论的思想，在掌握了简单的技能之后，再学习更为复杂的技能。

文本选择的研究还显示文本的难度是林老师文本选择的另一考量因素。关于翻译文本的难度，一般观点认为教师应该选择具有适当的挑战性的文本，这样对学生的学习效果和动机比较有利。但林老师并没有致力于选择"适当"难度的句子，而是难和易的混搭。对此林老师的解释之一是：考虑到同一个班级学生水平参差不齐，这种难易混搭的文本有可能为不同水平的学生提供适宜难度的翻译任务。换言之，课程文本难度的难易混搭是为了配合学生水平的参差不齐，将文本的难度与学生的水平对应起来。这一点也体现了行为主义学习理论的思想：就学习环境而言，行为主义的学习理论暗示学生最好根据技能水平分班教学，或者根据学生个人的学习速度进行针对性的个人教学。在无法做到分班的情况下，选择不同的材料也是照顾不同学生水平的方法之一。

林老师翻译文本选择的特点体现出了比较重的行为主义学习理论的思想。以预先计划的学习目标与成功标准为统领性的选择原则，主要是为了通过不同的例子说明同一问题，给学生足够强高频率的刺激，促进学生对某个知识和技能的掌握，遵循的是刺激－反应的学习原理。

4.3.2.2　翻译文本选择的社会建构主义学习理论基础

除行为主义学习理论之外，林老师的文本选择也体现了一定的社会建构主义的理论的特点，虽然并不明显。建构主义学习理论强调学生脑中已有知识的重要性。从建构主义的视角看，形成性评价是教学实践中一个重要的不可缺少的组成部分，因为为了给学生理解知识结构提供支架并为其提供机会将概念和策略运用到新的环境中，必须首先（通过课堂对话、开放性的任务、有声思维活动和概念图）引出学生的"心理模型"。除了个别的词之外，林老师所选择的句子和篇章文本都属于开放性的任务，学生在翻译过程中，会提供各个不同的版本，表现了他们目前翻译知识和技能状态的"心理模型"。但是课堂对话、有声思维和概念图手段在信息收集过程中的运用较少。考虑文本作为工作对象、知识载体和激励工具的教育价值也体现了社会建构主义学习理论的思想。在建构主义学习理论中，教学不是传送知识，而是让学生投入积极的学习之中，在自己已有知识和理解的基础上构建知识。另外，在文本的选择上，林老师首先考虑的是要能符合单元目标，但在满足这一条件的前提下，林老师还会考虑文本作为激励工具的属性。这是为了让学生更好地投入学生互动和任务（翻译）中去，考虑到了学习任务的非认知的情感层面的因素，体现了社会建构主义学习理论对学习的社会和情感因素的关注。

4.3.3　信息阐释与使用的学习理论基础

学习信息的阐释和使用是传统形成性研究关注的重点，形成性潜力不言而喻。分析显示，林老师评价实践中信息阐释和使用实践是有行为主义和社会建构主义学习理论基础的。

4.3.3.1　信息阐释与使用的行为主义学习理论基础

从行为主义学习理论视角看，学生表现的阐释通常为正确或错误，不佳表现的弥补方式是在犯错的题目上进行更多的练习，有时候要对题目进行进一步解构或回到更基本技能的练习。刺激和反应之间常常用正面的反馈（通常以非具体的评价的形式出现）和对错误的纠正进行连接。在行为主义学习理论视角下，教师的角色是训练学生正确、快速地对教学进行反应。在这种学习观下，形成性评价是一个检查学生是否实现了教学目标，确认学生差距，提供反馈强化学生认知，帮助弥补差距的过程。

林老师的信息阐释和使用体现了较强的行为主义学习理论的特征。4.3.2 节显示林老师的反馈分为横向扩展型反馈和纵向提升型反馈，其中横向扩展型反馈包括口译知识、文学常识、语言知识和百科知识，而纵向提升型反馈则包括具体的操作建议、实践示范、目标与标准分享和理论提升。就横向扩展型反馈而言，其产生的机制主要是教师通过平时的观察预计学生缺乏口语、文学、语言和百科方面的相关知识，在课堂环境允许的情况下，通过自己的反馈帮助学生补充这方面对的知识。在这里，教师的主要任务还是传递知识，其背后的主要学习模式还是"教师说，学生听"，并没有由此与学生展开相关的讨论。因此，这种横向扩展式的反馈，从实践形式上看，主要还是以行为主义的学习理论为基础。就纵向提升型反馈而言，其行为主义学习理论的特征则更为明显，特别是在操作建议方面。操作性建议是最常见的纵向提升型反馈，即林老师在分析完学生译文之后，会给学生提供一些用于改进译文的操作性较强的建议，主要包括两种类型：查字典和大声朗读。这两类反馈的内容出现的频率非常高，在不同的翻译任务反馈中重复。这种高频率的反馈的目的在于不停地向学生灌输这种行为的重要性，帮助学生在翻译实践中养成"查字典"和"大声朗读"的习惯。这种实践方式属于行为主义学习理论中强调的强化反馈。其他的纵向反馈类型（实践示范、目标与标准分享和理论提升）也具有行为主义学习理论成分的要素，其主要特点与横向扩展型反馈一样，属于一种知识的输入，基本也是"教师说，学生听"的行为主义的模式。这些知识的输入往往是一次性的，教师也是希望这种输入"刺激"可以引起学生的"反应"。

4.3.3.2　信息阐释与使用的社会建构主义学习理论基础

除行为主义学习理论之外，林老师的信息阐释和使用也有社会建构主义理论的成分，主要体现在教师与学生针对译文质量展开的讨论以及教师反馈过程对于学生的正面的肯定。虽然出现频率不高，但教师和学生之间也有互动，就一个问题展开争论和讨论。这种讨论往往集中在什么参考译文的质量更好，或什么样的翻译产品质量更好。这种讨论往往是由学生对参考译文的质疑开始，而非教师主动提出。在这种互动中，学习成了一个社会化的过程，教师和学生的角色都成为学习者。信息阐释与使用的研究也显示，无论是计划性评价和还是非计划性评价，其学习理论基础既有行为主义的，也有社会建构主义的，只是非计划性评价的学习理论基础更倾向于社会建构主义学习理论。

4.4　本　章　小　结

本章从评价实践的分步实施、理论模型和学习理论基础三个方面呈现了本书的发现。分步实施的学习目标与成功标准选择方面，本书发现，林老师选择运用的学习目标可分为高计划性目标和低计划性目标，成功标准可分为高识别性标准和低识别性标准，且其选择过程体现出以下三个特点：学习目标与成功标准的选择体现了学习经验的继承性；教师根据自己实践经验选择呈现自己认为重要的学习目标和成功标准；教师倾向于在评价实践中选择比较容易评价的目标和标准。分步实施的翻译文本选择方面，本书发现，林老师的文本选择涉及来源、主题、体裁、形式／篇幅以及质量凸显性五大维度的考量并体现出以下三个特点：教师不以预先计划的学习目标与成功标准为统领性的选择原则；考虑文本作为工作对象、知识载体和激励工具的教育价值；文本选择是一个教育惯性的继承与突破相结合的过程。分步实施的信息阐释与使用方面，本书发现，林老师的信息阐释和使用主要可分为基于学期的教学调整以及教师反馈（包括横向扩展型反馈与纵向提升型反馈）并体现出以下三个特点：不以预先计划的学习目标和成功标准为统领性的原则；从功能的角度看，反馈的意义在于扩展知识、引发思考；从产生的机制看，反馈是教师知识与能力倾向的投射。在分步实施研究发现的基础上，本章进一步构建了三种层层递进、互为补充的形成性评价实践理论模型（包括分类框架模型、过程理论模型和活动理论模型），以将林老师的评价实践进一步概念化和理论化。在分步实施和实践理论模型的基础上，本章分析了林老师形成性评价实践的学习理论基础。分析显示，林老师的评价实践具有行为主义学习理论和社会建构主义学习理论的成分，且以前者为主，后者为辅。

第 5 章 研 究 讨 论

本章将从以下三个方面入手，对林老师形成性评价个案研究的研究发现进行进一步的讨论，即形成性评价实践的分步描述，形成性评价实践的理论模型，以及形成性评价实践的学习理论基础。

5.1 形成性评价实践的分步描述

本部分将林老师形成性评价实践分步描述的研究发现置于现有的文献背景中进行进一步的考察，分析讨论其与现有文献中相关结论与观点的相似与不同之处，与现有的研究进行对话，为其提供进一步的支持和／或补充。

5.1.1 学习目标与成功标准选择

就学习目标与成功标准的选择而言，本书提炼出了林老师课件分享呈现的学习目标与评价标准、评价实践中实际参照的学习目标与标准以及学习目标与成功标准选择的特点。下面将就这三个方面的研究发现，结合相关文献进行讨论。

5.1.1.1 课件呈现的学习目标与成功标准

实证研究数据显示，林老师以多媒体课件形式分享了职业素养目标、具体的课程学习目标和翻译产品成功标准。形成性评价的一个主要目的是让学生掌握学习目标和成功标准（Sadler, 1998; Torrance & Pryor, 2001），从而能够对自己的学习进行调节，成为一个独立、自主的学习者（Black, 2015）。从形成性评价的角度看，整个课程开始之前呈现宏观的学习目标与成功标准，在每一课堂开始之前呈现具体的知识和技能目标，属于非常典型的形成性评价实践：目标和标准的分享（Wiliam & Thompson, 2008）。它的形成性潜力在于以下几个方面。首先，与学生沟通了关于学习目标和成功标准的知识，可以提升学生对任务以及其背后原则的理解（Torrance & Pryor, 2001）。其次，远景式的目标，可能会为一些自主学习能力较强的学生制订学习计划提供方向。最后，美好目标的设置和描述也有可能刺激学生的学习动机，提升学生的专业认同感，对学生的学习情感产生积极正面的影响。不过，需要指出的是，在评价领域中，以这种方式呈现分享的目标，有时候会被称为壁纸目标（wallpaper objective）：学生将目标抄到笔记本上，然后整个课堂的其余时间，目标和标准被完全忽略（Wiliam, 2011a）。林老师的评价实践也显示，并非所有呈现分享的学习目标和成功目标都在评价实践中得到了运用。

5.1.1.2 实践参照的学习目标与成功标准

实证数据显示，林老师在实践中运用的学习目标可以分为高计划性学习目标和低计划性学习目标，运用的成功标准可以分为高识别性标准和低识别性标准。现有的文献中已经存在多种学习目标和成功标准的分类方式。就学习目标而言，现有文献中有复杂的目标和简单的目标、表现型目标和学习型目标以及认知目标、情感目标和行为目标等分类方式。这些目标分类方式是从目标本身的性质出发进行的分类。本书提出的高低计划性目标是从目标性质与教师课程开发关系角度提出的分类方式，与教师日常实践的联系更为紧密，分类是为了深化教师对目标性质的理解，从而更好地反思自己对目标的认知和掌握，更有效地设计和开发评价实践。就成功标准而言，现有文献中有明确的与模糊的标准、可言明的与不可以言明的标准、高显著性与低显著性标准以及显现的与潜在的标准。这些标准分类方式基本上也是从标准性质出发进行的分类，体现的是标准本身的属性。本书提出的高低识别性标准是一个相对的概念，将标准的性质与教师本身的能力联系起来，更加突出地强调标准的识别性高低与教师本身的专业能力密切相关。由此可见，高低计划性目标类属和高低易识别性标准类属的提出丰富了学习目标和成功标准的类型。

此外，翻译教育教学目标的研究发现，现有的文献主要提出了两大类型的翻译教育目标：通识教育目标和翻译专业知识目标。在翻译目标部分，林老师的评价注重翻译专业知识目标，而通识知识目标，特别是彭萍（2015）指出本科阶段的翻译课的"人文通识教育"元素在林老师的选择与运用的目标中没有凸显。在专业知识目标方面，林老师的学习目标主要集中在翻译语言知识和翻译技巧方面。在成功标准的部分，林老师的标准比较注重语言形式标准，对内容标准的关注不够。从来源上看，林老师对职业翻译领域内的标准关注较少，其标准来源主要来自于教育领域内的翻译家特别是文学翻译家提出的比较笼统的标准：信、达、雅。

林老师的不同类型目标和标准的选择与实践的形成性潜力主要体现在以下两个方面。首先，教师自己选择运用的高计划性目标有利于教师提前开发组织任务，实施计划性形成性评价，而围绕每一个目标可以安排不同的翻译文本（任务），从行为主义学习理论的视角看，有利于学生以系统的方式内化目标所涉及的知识和技能。比如对于双语知识的目标，教师不仅安排了大量材料予以阐释，而且多次参考，利于学生知识的内化。其次，教师选择和实践的学习目标和成功标准，将形塑学生对翻译的认识。例如，对双语知识的强调，可能会让学生形成翻译就是双语转化的观念，而对顺和雅的多次强调，则可能会帮助学生形成顺和雅更为重要的观点。

5.1.1.3 学习目标与成功标准选择的特点

实证数据显示林老师的学习目标与成功标准选择具有三大特点。

（a）学习目标与成功标准的选择体现了学习经验的继承性

林老师学习目标与成功标准的选择具有继承性。人们在从事任何活动的时候，都是依赖自己与之相关的活动经验。本书的实证数据显示，教师所选择的学习目标与成功标准，在内容上与其自身的学习经验密切相关。这虽然体现了学习经验的继承性，但是如果这种继承的内容在很长一段时间没有更新和发展则可能是因为继承的内容属于学科经典，不容有变，或学科本身没有进一步的发展，再或者是教师对学科新发展的了解不多。此外，林老师所继承的学习目标和成功标准，只是庞大的目标和标准体系的一小部分，特别是标准部分属于文学翻译家提出的翻译标准，对其他来源的标准几乎没有涉及。这说明，就翻译课程的形成性评价而言，教师，特别是非翻译专业背景的翻译教师而言，可能需要进一步扩展自己的学习经验，特别是专业学习经验。

（b）选择呈现和实践自己认为重要的学习目标和成功标准

林老师选择呈现和／或实践自己认为重要的学习目标和成功标准。这一发现在一定程度上支持了现有的评价文献关于教师评价目标的结论，即教师评价自己认为重要的目标和标准（Gipps, 1999）。但更有价值的问题在于教师如何确定目标价值。本书的研究结果显示，教师的实践经验扮演了很重要的角色，在很大程度上决定了教师对目标价值的认知。如对于"勤查勤用字典"职业素养的重要认知，就源于自己的实践经验。这表明如果教师自己本身的实践经验不够丰富，那么教师对目标价值的判断可能会存在偏颇。另外，本书还发现，教师只是呈现与分享了教师认为重要的目标和标准，但教师认为重要的目标和标准并不一定都在评价实践中获得同样程度的运用。例如林老师认为百科知识是重要的学习目标，但整个课程当中，并没有围绕百科知识展开教学和评价任务。教师认为忠实是最基本的标准，但是在整个课程中强调最多的还是"通顺"这一标准。由此可见，教师在实际评价中选择运用何种目标并不完全取决于目标本身的重要性。

（c）在评价实践中，选择运用易于评价的学习目标和标准

本书发现，教师倾向于在评价实践中选择比较容易评价的目标和标准。斯米

特（2005）指出"我们通常评论和提供反馈的都是那些易于观察的事物。扫一眼一篇习作，读者就会知道其是否干净整洁或是充满错误或涂改"。由此可见，目标和标准的不同性质会影响到其在目标和标准中的运用情况。杨华（2012）对大学英语课堂的行动研究还提出了知识型的目标和技能型的目标，并指出在大学英语课堂中，教师的评价中大部分为针对知识目标的评价，很少部分为针对技能型评价。遗憾的是，杨华（2012）并没有对这种重知识，轻技能背后的因素进行进一步的探讨。本书认为这可能是因为知识比技能更容易评价。林老师的评价也呈现出这一特点，其评价最多的内容是语言知识以及口译知识，因为这些内容对林老师来说比较容易评价。这也说明"易于评价"是一个相对概念，它与教师本身的知识和能力偏向密切相关。换言之，教师本身知识和能力在一定程度上决定了学习目标和成功标准易于评价的程度。这就要求教师提高自己知识和能力储备，最终使那些教师认为重要的学习目标和标准变成教师觉得容易评价的学习目标和成功标准。

5.1.2　学习信息收集（翻译文本选择）

就文本选择而言，本书提炼了林老师文本选择的考量维度和特色。下面将就两个方面的研究发现，结合相关文献进行讨论。

5.1.2.1　翻译文本选择考量维度

实证数据显示，林老师翻译文本的选择涉及文本来源、主题、体裁、形式／篇幅和质量凸显性等五个维度的考量。

（a）翻译文本的来源

在文本来源这一维度上，林老师的文本选材结果可以概括为：涉及不同来源，以正式出版物（包括教科书和考试材料等）为主，非出正式出版物为辅。关于翻译文本的来源，现有的文献并没有给予特别的关注，与之较为相关的是来自翻译市场的文本和来自教师自己实践的文本。凯利（2012）曾指出翻译文本的选择需要考虑职业市场的需求，换言之，她支持选择来自职业市场的翻译文本。但林老师的实践数据显示，市场的需求并不是最主要的考量因素。另外，有学者倾向于选择自己实践过的文本。林老师选择的文本中也有自己实践过的文本，但这类文本的比例很低。

在来源这一维度上，林老师翻译文本选择的形成性潜力主要体现在以下几个方面。首先，大量经典教材的文本有利于系统习得基本的翻译技巧。目前市场上的翻译教材大多以翻译技能为单位进行编写，选择正式出版物中的教材的文本有利于对独立的专项技能的训练，帮助学生获得系统的基本技能，而且出版物中的文本通常经过相关专业人士的审查，质量上有一定的保证。其次，选择英语专业八级考试的翻译材料可以提升学生的学习动机，同时通过对考试评分标准的分析，可以向学生传递关于本科阶段翻译学习目标和标准的信息。再其次，选择生活中的译例，有利于建立学习材料与真实生活的联系。汤姆林森（Tomlinson，2003）在谈到语言材料的开发时指出，语言教学材料应该实现与学生生活的连接。林老师选择大量生活中的翻译文本在一定程度上弥补了正式出版物中的翻译文本与学生生活相距较远的问题，有利于将学生生活与翻译学习联系起来，提升学习者的学习兴趣。最后，选择自己翻译过的文本，可以更好地展现翻译过程，分享关于翻译实践活动的理解，增强学生对教师的信任，而这被视为有效反馈的条件之一（Stobart, 2008）。

（b）翻译文本的主题

本书的研究发现显示，在主题这一维度上，林老师的选择结果可以概括为：涉及不同的知识领域，没有特别突出的主题。英译汉作为本科生接触的第一门翻译课，林老师这种选材实践与一些专家的观点较为一致。例如，凯利（2005）提出，在本科翻译教学第一阶段，所选择的翻译文本不应该以题材（一般或专门）来划分。而彭萍（2015）指出翻译教师所提供的翻译材料应该包括各种题材。但韦（2012）认为包括各种题材并不现实，在课堂中学生是不可能有机会翻译所有他们在职业生活中作为专业译者可能会遇到的文本类型和领域的。凯利（2012）提出在文本选择时，可以考虑主题的连续性，这一点在林老师的文本选择实践中并没有体现出来。

在主题这一维度上，林老师的翻译文本选择的形成性潜力主要体现在以下几个方面。首先，帮助学生认识到翻译工作的性质（深化学生对翻译工作的认识）：杂学，它要求学生掌握较为广泛的百科知识。另外，翻译不同主题文本的过程也是习得相关主题知识的过程。材料的选择应该能满足学生的需求（Tomlinson，2003），而在翻译学习中，对百科知识的需求是不言自明的。其次，通过不同主题的翻译文本，有利于让学生感受到不同主题对翻译工作的不同要求以及所涉及的不同策略和技巧，帮助学生发展翻译中的主题意识。最后，这种选择有利于在同一门课程中满足不同学生的主题兴趣，符合个性化教学的理念，同时它还有可能有利于学生在翻译学习的初级阶段就发现自己较为感兴趣和擅长的知识领域。这两者都有利于学习动机和学习效果的提升。

（c）翻译文本的体裁

本书的研究发现显示，在翻译文本体裁这一维度上，林老师的翻译文本选择结果可以概括为：涉及不同体裁，以文学体裁为主，非文学体裁为辅。林老师选择的翻译文本与现有文献的所倡导的一些理念既有相同也有不同之处。科琳娜（2003）认为翻译文本的选择需要考虑到类型和体裁，在介绍性的课程中，源语文本的选择要能提供文本类型和体裁的概览。彭萍（2015）指出翻译教师所提供的翻译材料应该是各种体裁的："首先在翻译实践的选材方面做到丰富多彩，既有文学色彩较浓的小说片段，也有写景和抒情的散文，更要有比较实用的应用文、尤其是特别实用的商务文体。"道勒拉普（1994）认为翻译的选材从非小说类到文学类逐步过渡。凯利（2005）提出，在本科翻译教学第一阶段，应该让学生尝试语言较为格式化或者说比较标准的作品来翻译。法拉扎德（1991）认为，学习翻译的初级阶段，测试可以使用描述性文本，因为这类文本句子结构简单，概念也不难懂。这样有利于考生专注于翻译精微之处，而不是花很多时间在发掘原文的隐含意义。她不建议在初级阶段的测试中使用新闻报道、技术语篇、官方宣传或是文学味较浓的语篇。

在体裁这一维度上，林老师翻译文本选择的形成性潜力主要体现在以下几个方面。首先，帮助学生认识到翻译工作的性质。译者面临不同体裁文本的翻译任务，它要求译者掌握不同体裁文本的特征。翻译这些文本的过程也是习得不同体裁知识的过程。材料的选择应该能满足学生的需求（Tomlinson, 2003），在翻译学习中，对体裁知识的需求也是不言自明的。其次，选择不同体裁的文本，有利于让学生感受到不同的体裁文本具有不同的文本特征，要求不同的翻译方法、策略和技巧。在基础课程中涉及不同的体裁，有利于发展学生翻译中的文体意识。同时，这种选择有利于在同一门课程中满足不同学生对不同体裁的兴趣，符合个性化教学的理念，也有利于学生在翻译学习的初级阶段就发现自己较为感兴趣和擅长的文本体裁。这两者都有利于学习动机和学习效果的提升。最后，除了向学生传递"翻译是创造性工作"这一观点之外，以文学为主的体裁还可以让学生体会到翻译本身的创造性，感受语言的美好，刺激在翻译学习过程中学生的智力、审美与情感投入（Tomlinson, 2010）。

（d）翻译文本的形式和篇幅

本书的研究发现显示，在文本的形式与篇幅这一维度上，林老师的文本选择结果呈现出与文献不同的特征。可以概括为：涉及词句篇，以词和句为主，篇章为辅。现有的文献对选择何种篇幅的翻译任务关注不多，主流观点是以篇章为主，但对篇章的具体篇幅存在不同的意见。彭萍（2015）指出作业的量不必太大，课堂小组讨论的作业一般篇幅不长，英文可以选择 100 个单词左右的片段。薄振杰（2011）则建议选择类似于英语专业八级考试翻译部分（150～200 字英语单词）的无标题语段作为翻教学内容。因为，作为教学材料，与篇幅较长的篇章翻译以及篇幅更短的句子翻译相比，无标题语段翻译更适合切合翻译教学需要。对于为什么选择这样的长度，研究者并没有从理论的视角进一步分析。可以预见的是，短篇章的好处在于利于课堂讨论，且篇章能够较为综合反映翻译问题。

在形式和篇幅这一维度上，林老师翻译文本选择的形成性潜力主要体现在以下几个方面。首先，它遵循了学习的循序渐进的原则，从句到词，再到篇章。篇章是由词和句子组成的，在掌握了词句的翻译方法之后，再开始篇章的翻译，在逻辑上是一个渐进的过程。在学习翻译初始阶段，它可以在一定程度上使学生免于因任务太难，而信心受损，学习动机和自我效能感受到伤害。其次，这种选择结果由有利于独立的翻译知识和技能的强化习得。选择单句和词的好处在于知识点与翻译任务可以一一对应。每一个文本负责展示一个独立的翻译知识和技巧，而独立的翻译知识和技巧可以由多个翻译文本支持，这样有利于对单独知识点和技巧的学习。最后，在单词和句子翻译的学习过程中，穿插一些篇章任务，一方面可以巩固从词汇和句子翻译中学习到的技巧，另一方面也可以帮助学生发展单词和句子翻译所不能够培养的学生的篇章意识。

（e）文本的质量凸显性

本书的研究发现显示，文本的质量凸显性是林老师文本选择过程中十分重要的一个维度考量。现有文献对文本选择过程中质量凸显性考量的关注较少。林老师则对文本质量凸显性较为关注，主要体现在文本的难度、使用频率、语言质量以及与目标的契合程度四个方面。

就文本的难度而言，林老师选择的原则是难易混搭。关于翻译文本的难度，一般观点认为教师应该选择具有适当挑战性的文本。但林老师没有致力于选择"适当"难度的文本，而是选择难和易混搭。这种文本选择的形成性潜力在于以下两个方面。首先，不同的难度对学生的学习动机和自我效能感产生不同的影响。对于一些学生来说，难的文本可以刺激他们付出更多的努力，而对于另一些学生来说，简单的文本可能更容易帮助他们建立翻译信心。另外，考虑到同一个班级学生水平参差不齐，这种难易混搭的文本有可能为不同水平的学生提供适宜难度的翻译任务。换言之，难易混搭是考虑到了影响形成性评价的语境因素中的学生水平（Mcmillan, 2010）。其次，这种难易文本的搭配的形成性潜力，如林老师所说，可以传递给学生职场工作情境的"真相"：什么样难度的任务都会有，译者的选择空间不大，需要学会适应。就文本出现的频率而言，林老师倾向于选择使用频率高的句子。现有的文献对于文本本身的频率在翻译文本选择过程中影响的关注很少。选择高频率文本的形成性潜力在于，学生也许可以在翻译过程中习得相关实用性的词汇和短语，为学生的未来工作做好准备。翻译实践在这里成为一种语言习得的工具。就文本本身的语言质量而言，林老师比较偏爱语言质量较高的句子。在现有的文献中，语言本身的优美并不是翻译文本选择的主流标准，但教师对这种文本更加欣赏，选择文字质量较高的文本其形成性潜力是明显的。首先，高质量的文字本身就是一种高质量的语言输入，有利于学生在翻译的过程中，习得高质量的语言。其次，高质量的文本可以提升学生的审美意识，提高学生的鉴赏力。最后，与高质量的文本互动本身是一种享受，有利于提升学生学习动机。就文本的目标和标准的契合度而言，林老师也比较偏爱契合度高的句子。与学习目标契合是选材的最基本要求之一，林老师的个案显示，契合度本身也有高低之分，符合学习目标的文本很多，但特别典型的文本并不多。选择高契合度翻译文本的形成性潜力在通过典型的、高契合度的文本展示的学习目标和成功标准能够在学生脑中留下更为深刻的印象。

简言之，具有质量凸显性的典型任务的形成性潜力十分明显。首先，由于其高凸显性，容易引起学生的注意，因此更有利于目标和标准在学生脑中的存储和内化。其次，这种典型性的任务往往语言质量非常高，因此，也利于在翻译过程中语言知识的习得。最后，这种语言和技巧上的魅力可能提升学习者翻译学习的内在动机和对专业的认同感。

5.1.2.2 翻译文本选择考量特点

实证数据显示，林老师的翻译文本选择具有三大特点。

（a）以预先计划的学习目标与成功标准为统领性的选择原则

研究数据显示，无论选择结果在来源、主题、体裁、文本形式 / 篇幅以及文本本身的凸显性等方面体现出什么样的特征，被选择的具体的词、句和篇都必须符合单元的教学目标。符合单元学习目标是所有文本选择的第一原则，这是材料开发中的第一原则。除了学习目标之外，在英译汉课程之中，翻译文本的选择还要考虑到成功标准。除了支持学习目标之外，在选择文本时，林老师还会考虑译文与标准的契合度，倾向于选择那些与成功标准契合度高的译文（见评价事件一KT4: 1:10:30-1:11:13）。这一发现对现有文献的补充在于：现有文献强调材料的选择要围绕学习目标进行，但是本书发现在翻译课程中，材料的选择还要考虑到它反映成功标准的程度。翻译课程的选材不仅仅涉及为学生提供翻译任务的原文，还涉及参考译文。参考译文提供了一种成功标准的样子。简言之，翻译文本的选择涉及原文和参考译文两个方面，选择围绕学习目标和成功标准展开。

（b）考虑文本作为工作对象、知识载体和激励工具的教育价值

首先，文本作为工作对象的属性。本书显示，在选择文本时，林老师会考虑到

文本作为工作对象的属性。在学习过程中，选择工作属性突出的文本，对于学生学习和发展来说有几大利好。首先，是在学生阶段，就能对自己将来可能遇到的真实的职业状态有所了解，帮助学生决定在学业完成之后是否要进入翻译行业工作。其次，在专业阶段就帮助学生培养了一定的应对职业问题的意识和能力，缩短学生在毕业后进入职场的适应期。最后，学习任务与工作需求的关联还有可能激发学生的学习兴趣。西方的翻译学者十分强调翻译文本作为工作任务的属性，文本选择诸多考虑因素中的职业市场的需求、职业相关性和职业现实性都是对翻译文本工作属性的回应。如果课程以培养职业素养为主要目标，在文本选择时则可以较多考量文本的工作属性。从林老师的选择实践来看，林老师考虑到了这一点，但并没将其作为最主要的选材原则，林老师的选择中还包括了许多非真实或不大可能在翻译实践工作中出现的材料。本书认为在翻译课程中仅仅专注于其工作属性也有其不利之处。一方面，完全由市场提供的翻译文本可能所蕴含的翻译本身的知识和技能不够充分和集中，不利于翻译知识的高效吸收和翻译能力的评价。必比（2000：190-192）指出许多翻译课程上研究的体裁都是标准化、专业化的，是在工作市场上最需要的体裁。这类体裁文本的特点是一旦学生了解相应模式，翻译起来较为容易，所以不适合做学生的学习考试材料。另一方面，来自市场的文体其主题可能过于专业或无趣，在缺乏工作报酬的情况下，也许难以激发和保持学生积极投入翻译的动机。

其次，翻译文本作为知识载体的属性。本书显示，林老师的翻译文本选择会考量到翻译所蕴含的知识，但主要和有意识考虑的是翻译本体的知识。在语言教学中，材料被认为不仅仅是语言知识的载体，而且还是一种文化实物（Apple, 1984; Liu, 2005; Luke, 1998）。就翻译文本而言，理论上任何一个翻译文本，都蕴含一定的翻译本体知识和非翻译本体知识。但不同类型的文本，甚至同一类型的不同文本所含有的知识的内容、深度、广度和密集度是不一样的。如果课程目标的重点是培养学生一般性翻译能力，那么所选择的翻译材料要涉及翻译点（技巧、策略）和语言点（两种语言的对比），能够反映出翻译所需要的基本能力，使学生在与翻译材料的互动中高效地习得翻译所需要的技能和培养翻译所需要的意识，特别是语言转化的意识和能力。如果翻译课程也强调在习得一般翻译能力的同时，能使学生获得某个专业的相关知识或提高人文素养，那么则应考察文本所包含的相应的主题知识容量。理想的文本是翻译本体知识和非翻译本体知识含量同样丰富的文本。目前的大多数研究显示，教师在文本选择时往往考虑的是文本所承载的翻译本体知识（这与翻译作为工作的对象密切相关），而较少考虑非翻译本体知识。林老师在选择翻译文本时也是以能否体现翻译本体知识为第一考量。本书认为，无论一门翻译课程的主要目的是什么，文本本身的非翻译本体知识都非常重要，在选择文本时应考虑学生是否可以通过翻译获得相关专业、社会、世界和自我的知识，以翻促学。实际上，如果学生在翻译的过程中无法吸收知识，翻译变为纯的语言转换训练，那么学习者很难产生浓厚的兴趣和动机，导致翻译学习效果打折。

最后，文本作为激励工具的属性。本书显示，林老师的翻译文本选择还会考虑到文本刺激学生翻译学习的功能。翻译文本的这一属性与许多因素密切相关。文本的主题、体裁、语言等都可以成为鼓励或阻碍学生投入翻译实践的因素。教师应根据具体的教学语境，在可能的情况下，选择最能够刺激学生学习动机的材料。比如财经大学的翻译专业，教师在选材时，可倾向于选择蕴含财经知识和智慧的文本，因为它们最后可能引发和保持学生的翻译学习动机。

当然，文本的这三个属性是相互关联、互相促进的。比如作为知识的载体和工作的对象，本身就有可能提供一定程度上的学习的动机，而作为学习激励工具的属性也能够促进学生对翻译学习的投入，促进文本中所含知识的吸收。翻译文本的这三大属性为教师选择翻译文本进行教学提供了一个文本本身属性和价值的框架。林老师在这个框架中发展出了翻译文本选择的三项文本教育教学价值，其他教师也可以从这三大属性中衍生出翻译文本其他类型的教育教学价值。

这一发现对现有文献中进行了补充和完善。目前的文献大多强调的是翻译文本要能反映出一定的技术性的翻译问题，倾向于将翻译文本视为翻译问题、翻译洞见、翻译规律、翻译创造力和想象力的载体，即翻译能力的载体（Nord, 1997; Way, 2012; 谭惠娟、余东, 2007）。本书的数据显示，在翻译材料选择过程中，教师还会进一步考虑文本其他方面的功能。简言之，林老师的翻译文本选择是在系统的原则指导下完成的，否定了文献中关于教师花在文本选择上时间很少，或存在随意性的结论（Kelly, 2012; 彭萍, 2015; 宋志平, 1997; Way, 2012）。

（c）文本选择是一个教育惯性的继承与突破相结合的过程

本书显示，林老师的文本选择过程是一个教育惯性的继承与突破相结合的过程。但不论是继承还是突破，整个选择都是以自我为资源进行的。这是文本选择中较为隐性的性质，很少有文献提到它，似乎它是不言自明、微不足道的。但本书认为有必要将这一点明确提出。林老师总是不自觉地从自己的生活和学习经验中获取可以用于教学的材料，如林老师用自己制作的课件替代了教科书，并在自己的课堂中使用生活学习中接触过的、自己实践过的、专业领域内的新的材料。换言之，材料选择实践是从我出发，以我为中心，以自己为资源，充分利用一切可以得到的资源的过程。这个自我资源包括：过去的知识与经验以及正在获取的知识与经验。这一点之所以重要在于，教师本人的经验和资源从很大程度上决定了学生在课堂上能够接触到经验和资源，具体到翻译教学，它决定了学生可能会接触到的翻译材料的范围。因此，扩展教师本人的生活和学习经验，就是扩展学生的学习经验，是提高选材、评价质量的路径之一。帕克·帕尔墨（2005）认为好的教学源自教师的心灵。林老师的文本选择实践暗示好的评价可能也同样如此。对于内容开放、教师自主选择程度高的文科课程来说，教师自身的丰富尤其重要。

5.1.3　学习信息阐释和使用

就学习信息阐释和使用而言，本书提炼了基于学期的前摄性教学调整、横向扩展型和纵向提升型反馈以及信息阐释和使用的特点。下面将就这三个方面的研究发现，结合相关文献进行讨论。

5.1.3.1　基于学期的教学调整

研究显示，林老师的教学调整频率很低，少量的教学调整的体现为以学期为单位的翻译文本。在形成性评价领域，对于这种教学调整是否属于形成性评价还存在一些争论。有研究者认为这种基于学习的调整已经不属于形成性评价的范围，因为它的受益者已经变成下一届的学生。但是，奥迪贝尔特（1980）认为这种教学调整是一种前摄性形成性评价（proactive formative assessment），而卡利斯（2011）将其视为一种先发性形成性评价（pre-emptive formative assessment）。本书认为这种教学调整属于形成性评价，因为它涉及了评价的整个过程且具有促进学生学习的潜力。但是，这种教学调整的形成性潜力并不大。与麦克米伦（2010）提出的低形成性的教学调整相似，对于下一届的学生来说，这种教学调整在很大程度上是规定性的、预先计划好、由教师决定的，且其形成性作用主要体现在下一届学生所接触的翻译文本的质量可能更好。

5.1.3.2　横向扩展型与纵向提升型反馈

研究显示，形成性反馈实践较为丰富，主要分两大类型：横向扩展型反馈与纵向提升型反馈。

（a）横向扩展型反馈

从研究发现中可以看出，横向扩展型反馈在产生机制和内容上体现出两个明显的不同于现有反馈概念的特点。

就产生机制而言，横向扩展型反馈不是教师事先计划或安排中的，它更像是教师脑中已有的知识库中的知识，遇到相关的学习信息刺激后，被激活的、自动化的过程，而这个刺激教师知识的信息不是当下学生的翻译表现，而是来自原文中的语言形式和内容信息。换言之，横向扩展型反馈过程的起点不是学生当下与翻译任务互动而产生的学习证据，而是原文所蕴含的语言和内容知识。当教师阅读原文时，原文中的语言和内容知识会刺激教师脑中储备的知识，教师的知识被激活，通过语言的形式表达出来，构成了传递给学生的横向扩展型反馈的内容。由此可见，原文的语言形式和原文的内容都能够触发教师知识，构成进一步反馈的基础。换言之，在翻译课堂这一信息场中，可以被用于发展形成性反馈的信息不限于学生与评价任务互动所产生的信息，翻译任务中的原文所承载的语言和内容信息也可以成为进一步形成性运用的对象。因此，横向扩展型反馈的内容在一定程度上是受到原文的语言和内容制约的。这从另一个方面肯定了翻译文本选择的重要性，即原文的语言和内容选择会影响到反馈内容的方向。

就反馈的具体内容而言，横向扩展型反馈提供的口译知识、文学知识、语言知识和百科知识与翻译任务预先设定的目标不符，与单元的核心目标呈发散或离散的关系。在横向扩展型的反馈中，反馈的内容并不与计划的任务目标相联系，针对的并不是如何改进当下译文的质量，或强化预先设定的目标，因此，从效果上来看，所提供的反馈内容也并不能直接帮助提升学习者改善当下正在处理的译文的质量。如果按照现有的形成性反馈的主流定义，形成性反馈必须提供如何缩短现实状态和理想状态之间的差距（Ramaprasad, 1983; Sadler, 1989）的话，林老师的提供的这种"反馈"并不能称为严格意义上的形成性反馈。但是，本书认为，横向扩展型反馈也属于形成性反馈，因为其具有形成性评价的主要特征：它的目的是促进学生发展且它涉及一个隐性的评价过程。

首先，虽然这些知识与预先设定的目标关系不大，但与总体的翻译能力构成关系密切。当身处课堂的学生接触到林老师提供的口译、文学、语言和百科知识的时候，有可能通过意外学习（incidental learning）的方式获取这些知识，从而丰富自己的口译、文学、语言和百科知识储备，缩短与优秀译者在知识储备上的差距。换言之，横向扩展的反馈内容多为陈述性的知识，这些知识虽然不能直接改进译文，但作为一种知识的储备，对于学生整体素养的提升是有益的，这是横向扩展型反馈的形成性所在。从内容的角度看，横向扩展型反馈类似于布朗和格洛弗（Brown & Glover, 2006）提出的"进一步学习"的反馈，鼓励教师提供额外的资源和思想等。

其次，虽然这种反馈由原文而不是当下学生的译文产生的学习信息触发，但实际上，横向反馈的产生同样经历了一个隐性的对学生进行评价的过程，是教师隐形评价的产物。教师之所以提供这种反馈一方面是因为教师认为虽然这些知识与计划目标关系不大，但其本身是有价值的；另一方面也是基于教师对学生的判断，即当下学生在这些方面的知识是欠缺的，或需要加强的。这种判断所仰赖的信息不是由学生当下的表现提供，而是基于教师的长久以来的观察、经验和／或直觉的推断。翻译文本的信息刺激了教师关于学生需求的知识，教师脑中有关于学生学习状况的认知和判断，起到了激活这种知识的作用。虽然横向反馈从内容上看与预先设定的目标的联系不大，但教师之所以提供，是因为教师认为这些知识对学生有用且判断当下的学生缺乏这方面的知识。这一判断虽然不是基于当下学生在特定文本翻译中表现出来学习信息，但它是基于教师对学生整体知识储备的现状的一种观察或直觉，或由过去学生的表现推断出的当下学生的需求。换言之，教师判断是基于学生的学习信息。据此，本书认为，形成性评价中的学习信息收集可以在两个维度上进行理解：一个是来源维度，另一个是时间维度。在来源维度上，教师信息收集的对象和使用信息的对象可以是同一对象，也可以是不同的对象。信息收集和使用的对象是同一学生或同一批学生时，形成性评价处理的是同一学生的个性问题或同一批学生的共性问题，而当信息收集和使用的对象不是同一学生或同一批学生时，形成性评价处理的是同一类对象的共性问题。当信息收集的时间和使用的时间同步时，形成性评价处理的是同一学生或同一批学生的当下存在的问题，可能可以立刻解决，也可能需要较长的时间才能得以解决。而当信息收集的时间和使用的时间不同步时，形成性评价处理的很可能是同一类学生长久都存在、不是短期可以解决的问题。但无论信息来自何处，何时获取，它都是教师掌握的，与信息使用对象有关或联系的学习信息。当这些信息被教师用于促进学生学习时，形成性评价得以发生。因此，横向扩展型反馈可以被视为一种形成性反馈。

简言之，英译汉课程中的教师横向扩展型反馈可以大致定义为：教师在对学生总体发展需求判断的隐性引导下，为学生提供的各种知识。这种需求判断不是基于学生当下的表现，而是基于对当下学生过去表现的观察，或对过去学生表现的推理。这种知识由任务本身（而非当下学生当下的学习表现）提供的语言和内容信息激活，与计划的教学目标偏离，其目的不是提供如何改进当下翻译作品的建议，而是用于丰富学习者知识储备，提升学习者综合素养。

本书关于横向扩展型反馈的发现对现有文献中关于形成性评价目标的观点进行了补充。理查兹（1998）认为确定的目标是课堂形成性评价获得"形成性"的基本保障，而在动态的课堂教学中，教师的计划目标也可能被学生突发的意外信息所打断、延缓甚至放弃。本书表明，计划目标除了被打断、延缓甚至放弃之外，还有可能被进一步地补充。在计划目标的基础上，进行知识扩展，为其他更综合的学习目标服务。同时，使得计划目标被打断、延缓放弃或补充的可能不仅仅是学生突发的意外信息，还有可能是翻译任务本身的在语言和内容上提供的信息。此外，舍恩费尔德（Schoenfeld, 1998, 2010）指出教育目标可以存在于不同的颗粒度层级。而杨华（2012）的实证研究表明，课堂即时形成性评估的目标处于教育目标系统中更具体的操作层级，肩负着课堂教学目标，乃至整个培养目标的具体实现。本书的数据显示，在实际课堂中，很多时候，教师的形成性反馈很多时候会直接指向更综合的学习目标，而不一定关注具体的操作层级。

　　研究提出的横向扩展型反馈，虽然与预先设定的目标有所偏离，但都具有一定的形成性潜力。就口译知识扩展而言：首先，教师提供的顺序驱动法和摘译法虽然为口译方法，但是与笔译并不是完全独立的，顺序驱动法可以比照笔译中的拆分技巧，加深学生对拆分技巧的理解，而口译中的摘译法与笔译中的编译技巧也有相通之处。其次，口译中常用的一些表达方式，其实在笔译中也会遇到，通过这种扩展，学生有可能在无意学习中习得翻译工作需要的常用语。最后，即使有一些口译知识对笔译能力的提升关系不大，但有利于提升学生作为未来译者（包括笔译和口译）的职业意识，如林老师提到的指向口译员的职业素养的官阶翻译的敏感性。简言之，口译知识与笔译知识有一定的相通之处，而作为学生，口译知识与笔译知识都需要具备，因此从学生整体发展的角度来说，笔译课程中扩展口译知识也是具有促进学生发展的作用。就文学知识扩展而言，学生可以从林老师的反馈中获得一些文学常识方面的知识。虽然从内容上说，这些知识与翻译任务中预先设定要关注的单元目标的关系并不是很大，但这种文学与语言知识也可以起到丰富学生知识基础的作用。对于英语专业的学生来说，这些知识不能说是不相关的，而林老师的反馈提供了一种以意外的方式获取这些知识的途径。就语言知识扩展而言，词汇的掌握是翻译实践的前提之一，从学习的角度看，语言知识横向扩展式的反馈有利于学生以意外的方式习得词汇。就百科知识扩展而言，译者是杂家，百科知识是翻译知识能力的重要组成部分，这种百科知识式的反馈有利于学生在学习翻译的过程中，以意外的方式获取百科知识。但是，需要指出的是，这种横向扩展型的形成性潜力可能并不大。首先，从内容看，反馈的内容所强调和关注的基本属于"简单知识"（Mcmillan, 2007; Wiggins & Mctighe, 2005），与麦克米伦（2010）的提出的知识取向型的形成性评价较为相似，强调的是知识的宽度，缺乏思维上的挑战性。其次，因为关注的是简单知识，所以从实践形式上看，这种简单知识的反馈过程中，主要是由教师提供，学生接收，缺乏深层次的学生参与。

　　（b）纵向提升型反馈

　　纵向提升型反馈包括操作性建议、实践示范、目标与标准分享以及理论提升。

提供操作性建议的反馈方式属于比较典型的形成性反馈。教师观察学生的工作过程，了解学生完成任务的方法（Torrance & Pryor, 2001），然后提出学生存在的问题并提供了改进问题的措施或方向。这种操作性建议的形成性潜力主要体现在以下几个方面。首先，如果学生接受了教师的建议"查字典"或"大声朗读"，那么学生将发现自己的问题所在，从而否定自己的译文，寻找更好的表达方式，使译文更加规范、通顺，提升译文的质量。其次，在林老师的多次"查字典"和"大声朗读"的建议之后，学生有可能逐渐意识到"查字典"和"大声朗读"的重要性，养成在翻译过程中查找字典，在翻译结束后"大声朗读"的习惯。再其次，通过每一堂课中、以各种形式、多次提醒学生"查字典"和"大声朗读"，有可能潜移默化地帮助学生内化"规范"和"通顺"这样的翻译标准。最后，由于教师的关注，学生的学习动机可能提升（Torrance & Pryor, 2001）。

过程示范属于典型的形成性反馈。整个示范过程的形成性潜力体现在以下三个方面。首先，翻译过程是指译者在翻译过程中的思维和决策过程。了解这一过程，有助于提供有效的反馈。翻译的思维过程存在于译者的脑中，是不可视的，而教师通过示范自己在翻译之前的思考过程，将这一思维过程可视化，相当于为学生提供了一个如何达到"成功标准"的基本路径，起到了"搭架子"的作用，帮助学生产生高质量的译文。其次，在教师过程示范的引导下，学生产出了一个较为符合要求的译文，并获得了教师积极评价。这一过程有利于学生树立信心，增强学生对翻译实践的好感和进一步学习的动机。最后，教师提供了一个自己认为更符合汉语习惯的版本，实际上相当于通过提供范例的形式为学生提供了一个成功标准，帮助学生发展关于翻译产品的质量观（Sadler, 1989），提升学生的知识和／或理解（Torrance & Pryor, 2001）。

学习目标和成功标准（包括英语专业身份和职业译者身份的期待）的分享应是形成性反馈中必不可缺的成分。这种目标与标准分享式的纵向提升型反馈的形成性潜力在于以下几个方面。首先，指出了学生译文存在"经不起推敲"或"拿不出手"的问题，使学生意识到了改进需要。学生有可能对译文进行进一步思考，产生更好版本的译文。其次，掌握目标和标准，或"质量观"是形成性评价的核心。虽然林老师在课堂上用多媒体课件的形式呈现了许多目标和标准，但是从学习的角度来看，由学生译文引出的，用教师自己更通俗的语言（"经得起推敲""拿得出手""高度概括"）所表达的标准也许更容易引起学生的共鸣，帮助学生内化标准。许多形成性评价的研究都强调反馈的语言应该是对学生来说可以理解的（Black, 1999; Sadler, 1998; Irons, 2008）。本书认为，与"信""达""雅"这样的语言相比，林老师所使用的这种生活中的语言可能更为通俗易懂。最后，林老师的对专业身份目标和要求的强调以及对学生译文的正面和负面评价，还有可能影响学生的情感和学习动机。一方面，学生可能因意识到自己的不足而产生更加努力的想法，或因看到自己的良好表现而提升自我效能感，激发学生的学习动机。另一方面，学生也有可能意识到自己的专业身份的价值，提升对自己专业的认同感。

虽然在形成性反馈的相关文献中关于反馈的最经典的定义是"弥合现状与理想状态之间的差距"，"理论提升"的地位和作用并没有得到凸显，但在翻译教学中，"理论升华"并不是新鲜的概念。金圣华（2000）指出，翻译工作坊教学法是教师结合教学的需要布置翻译任务，或者由学生自己选择翻译任务，再由学生自评、集体讨论、教师参评、总结，并进一步理论升华。林老师提供反馈的过程中，已经体现出较为明显的将实践理论化，进行"理论提升"的倾向和努力。但从理论内容来看，林老师的理论相当于翻译理论中的"翻译理念"层次（Orozco, 2000），反映了胡安江（2006）提出的由于翻译教师中真正学翻译专业的并不多，翻译教师在技能教学过程中理论输入的深度和宽度有待提升的问题。尽管如此，林老师理论提升式的纵向提升型反馈的形成性潜力仍然十分明显。首先，这种内容更为丰富的凝练的翻译理念反馈可能更容易记忆，更容易刺激学生的思考（thinking）（Wiliam, 2011a），有助于深化学生对翻译实践的理解，在理解的基础上提升实践能力。其次，这种从具体实践中抽象出的翻译理论，可以帮助学生发展从抽象中提炼出概念的抽象思维能力。最后，掌握这种翻译共同体中的理论语言，也更有利于学生与共同体中的专业人士进行专业沟通，促进学生专业身份的发展，增加学生的专业认同感，提升学生学习翻译的动力。

从上文可以看出，纵向提升型的反馈是从操作性建议到理论提炼的一系列旨在帮助提升当下讨论的译文质量的一种反馈。纵向提升型反馈从学生的译作出发，指向学生译作的改进，目标更为明确和聚焦。纵向提升型反馈的内容与翻译本体的关系更为密切，它不向外扩展，而是向内深入，试图从实践中抽象和提升出更为普遍性的东西，一方面可以对如何提升当下的任务提供帮助，另一方面也希望这种提炼出的理论可以用于指导其他类似的任务。从名称上看，纵向提升型反馈与学者提出的理论提升具有一定的联系，但它们又不完全相同。提出纵向提升型反馈，而非简单的理论提升是因为"理论升华"并不能准确描述林老师的反馈实践。总的来说，纵向提升型反馈是为了深化学生对翻译标准、产品、过程以及方法等的理解，与麦克米伦（2010）提出的深度理解型形成性评价较为相似。但在具体的实践中，林老师的纵向提升型反馈与深度理解型形成性评价还是有所不同。深度理解型形成性评价关注的更多是学生可以做什么以深化理解，而不是答案的对或错。这样的反馈涉及丰富的提问、对学生的挑战以及将目前的学生与已经知道和理解的学习联系起来。上述特点在林老师的纵向提升型反馈中的体现并不是十分突出。

5.1.3.3 信息阐释与使用特点

实证数据显示，林老师的信息阐释和使用具有三大特点。

（a）不以预先计划的学习目标和成功标准为统领性的原则

林老师的反馈常常偏离预先计划的目标和标准。考虑到翻译本身的性质，这种偏离也是一种正常的现象。从学习目标来看，翻译课程的能力构念十分复杂。翻译本身是一个创造性的过程，从技能策略角度看，有各种不同的方法可以产生高质量的译文。从成功标准的角度来看，对于一篇成功的译文来说，很难用"信、达、雅"来准确描述其具有的所有质量属性。简言之，林老师提供的并不是传统意义上的围绕预先确定的目标和标准的反馈，而是两种类型的反馈：横向扩展型反馈和纵向提升型反馈。这两种类型的反馈内容不一定是完全贴合预先确定的具体的目标和标准，体现为一种知识的扩展和提炼服务于形成性的目的——学生综合素养的提升。林老师提供的反馈体现出信息内容层面上的横向和纵向的延展性。这种延展性使得其与具体传统的关注任务表现和现状与目标之间差距的反馈定义相背离，然而这种延展性本身也是评价过程的产物，并且对学生的发展有益。比如，鉴于翻译能力复杂构成，横向扩展的知识具有促学潜力。再比如，林老师的反馈实践中的纵向提升型反馈在某种程度也是一个从具体到抽象的连续体，位于抽象端的理论提升，可以深化学生对翻译这种现象的理解，从而为翻译能力的长远发展打下理论基础。简言之，无论在内容上如何偏离计划目标，所有反馈的目的都是为了促进学生的发展，从促进学生整体发展的角度来看，具有形成性潜力。

（b）从功能的角度看，反馈的意义在于扩展知识、引发思考

林老师的形成性反馈在很多时候更像是一种扩展知识、引发思考的学习输入。这提供了一个看待形成性反馈功能的新视角。现有的文献认为反馈是自己调节和控制的重要机制，其目的是形成反馈环。基于工程的反馈系统预设了一定恒定的确定的目标，提出了正反馈和负反馈的概念。但在英译汉这样的具有文科和技能属性的课堂上，这种对反馈的理解并不完全适当的。从工程的角度来定义反馈，意味着现状与目标之间差距的降低和弥合，然而要确定这一点是非常困难的，特别是对于翻译这种复杂的实践来说。教师在当下很难确认一个或验证某个具体的反馈是否能弥合现状和目标之间的差距的。一方面，学习是非常复杂的事情，促进和阻碍学习的因素十分复杂。另一方面，弥合差距，首先要确定描述现状和目

标，而在翻译课程中，很多标准本身是模糊的，但标准和现状都是模糊情况下，很难确定差距是否被弥合。反馈对学习的影响取决于两个因素：输入本身的质量以及输入是如何被学生处理的。我们没有办法验证一个输入是否能够弥合差距，因此，在英译汉这样的课程当中不适合以是否形成了反馈环、差距是否弥合定义反馈。本书认为，在翻译课程中，教师反馈最好被定义为是一种基于评价任务的学习输入（input）。任何由教学任务引起的，与翻译能力构成相关，有助于提升译者翻译知识和能力构成的信息都可以称为反馈，只要它能提供新知识和引发思考。

（c）从产生的机制看，反馈是教师知识与能力倾向的投射

就反馈的产生的机制看，现有文献并没有提供太多的信息。有研究指出教师的课堂评价实践在某种程度上是直觉式的（Gipps, 1995; Torrance & Pryor, 1998; 秦洪武、王克非, 2007）。本书提出的激活机制在一定程度上支持了文献中对评价"直觉性"的判断。鉴于被激活的内容与预先设定的单元目标常常有所偏离，因此可以推断教师的反馈很多时候是无意识的、直觉的回应，而不是有意识的，与目标和标准明确对比思考的结果。布罗德福特（Broadfoot, 2000:201）指出："现在急需的是开始积极主动地寻找更人文的、甚至直觉式的教育评价的方法"。在这一思路中，进行形成性评价的教师对学生对学习的回应不断进行判断。在某种程度上，这种判断与教师自己的心灵的和文化的学习发展和成就模式相关。由此可见，某种程度上，反馈的质量和内容取决于教师个人的知识积累、经验和趣味。

5.2 形成性评价实践的理论模型

本部分将林老师形成性评价实践理论模型的研究发现置于现有的文献背景中进行进一步的考察，分析讨论其与现有文献中相关结论与观点的相似与不同之处，与现有的研究进行对话，为其提供进一步的支持和补充。

5.2.1 实践分类框架模型

现有的文献中已经提出了许多形成性评价分类框架模型（Cowie & Bell, 1999; Torrance & Pryor, 2001; Mcmillan, 2007; Shavelson et al., 2008）。本书发现现有文献中的形成性评价分类框架模型无法准确地描述本个案研究的中教师形成性评价实践。根据实证研究数据，本书构建了林老师的形成性评价实践分类框架模型：计划性形成性评价和非计划性形成性评价，进一步丰富了形成性评价实践分类框架模型的内容。

5.2.1.1　计划性形成性评价

很多研究者都提出了计划性形成性评价的概念（Cowie & Bell, 1999; Popham, 2011; Shavelson et al., 2008）。

就评价目的而言，本书中的计划性评价与科维和贝尔（1999）所描述的计划性评价具有一定的相似性：一个关注"完成课程计划"，一个关注"完成大纲"。就信息收集而言，趋近型形成性评价使用的是"封闭或假性开放问题"（Torrance & Pryor, 2001; Pryor & Crossouard, 2008），而本书中的计划性形成性评价采用的是开放性的翻译任务。就学习目标而言，波帕姆（2011）的计划性形成性评价针对的是高层次的认知目标，而本书提出的计划性形成性评价对学习目标的层次没有要求。就信息使用而言，趋进型形成性评价提供的是"权威性的、判断性的或量化的反馈"（Pryor & Crossouard, 2008），而本书提出的计划性形成性评价的信息使用既包括权威式的知识反馈，也包括师生的讨论与协商。就计划的内容而言，沙维尔森等（Shavelson et al., 2008）的评价连续体中涉及的计划性评价有两种：由评价和课程专家开发，教师实施的预先内置的形成性评价以及明确指出计划重点是师生之间互动的计划性互动形成性评价（planned for interaction）；托伦斯和普赖尔（2001）提出的趋近型形成性评价要求教师事先做出计划准备，包括嵌入在 IRF 结构中的互动。在本书中，计划性评价并非连续体的一部分，所计划的内容也限于学习目标和标准以及与其相对应的翻译文本材料。简言之，本书中的计划性形成性评价是完全从课程内容开发角度出发，以是否存在预先计划的目标为标准进行分类的结果。

本书中的计划性形成性评价的价值主要体现在两个方面。首先，它关注的是预先计划的课程基本知识和技能框架，完成计划性形成性评价的过程就是完成规划课程内容的过程。其次，它强调教师对于整个教学内容的规划。教师对学科内容及其价值的认识在很大程度上决定了教师选择什么样的知识作为计划性评价的内容。对于大学英译汉课程这种弱分类、弱架构、教师在课程内容方面具有较大自主权的课程来说，这种分类方式更为贴合实践、更具有启发意义。就本个案研究而言，林老师的计划性评价内容主要为双语知识和翻译技巧，与主流的英译汉教科书的内容较为一致。在计划性评价内容方面，英译汉课程教师可以有意识地融入除双语知识和翻译技巧之外的其他内容，如"元社会"和"元认知"知识（Pryor & Crossouard, 2008; Pryor & Crossouard, 2010）。

5.2.1.2　非计划性形成性评价

与计划性形成性评价相对应的是非计划性形成性评价。本书中的非计划性形成性评价是为了帮助而不是检测，不是以"对错"的形式进行简单的判断，在这一点上与分散型形成性评价十分相似。与分散型评价的不同之处在于，本书中的非计划性评价始于学生需要知道了解的知识、技能和方法，是补充性质的，而不是分散型形成性评价强调的"了解学生知道、理解和能做什么"（Pryor & Crossouard, 2008; Torrance & Pryor, 2001）。此外，本书中的非计划性形成性评价与科维和贝尔（1999）的互动性形成性评价也有所不同。科维和贝尔（1999）的互动性形成性评价不仅仅是按计划程度进行的分类，还涉及了师生互动的形式，要求教师对学生的评价以互动的方式进行。但本书中非计划性形成性评价不一定按照互动的方式进行，还可以以非互动的方式完成，如教师在原文信息的刺激下，采用权威式的语言直接提供横向扩展式评价。

本书中的非计划性形成性评价的价值体现在两方面：首先，它以教师对学生发展需求的判断为起点，补充教师认为学生可能存在的不足，满足学生的发展需求，某种程度上实现了翻译课程与其他课程的连接（当然这种合法性部分取决于翻译课程本身的弱分类性质）；其次，非计划性评价有时候由学生超过教师预期的表现所触发。由于学生的表现在教师的预期范围之外，教师无法运用事先准备的参考答案予以回应。这使得非计划性评价，如分散型形成性评价一样，为教师和学生提供一个构建知识的机会，创造了促进学习的"知识和社会条件"（Torrance & Pryor, 2001），促使教师探索自己"课堂实践的边界"（Torrance & Pryor, 2001: 628）。

与其他评价实践的概念化和理论化一样，本书中计划性和非计划性评价的类属分析，其意义也是启发性的。教师在评价实践中已经实施了计划性和非计划性评价，往往是在直觉和不自觉的状态下运用的。教师可以以这两种评价概念为工具和参照反思自己评价内容的确定、不同类型评价实践的比例以及出现特定实践样态的原因，从而在今后的评价实践中，更加有意识地展开和改进自己的评价实践。

5.2.2 实践过程理论模型

现有的文献中已经提出了许多形成性评价实践的过程理论模型（Wiliam & Thompson, 2008; Cowie & Bell, 1999; Nicol & Macfarlane-Dick, 2006; Torrance & Pryor, 2001; Yorke, 2003; 文秋芳, 2011; 杨华, 2012）。本书发现现有文献中的实践过程理论模型不能准确地描述英译汉课程中林老师的形成性评价实践过程。基于现有过程理论模型和实证研究数据的启发，本书构建了林老师的形成性评价实践过程理论模型，进一步丰富了形成性评价过程理论模型的内容。

5.2.2.1 模型结构要素

就结构要素而言，与现有文献中实践理论模型相比，本书构建的过程理论模型的不同之处主要体现在了以下两个方面。

首先，增加了一个"形成性目的"要素。大多数理论模型都只用了学习目标和标准表示评价信息收集、阐释和使用过程的参照对象（Wiliam & Thompson, 2008; Torrance & Pryor, 2001），本书的理论模型则在保留了学习目标和成功标准的同时，增加了一个"形成性目的"要素。前者用于表示课程单元的学习目标和成功标准，而后者则表示除前者之外的更大的学习目标和成功标准。本书的研究数据显示，教师的形成性评价过程不是仅仅围绕预先计划的单元目标展开，而是在"形成性目的"的统领下，任何有利于学生发展的学习目标和成功标准都可以成为评价参照的对象。在具体的评价实践中运用的和出现的学习目标和成功标准不是完全是预先确定的，而是根据具体的情况在预先计划的具体的学习目标和成功标准与形成性目的的合力作用下，在整个信息收集、阐释和使用中产生的。这一发现支持了关于形成性评价模型中的学习目标和成功标准不应放在评价过程开始之前，因为它在整个评价过程中不是固定不变，而是动态调整的观点，并在此基础上指出这种变化调整受到两大因素的制约：计划目标和标准以及远景式的形成性目的。将"形成性目的"置于中心，整个评价过程置于"形成性目的"和"预先确定的目标和标准"之间更准确地描述英译汉课程中形成性评价过程。

其次，将大多数模型中学习目标和成功标准之前的动词去掉。大多数模型在学习目标和标准之前都标注了表示对其处理方式的动词，如确定（文秋芳，2011）、明确（Torrance & Pryor, 2011）以及分享和明确（Thompson & Wiliam, 2008）等。但是对评价者在评价过程中如何处理学习目标和评价标准的研究发现，除了理论模型中明确标注的确定、分享和明确之外，还存在许多其他处理学习目标和成功标准的方式。理查兹（1998）指出，在实际的课堂互动中，教师的计划目标可能由于突发的、意外的学生信息打断、延缓甚至放弃，或者经历一番曲折完成。科维和贝尔（1999）认为，在由计划性形成性评价向互动性形成性评价转化的过程中，学习目标由科学知识转化为科学知识、学生的个人发展和社会发展且教师会在长期目标框架下提炼短期目标。普赖尔和克罗苏阿尔德（2008）指出，对目标和标准的理解应该协商实现且形成性评价最有意义的地方在于解构标准。杨华（2012）指出，学生计划外的学习需求可能引发教师对目标与标准的调整。本书的实证数据也显示，林老师在评价过程中运用的学习目标和成功标准并不完全是事先确定的，而是在评价过程中，在大的形成性目的和具体的学习目标与成功标准合力下生成的。除此之外，相关研究还指出分享和明确学习目标，特别是在评价开始前，未必会对学生学习产生积极的影响。威廉姆（2011a）指出，告诉学习目标和成功标准，有时等于提供问题答案，破坏了解决问题的过程，剥夺了学生发现的乐趣且在一开始就告诉他们学习目标会让他们很泄气（turn off）。托伦斯等（Torrance et al., 2005）进一步指出目标的透明鼓励工具主义。目标透明、再辅以大量的辅导和练习，确实更有可能帮助学生完成目标，但同时也带来消解学习挑战，降低学习成果质量和效度的危险。学习评价面临的最大挑战是平衡学习目标和教学过程的明晰化与学习成果的效度和价值。由此可见，在学习目标和成功标准之前明确标注其一种或两种处理方式不仅不能准确完整地再现评价者对其进行处理的多元方式，有时候还可能对教师的评价实践产生误导。因此，本书的理论模型没有规定对学习目标和成功标准的处理方式，以鼓励评价者探索和 / 或选择适合自己语境的处理方式并对其效果进行自主判断。

5.2.2.2 模型结构要素互动关系

就各要素的互动关系而言，与现有的理论模型相比，本书的理论模型既有相似处，也有不同点。

首先，本书用双箭头连接了信息的收集、阐释和使用。这一点与科维和贝尔（1999）的模型不同，与托伦斯和普赖尔（2001）的模型相似。在科维和贝尔（1999）的模型中，评价过程三大步骤用单箭头表示。科维和贝尔（1999）并没有明确说明采用单项箭头连接三大步骤的原因，但杨华（2012）认为单箭头的连接方式更好，因为三大过程依次进行体现了形成性评价环节之间"更为清晰的行进式的流程"，更好地反映了"各个环节相互之间的关系"。不过，"该模型的建立主要基于教师访谈和研究者在课堂观察后的抽象概括，是否能够切实体现课堂即时形成性评价的真实情况，还有待验证"。托伦斯和普赖尔（2001）则用双箭头连接了提问（帮助性问题＋测试性问题）、观察过程和结果以及判断和反馈，表示这些构件之间并非单向的递进关系，而是双向的互动关系。但是，对于这三者之间如何互动，托伦斯和普赖尔（2001）并没有进行详细的解释。本书的实践过程理论模型，用双箭头连接了"收集、阐释与使用"并指出这主要是因为评价的三大步骤并不一定是按直线顺序完成的过程，有时候就是循环往复、你中有我、我中有你。因此，从课本堂评价的实践来看，信息的收集、阐释和使用之间关系用双箭头表示更为准确。

其次，信息收集、阐释和使用与其对应的学习目标与成功标准用双箭头连接，强调了它们的互动关系。这与科维和贝尔（1999）以及托伦斯和普赖尔（2001）的过程理论模型相似。本书的过程理论模型的目标与标准指向评价过程的箭头表示其对信息收集、阐释和使用的指导作用，即评价过程要根据目标与标准展开。信息收集、阐释和使用指向目标与标准以及形成性目的的箭头表示，这两者也会受到信息阐释和使用的影响。比如，受到其他来源信息和学生表现的刺激，教师会引入计划之外的目标和标准，对非计划的目标和标准进行进一步的阐释和明确，或者与学生一起构建新的目标和标准知识。信息收集、阐释和使用的实际上成为一个目标和标准不断得以补充、明晰和生成的过程，而不仅仅是任务标准和质量标准得以交流、明确和清晰的过程（Torrance & Pryor, 2001）。因此，信息收集、阐释与使用与目标和标准之间的关系用双箭头表示更为确切。

最后，将形成性目的置于理论模型的核心并用单箭头指向整个评价过程。学习目标和成功标准是整个评价过程的核心，对信息收集、阐释和使用具有指导作用，其内容进一步分解为总目标和细目标（文秋芳，2011）、事件目标和小目标（杨华，2012）以及长期目标和短期目标等（Cowie & Bell, 1999）。现有的理论模型对这些不同类型的学习目标没有进行区别性的处理，一些理论模型认为其与信息收集、阐释和使用的过程是单向的（如文秋方，2011），另一些则认为是双向的（Cowie & Bell, 1999）。本书的数据显示，信息收集、阐释和使用过程所参照的对象可以分解为课程单元的目标和标准以及超越具体课程单元目标的更广的形成性目的，且两者与信息收集、阐释和使用的关系不同。课程单元的学习目标和成功标准与其是双向的互动关系，但更广的形成性目的（促进学生学习与发展）与其是单向的指导关系，并不会在评价过程中改变。这种区别性处理强调了教师的评价实践，可能偏离预先计划的课程单元的目标和标准，但一定是在促进学生学习与发展这个宏观的目的指引下完成的。这既符合教师的评价实践的实然状态，也是教师形成性评价的伦理要求。

5.2.3　实践活动理论模型

现有的形成性评价文献中已经提出了一些形成性评价的活动理论模型（Black & Wiliam, 2006; Pryor & Crossouard, 2008），但它们分别基于中小学教育和博士生教育，无法准确描述本科英译汉课程的教师形成性评价活动。根据实证研究数据，本书构建了林老师的形成性评价实践的活动理论模型，进一步丰富了形成性评价实践活动理论模型的内容。

5.2.3.1　活动基本单位

在布莱克和威廉姆（2006）的形成性评价活动理论模型中，主体指的是教师和学生。中介工具包括：(1) 关于学科性质的观点和思想，包括教学内容知识；(2) 提升互动的形成性特质的方法，如丰富的问题、什么是反馈有效的方法和"交通灯"这样的技术；（3）关于学习本质的观点和思想。客体指的是学生成就的提升，更高质量的学习或者更高的分数。在中介工具的作用下，客体转化为结果：教师对学生期待的改变以及教师评价类型的改变。布莱克和威廉姆（2006）指出，Kmofap项目的发展路径始于工具（特别是关于反馈性质和提问重要性的发现），工具的更新引发主体（教师和学生）之间关系的改变，进一步引发教师和学生角色的改变，而这又引发了其他工具的改变，如关于学科性质以及学习的观点：教师从简单的连接主义的学习观，逐渐开始接受建构主义的学习观以及与自我调节、元认知和社会学习相关的，为自己的学习负责的学习观。

普赖尔和克罗苏阿尔德（2008）认为，布莱克和威廉姆（2006）的活动理论分析强调了教师的主观能动性，主要考虑的是课堂环境，忽略了社会文化环境的影响。从社会文化理论视角出发，普赖尔和克罗苏阿尔德（2008）指出，活动系统中的主体教师，其身份并不是一个稳定的因素，而是多重的，不断重构和转化的，因此活动主体包括教师、评价者、内容专家和学习者。工具包括形成性评价的话语、教育文本和元话语。客体指学科、叙事以及元语境文本的构建，在中介工具的作用下，转化为成果：学习以及身份的再协商。普赖尔和克罗苏阿尔德（2008）认为"教师多重身份（活动系统的主体）在教育环境中运作 (play)，为活动理论提供了一点稍微不同的观点并分析了教育者作为评价者、教师、内容专家和学习者的不同身份所对应的责任、履行不同身份的责任如何产生不同的规则以及这些规则和分工如何形塑教师与学生的不同的关系和互动方式。

就本书活动系统的主体而言，实证数据显示，主体不是固定的，而是动态转换的多重身份。林老师在评过程中体现了明显的多元身份且其多元性超出了普赖尔和克罗苏阿尔德（2008）提出的教师、评价者、内容专家和学习者的范围，还包括研究者和社会成员等多种身份。此外，在翻译教育这一语境下，教师的教师身份不仅仅是翻译教师，还包括口译教师、文学教师、语言教师以及其他教师的身份。这一发现支持了普赖尔和克罗苏阿尔德（2008）关于主体不是稳定因素的观点，并指出在不同的教育语境下，教师会具有不同的身份。除此之外，本书还发现，这些身份之间还可能存在相互支持或对立的情况，进一步补充了普赖尔和克罗苏阿尔德（2008）提出的关于形成性评价活动主体"不稳定的、多元主体身份"的观点。另外，本个案研究显示教师只能按照自己是谁的方式进行形成性评价。在评价过程中，教师有意或无意地将自己的各种身份带入课堂中，相互作用和渗透、影响活动系统的其他因素、形塑评价过程的实践样态。不同的主体身份的作用并不相同。因此，对于研究者而言，对于具体语境中的主体身份应该采取开放的态度，探索和解释活动主体的不同身份，为实践者"有意识地，甚至深思熟虑地在不同的身份之间转换"（Pryor & Crossouard, 2008）提供参照。

就中介工具而言，实证数据显示，林老师使用的中介工具包括软件工具和抽象工具。软件工具主要为教师制作的文化制品——ppt 课件——其中包括各种翻译的原文、译文、目标和标准等内容；而抽象工具则有概念工具和课堂活动两种类型。概念工具包括教师对翻译学科的认知、对评价的认识以及对翻译教学（学习）的认知；而课堂活动则主要包括教师的课堂点评、问题以及与学生的互动。从内容上看，本书的概念工具与布莱克和威廉姆（2006）的内容知识、各种活动以及学习理论是一致的。本书中的概念工具很少涉及普赖尔和克罗苏阿尔德（2008）所说的形成性评价的话语、教育文本和元话语，也就是说教师评价中较少涉及对社会文化语境的揭示和反思。这可能与形成性评价的教育语境有关，普赖尔和克罗苏阿尔德（2008）涉及的是博士生教育，布莱克和威廉姆（2006）关注的是基础教育，而本书关注的是本科教育。但从理论上说，关注教育的社会文化语境，应该是形成性评价中重要的一部分。

就客体而言，实证数据显示，林老师活动系统的客体指的是由各种来源学习证据表达的学生的学习现状，在上述中介工具的作用下转换为学生学习的提升。从内容上看，三个活动系统对于客体和结果的表述不尽相同（实际上，许多其他活动理论模型，在客体和结果的表述上也存在不同）。这种差异一方面，是由于各活动理论模型的教育语境不同。布莱克和威廉姆（2006）描述的是行动研究支持下的基础教育课堂，普赖尔和克罗苏阿尔德（2008）的活动模型关注的是博士生教育的实证研究，而本书专注的是自然环境下的本科英译汉课堂。另一方面，这种不同也可能源于研究者和教师对客体与结果概念以及形成性评价和学习概念存在不同的认知。基于活动理论对活动客体和结果的定义以及本书对形成性评价和学习的认知，本书认为，在形成性评价活动系统中，理想的客体应为完整的形成性评价过程，而理想的结果则是这一过程在中介工具的作用下，转换为教师和学生在与学科和超学科相关的认知、情感和行为三个层面的进步和发展。

5.2.3.2　活动社会文化语境

活动存在于一定的社会文化历史环境中，三角模型的下半部分——共同体、规则、分工则构成了个体活动的社会文化历史背景（Cole, 1998）。享有共同客体和目标的共同体、活动的规则以及活动主体的不同分工都会对活动本身产生影响。

关于共同体，布莱克和威廉姆（2006）认为共同体是学科课堂，并指出规则和分工则会随着形成性评价的创新而改变。就规则而言，如果教师不再为家庭作业提供成绩或分数，专注于通过评论提供反馈，那么它们可能与管理规则以及家长对学校的期待产生矛盾。但是，在两所 Kmofap 项目学校中，规则最终得以改变——教师不再为书面家庭作业提供成绩，但更为普遍的规则——学校有帮助学生在全国性测试中取得好成绩的压力——确实在一定程度上限制了形成性评价的发展。分工的变化更为剧烈，权力和责任由教师向学生转移，学生开始共享工具的拥有权，如参与终结性测试的过程之中以及更少依赖教师获取学科知识。很明显，布莱克和威廉姆（2006）将共同体定位于学科课堂，强调了教师本身的主观能动性，忽略了更广的其他社会共同体对规则、分工以及具体课程形成性评价实践活动的影响。

普赖尔和克罗苏阿尔德（2008）看到了布莱克和威廉姆（2006）活动理论模型在这方面的不足并进一步指出，共同体指学院、学科、家人和朋友共同体以及未来的参照群体；分工指在教师和学生之间以及主体各个不同身份之间的功能、角色和责任；规则指形成性评价实施语境中的合法规则以及这些规则与更广的社会结构关联的方式。普赖尔和克罗苏阿尔德（2008）的形成性评价活动系统的分析重点在于主体不同身份的转换以及如何利用与不同身份相联系的每种规则和分工实施趋近型和分散型形成性评价。在讨论规则和分工时他们借用了伯恩斯坦（1996）的分类与架构的概念。分类与架构实际上是课程论中的概念。普赖尔和克罗苏阿尔德（2008）认为趋近型评价涉及强分类和架构，因此会提供材料让学习者注意到环境的规则，包括由评价标准定义的规定性话语和教学性话语。进行趋近型评价时，教育者的主要身份是评价者和教师，而在进行分散型评价时，教师身份是教师和学科专家，但更主要的是学习者。普赖尔和克罗苏阿尔德（2008）的形成性评价活动系统的最大贡献在于将主体从稳定的个体扩展为主体的不同身份，并以此为起点展开对其他要素的分析；但其不足之处在于没有将主体的不同身份与其所属的共同体联系起来，主体身份只考虑到了教师、评价者、内容专家和学习者，没有考虑到其他共同体成员身份。普赖尔和克罗苏阿尔德（2008）的共同体已涉及了共同学院、学科、家人和朋友共同体以及未来的参照群体，但是普赖尔和克罗苏阿尔德（2008）并没有探索这些共同体对教师形成性评价的影响，特别是这些不同共同体赋予教师的不同身份对教师形成性评价实践的影响。

本书的数据显示，就共同体而言，林老师是在一个复杂多元的共同体中实施形成性评价的。这个共同体不仅包括传统的学科课堂中的教师和学生，还包括更广的学校和社会文化语境，如林老师作为教师所工作的大学教师共同体、林老师作为外语教师所在的外语学院教师共同体，林老师作为翻译教师所处的翻译行业和翻译教育共同体以及林老师作为家人、朋友和社会人所处的共同体。本书的规则涉及所处共同体对林老师行为的期待，如希望学生可以在全国性高利害终结性评价中取得好成绩。分工指的是各种共同体对主体的责任和角色要求，如学院和学科共同体对林老师的工作内容提出了明确的规定和要求：研究工作和教学工作（包括不同课程的教学工作）。简言之，这一复杂多元的共同体规定了其成员的责任分工和基本准则。林老师所处的不同的共同体，即教师存在的社会文化环境，决定了林老师的各种身份，而这种身份定义了林老师需要承担的责任（分工）和准则。不同身份以及与其相关的分工和准则之间可能相互支持，也可能相互限制，它们的共同作用与互动，形塑了林老师的形成性评价实践。这一研究发现进一步支持和扩展了普赖尔和克罗苏阿尔德（2008）关于社会文化语境（共同体、分工和准则）的观点，明确了决定规则和分工内容的不仅仅是形成性评价的创新（Black & Wiliam, 2006），更重要是教师所处的不同的社会共同体。

林老师对英语专业八级考试中翻译任务的形成性运用进一步丰富了现有文献中关于终结性评价及其影响机制的认识。首先，曹荣平（2012）提出在中国的教育语境中，全国性考试将为教学设定目标。本书在某种程度上支持了这一观点，林老师确实希望通过英语专业八级考试翻译评分标准的讲解渗透本科阶段的学习目标。但是，林老师的整个评价实践并没有完全围绕英语专业八级考试展开。这说明高利害测试并不必然导致考试成为教学的"指挥棒"，教师可以选择为考而教的程度。其次，现有关于高利害终结性评价的研究指出，高利害外部测试可能在认知、情感、行为这三个层面对教学产生不良影响，且大多数教师都对高利害外部测试持否定态度；同时也有研究认为高利害的终结性评价有巨大的促学潜力，其促学效果主要取决于测试本身的质量。只要测试质量高，能监测多种学习结果、为教师提供丰富信息，为考而教，并无不可（周文叶、崔允漷，2012）。扬（Yung, 2002）的研究发现教师评价实践在很大程度上受到教师的"专业意识"的影响。即使在考试文化中，我们也可以看到由于教师对政策、教 / 学、评价的不同信念、态度和能力而造成的评价实践和结果的多样性。

本书的这一发现在一定程度上丰富了现有文献中关于语境因素与评价实践的关系的研究成果。首先，这一发现提出了学院学科共同体对教师多重身份的要求；其次，明确了这种政策要求影响教师评价实践的路径和方式。

5.3　形成性评价实践的学习理论基础

本部分将关于林老师形成性评价学习理论基础的研究发现放到现有的相关文献背景中进行进一步的考察，与现有的研究进行对话，探讨其与现有文献中相关结论与观点的相似与不同之处，为相关研究提供进一步的支持和 / 或补充。

5.3.1 形成性评价学习理论基础实然状态

本书关于林老师评价实践学习理论基础的发现，为现有文献中关于学习理论基础的实然状态的观点，提供了进一步的支持和补充。

5.3.1.1 教师的形成性评价实践具有学习理论基础

教师的形成性评价实践是有理论基础的（Torrance & Pryor, 1998; James, 2006; Stobart, 2008）。本书显示林老师的评价实践也有学习理论基础，且体现以下两个特点：（1）既有行为主义学习理论的成分也有社会建构主义学习理论的成分；（2）以行为主义学习理论为主，社会建构主义学习理论为辅。

詹姆斯（2006）指出，学习理论本身只是将优秀教师在没有理论基础的情况下已经进行的实践概念化而已。林老师并未系统地学习过学习理论，虽然其评价实践体现了与学习理论的联系，但其对学习理论的运用是无意识的。换言之，教师的评价实践虽然呈现出与学习理论的联系，但教师在实践过程中可能并没有清楚地意识到自己的评价实践与学习理论之间的联系。

不过，无论教师是否意识到，其评价实践都反映了一定学习理论的要素，或者说教师的评价实践会体现出一定学习理论所期待的评价形态。至于在具体的教育语境中，教师评价实践以何种理论期待的评价形态出现，教师对学习理论的明确意识是一个重要因素。以林老师的评价实践为例，虽然林老师的评价实践既体现了行为主义学习理论期待的评价，也体现了社会建构主义学习理论期待的形态，但却是以前者为主，后者为辅。不仅如此，后者所期待的师生之间的互动在林老师的评价实践中非常少，且主要是由教师应对学生提问和挑战所引发的互动，而非教师主动发起、引导和维持的互动。从某种意义上说，林老师一些社会建构主义取向的评价实践是被动生成的。虽然无论是主动还是被动，两者在客观上都具有促进学习的意义，但如果教师对学习理论以及其与评价的关系有明确的认识，那么教师就有可能主动地增加与学生的互动，有意识地提升社会建构主义学习理论所期待的评价实践的比重，更加主动地以学习理论为导向掌握评价的进程和形态。

斯托巴特（2008）认为形成性评价有学习理论基础，只是这个基础没有被明晰化，并进一步指出对于在多种理论框架内都适用的实践来说，不将其理论基础明晰化可能是一种防御措施，但其危险在于形成性评价被视为一种没有理论属性的一系列教学和评价策略。本书亦发现教师的评价实践有多元的学习理论基础，且认为有必要将其进一步明晰化。明晰化评价实践学习理论基础的意义在于将教师从无意识的状态逐渐带到有意识的状态，让教师意识到自己的实践与学习理论的联系，使教师能够有意识地运用学习理论指导自己的评价实践。学习理论明晰化的目的在于意识的提升，为改进提供方向和目标。挖掘教师自然状态下评价实践的学习理论基础，是使学习理论明晰化、提升教师学习理论意识的良好方式。

5.3.1.2 评价实践的学习理论基础落后于学习理论的发展

在过去的 100 多年中，我们对学习如何发生的理解经历了飞速的变化与发展（James, 2006）。学习理论的改变使得对学习结果的评价需要考虑学习所产生的社会和个人过程，而这要求扩展看待学习和评价的视角，考虑来自社会心理学、社会学和人类学的洞见（James, 2006; Torrance & Pryor, 1998）。理论上，学习理论的更新要求评价实践的更新，但评价实践的更新往往落后于学习理论的发展。沃特金斯（Watkins, 2003）的观察显示主流的学习模式是依然是——"教学是告知，而学生是聆听"，这一模式需要走向"与他人合作中构建知识"，因为这与目前的形成性评价方式契合。

本书的研究结果也表明林老师的宏观学习理论基础还是以行为主义学习理论为主，社会建构主义学习理论为辅。无论是在学习目标与成功标准的选择、文本的选择还是信息的使用方式看，林老师形成性评价实践的学习理论基础都与行为主义学习理论以及掌握学习非常相似。结合沃特金斯（2003）的观察，这似乎表明不同学科和层次的教师都倾向于用传统的基于行为主义学习理论的方式实施评价过程。关于产生这一现象的原因，本书认为有两个。一方面，这样的行为主义式的教学模式对于教师来说是更为安全的评价模式。在这种模式中，教师对学生和学生的进程有更好的控制，其中所涉及的知识和技能在教师的掌握范围之内。换言之，在这种模式下，教师可以更好地维护自己作为内容专家和评价者的权威形象，降低不可控因素的出现的概率。评价是一种人的行为，人都有工作语境中的安全感和权威感的需求，教师也不例外。在社会建构主义模式的形成性评价中，正如本书的实证数据显示的那样，会有各种各样意外的情况出现，触及教师知识的边界，虽然它有利于促成教师和学生共同学习的情况，但对于教师来说这可能被视为一种威胁。要处理好这种临时出现的情况对教师提出了更高的要求。另一方面，教师可能没有完全意识到其他方式可能带来的更大的学习益处，也就是说教师本身不知道其他学习理论和自己个人对于学习的认识的差别和不同。本书认为这属于教师形成性评价素养的问题。对于一个有责任感的教师来说，一旦意识到这一问题，改进是有可能发生的。因此，如果我们将行为主义、建构主义、社会文化和社会建构主义看作理论的进阶，那么现有的评价实践的理论基础确实是相对落后的。但这样看待不同的学习理论是否合理，还有待商榷。学习不同的学习理论也可以看作看待学习现象的不同视角，是对不同学习类型的学习的描述和解释，对于不同类型的学习具有不同的解释力。如果这样看待学习理论，那么是否一定要一刀切式地呼吁从"行为主义"转向"社会建构主义"则需要进一步结合具体的教育语境进行分析和论证。

5.3.2　形成性评价学习理论基础应然状态

本书关于林老师评价实践学习理论基础的发现，质疑并补充了现有文献中关于学习理论基础的应然状态的观点。

5.3.2.1　形成性评价实践应该以多元学习理论为基础

在现有的文献中有学者提出以特定的先进的学习理论作为形成性评价的学习理论基础。上文中的沃特金斯（2003）就呼吁课堂教学中学习模式走向建构主义的学习理论。李清华等（2014）也提出以社会文化理论为二语课堂形成性评价的理论基础。斯托巴特（2008）则指出现有的形成性评价实践最适宜的学习理论基础是社会建构主义的学习理论。但是，本书认为不宜以任何一个既定的学习理论为考察评价实践的基础。

首先，本书显示教师的形成性评价实践本身有着多元的学习理论基础：行为主义和社会建构主义。规定某一具体的理论为学习理论基础，与复杂的评价实践的实际情况不符。实际上，学习理论本身是描述学习如何发生的不同视角，它们之间存在很多内容上的重叠，而教师的形成性评价是复杂的实践现象，某一个单一的学习理论无法描述和揭示这种复杂性。以某个特定的学习理论为基础，将突出某一些与其相符合的评价实践，而另一些评价实践则可能被排除在形成性评价实践之外。但是，与选择的学习理论不一致，不代表没有促学的潜力和价值。学习是一件比恋爱更加个人的事情，具体的学习理论也仅仅是解释学习是什么以及学习如何发生的一个视角，而且是广义的学习，而非具体学科的学习，或个人的学习。对评价实践行为的促学价值的判断，应结合具体语境，而非以与既有学习理论的相符性为唯一的评价标准。

其次，学习现象本身十分复杂，不同的学习理论往往适用于描述不同学习目标和课程的学习。詹姆斯（2006）指出行为主义学习理论更适用于解释一些基本技能或习惯性行为的发展，而建构主义学习理论适合解释某一主题领域中对概念结构的深度理解的发展。詹姆斯（2006）进一步提出"与目的的适用性"是决定学习理论和融合学习理论的重要考量，而学科领域的性质也是确定学习理论优先级的考量。例如，科学和数学学科，具有清楚的层级结构和广为接受的概念结构，因此与具有争议的或多元的学习质量标准的学科领域相比，更适合于建构主义的学习理论。所以建构主义教学和评价实践范例往往来自科学和数学学科（Broadfoot, 2000; Pellegrino et al., 2001）。也有学者尝试探索将建构主义运用于其他学科的评价实践，其研究结果显示存在采用其他学习理论模式的需要（Black & Wiliam, 2006）。换言之，行为主义、建构主义、社会文化和社会建构主义等学习理论不仅可以看作理论的进阶发展，也可以看作是对不同学习现象和学习现象不同面向的描述和解释，对于不同的学习类型具有不同的适应性。

　　因此，对于学习成果多元、属性复杂的学科或课程（如翻译课程）来说，不适合以某个特定的学习理论为基础。学习理论的选择背后是对一种学习理论价值的判断，而这种判断并没有定论和确定的标准，特别是在课堂实践层面。适当的做法是选择在实践描述的基础上，探索与实践最相关的理论支持，从不同视角认知形成性评价实践，探讨其中蕴含的学习理论，分析评价实践可能存在的形成性潜力，以期唤醒教师的实践与理论的连接意识，将判断的权利交给教师，鼓励教师在评价实践过程中发挥创造性和灵活性。

5.3.2.2　形成性评价学习理论基础的内容应有所扩展

　　评价实践学习理论的研究对学习理论本身的研究提出了新的要求。基于研究发现和相关文献的启示，本书认为，就形成性评价而言，其学习理论基础内容可以在如下三个方面进行扩展。

　　首先，关注不同层次的学习理论。虽然斯托巴特（2008）指出教师个人的学习理论是实施形成性评价初期的关键，但就学习理论的探究而言，现有的形成性评价研究大多关注的是对宏观学习理论（行为主义和社会建构主义等）本身的内涵以及其对教学与评价启示的分析。本书认为教师形成性评价实践的学习理论基础可以从三个层面加以考察：宏观的学习理论、教师个人的学习理论和基于具体学科和课程的学习理论。这三者之间关系十分密切。具体学科的学习理论与宏观的学习理论有着密切的联系，甚至是上下位的关系。二语习得理论就有认知学派和社会文化学派的争论，而教师的个人学习理论与宏观学习理论和学科学习理论也有许多重叠和交叉的地方。不过，不同层次的学习理论在形成性评价中扮演的角色不同。正式的宏观学习理论规定了评价过程的理想形式，可以用于反思教师的评价实践，论证教师的评价实践的效度。具体学科中的学习理论话语，比起宏观学习理论中的话语对于具体的学科教学和评价的适用性更强更直接。教师的个人学习理论对评价实践的指导最为直接，影响最为深刻。个人的学习理论贯穿整个评价过程，而非形成性评价实践的早期（Stobart, 2008）。现有研究文献比较强调学习理论对学习信息使用的影响，但本书的数据显示，教师形成性评价的整个过程和各个方面都受到了学习理论的影响。教师对学习的理解或显性或隐性地指导着教师的形成性评价过程，而不仅仅是学习信息的使用。因此，具体学科形成性评价实践的研究者更应该关注挖掘形成性评价实践背后具体学科的学习理论和教师个人的学习理论。

其次，关注对不同类型学习成果（目标）的价值判断。作为评价实践的理论基础，学习理论应指导形成性评价的实践，而目标的确定是评价实践中重要一步，需要学习理论进一步的支持。在这方面，学习理论本身对什么是好的学习、有价值的学习是有暗示的，但没有进行明确系统的探究。学习理论研究主要关注的研究问题：（1）学习是什么；（2）学习如何发生（James, 2006）。就形成性评价的学习理论基础而言，学习理论本身可能还需要系统探讨：什么样的学习是有价值的学习，也就是学习成果的价值判断，因为它决定了评价的目标和对象。关于对自己的学生来说最有价值的类型的学习，教师需要有自己的观点，然后再选择和发展相应的教学和评价方法（James, 2006）。这种观点的形成，需要受到进一步的学习理论研究成果的支持。比如现有的学习理论告诉我们思维和学习具有情感和意图层面的属性，但它们是应该作为实现认知目标的工具还是应该成为目标本身，则需要进一步地探讨。这方面，研究者也许可以借鉴课程论领域的研究成果。

最后，学习理论可以更多地关注个人学习进度的构建。在学习进度的构建方面，现有的文献中很少有关于教师个人如何构建学习进度的研究。本书发现，虽然林老师本身没有关于学习进度的明确概念，但在实际的评价过程中是有学习进度考量的，比如从词，到句，再到篇章的学习进度安排。这说明学习进度是教师形成性评价实践过程中不可或缺的一部分。但是，需要指出的是，教师的这种学习进度意识是非常朴素、原始和模糊的，属于非常简单和初级的学习进度。从构建方式的角度来说，是以常识和个人经验为基础的，并没有非常强的学科知识基础，属于自下而上的构建方式。非翻译专业背景的翻译教师可能需要在构建学习进度时更多参考已有的自上而下的学习进度构建成果，以具体学科的学习理论为参照，通过"自上而下的方式构建学习进度"。

5.4 本章小结

本章结合现有文献中的相关结论与观点，对第 4 章中呈现的林老师评价实践个案研究的研究发现进行了进一步分析与讨论。分析与讨论的结果显示，翻译教师林老师的形成性评价实践与现有文献中的结论与观点有所不同，进一步丰富了形成性评价的研究成果。分步实施方面，本书提炼出的形成性评价各个步骤的新的类属（如高计划与低计划性目标和高识别性与低识别性标准；翻译文本选择的五大考量和翻译文本的三大属性：工作对象、知识载体和激励工具；横向扩展型反馈和纵向提升型反馈）以及分步实施的特点（如是否以预先计划的学习目标与成功标准为统领性的原则），体现了与现有分步实施方法不同的特征，进一步丰富了形成性评价分步实施的相关研究成果。实践理论模型方面，本书构建的实践分类框架模型（计划性和非计划性形成性评价）、实践过程理论模型（形成性目的、目标与标准和信息收集、阐释与使用）和实践活动理论模型（基本单位：多元主体、客体与工具以及社会文化语境：共同体、规则与分工）体现了与现有模型不同的特征，进一步丰富了形成性评价实践理论模型的相关研究成果。学习理论基础方面，本书指出，教师的形成性评价实践具有学习理论基础但评价实践的学习理论基础落后于学习理论的发展，并提出形成性评价实践应该以多元学习理论为基础并扩展学习理论基础的内容，进一步丰富了形成性评价学习理论基础的相关研究成果。

第 6 章 研究结论与启示

本章将总结本书的主要研究发现与结论、理论与现实的贡献以及研究的局限性和未来研究建议。

6.1 研 究 结 论

本书通过质性取向的个案研究法对翻译教师林老师在英译汉课程中的形成性评价实践进行了探索，研究结论体现在林老师形成性评价实践的分步描述、理论模型和学习理论基础三个方面。

6.1.1 形成性评价实践分步描述

本书的分步描述部分主要探索了林老师在学习目标与成功标准选择、翻译文本选择、学习信息阐释与使用三个方面的实践样态。

6.1.1.1 学习目标与成功标准选择

关于学习目标与成功标准的选择，本书发现，林老师以多媒体课件的形式呈现了翻译职业素养、预先计划的学习目标和翻译产品标准，而其在评价过程中选择运用的学习目标和成功标准可以分为高计划性目标和低计划性目标，高识别性标准和低识别性标准。此外，林老师学习目标和成功标准的选择体现了以下特点：（1）学习目标与成功标准的选择体现了学习经验的继承性；（2）教师根据自己实践经验选择呈现自己认为重要的学习目标和成功标准；（3）教师倾向于在评价实践中选择比较容易评价的学习目标和成功标准。

6.1.1.2 学习信息收集（翻译文本选择）

关于信息收集（翻译文本选择），本书的主要发现包括：（1）在文本来源这一维度上，翻译文本涉及不同来源，以正式出版物为主，非正式出版物为辅；（2）在主题这一维度上，翻译文本涉及不同的知识领域，没有特别突出的主题；（3）在体裁这一维度上，翻译文本涉及不同体裁，以文学体裁为主，非文学体裁为辅；（4）在文本形式（篇幅）这一维度上，翻译文本涉及词句篇，以词和句为主，篇章为辅；（5）在文本质量凸显性方面，翻译文本中质量非凸显型文本较多，质量凸显型文本较少。此外，林老师翻译文本的选择体现出以下特点：（1）教师不以预先计划的学习目标与成功标准为统领性的选择原则；（2）考虑文本作为工作对象、知识载体和激励工具的教育价值；（3）文本选择是一个教育惯性的继承与突破相结合的过程。

6.1.1.3　信息阐释与使用

关于信息的阐释与使用，本书发现，林老师的反馈远远多于教学调整，而教学调整为前摄性调整，内容主要为翻译文本的更新。林老师的反馈主要可以分为横向扩展型反馈和纵向提升型反馈，其中横向扩展型反馈包括口译知识、文学知识、语言知识和百科知识扩展，纵向提升型反馈中包括操作性建议、实践示范、目标与标准分享和理论提升。此外，林老师信息阐释与使用体现出以下特点：（1）不以预先计划的学习目标和成功标准为统领性的原则；（2）从功能的角度看，反馈的意义在于扩展知识、引发思考；（3）从产生的机制看，反馈是教师知识与能力倾向的投射。

6.1.2　形成性评价实践理论模型

本书的形成性评价实践理论模型部分主要构建了林老师形成性评价实践的分类框架模型、过程理论模型和活动理论模型。

6.1.2.1　实践分类框架模型

本书根据林老师形成性评价过程的实证数据构建了林老师的英译汉课堂形成性评价的分类框架模型：计划性评价和非计划性评价，并从计划程度、评价目的、评价过程、学习成果、评价语言、学习理论、评价主体及其角色以及教师知识基础等方面阐释、比较了两种类型评价的异同。比较结果显示，本书提出分类框架模型与现有的评价分类框架模型既有相似点，也有不同处。与其他分类方式最大的不同在于，本书中的计划性形成性评价和非计划性评价是完全从课程内容开发角度出发，以是否存在预先计划的目标为标准进行分类的结果。

6.1.2.2　实践过程理论模型

本书根据林老师形成性评价过程的实证数据构建了林老师的英译汉课堂形成性评价的过程理论模型。与以往的过程模型相比，本书提出的过程理论模型将形成性目的置于整个评价过程的中心，表示整个评价过程和评价的各个方面都应该以促进学生发展为核心和最高指导原则；将评价过程置于核心圈（形成性目的）和目标标准圈之中，表示课程单元的学习目标和成功标准是形成性评价过程的参照对象；目标和标准用双箭头与评价过程连接，表示一方面目标和标准将影响评价过程，指导评价过程的实施，另一方面评价过程也会对目标和标准产生影响，如增进对目标和标准的理解，或提出、构建新的目标和标准。

6.1.2.3　实践活动理论模型

本书根据林老师形成性评价过程构建了林老师的英译汉课堂形成性评价的活动理论模型，突出了影响和形塑林老师形成性评价实践的活动要素，特别是社会文化语境以及活动主体的多元身份对形成性评价实践的影响。本书发现，在形成性评价这一活动系统中，林老师体现了多元的主体身份：包括教师、评价者、内容专家、学习者、研究者和社会成员，就教师身份而言，林老师的身份还包括文学教师、语言教师、笔译教师和口译教师等。这些身份本身是由教师所在的社会文化语境的各种共同体所赋予的，它们之间的关系既相互促进又相互抵触。归根结底，教师只能根据自己是谁实施形成性评价，教师会无意识地将自己的各种身份带入到课堂评价过程之中。因此，这些相互关联促进以及抵触的身份在很大程度上形塑了林老师的形成性评价的实践样态。

6.1.3　形成性评价实践学习理论基础

本书的学习理论基础部分探索了林老师学习目标与成功标准选择、翻译文本选择以及信息阐释与使用的学习理论基础。

6.1.3.1　学习目标与成功标准选择

林老师学习目标与成功标准的选择的学习理论基础涉及行为主义学习理论和社会建构主义学习理论，其中行为主义学习理论的色彩更为浓厚。学习目标与成功标准选择的行为主义学习理论基础主要体现在林老师选择的学习目标多为基本知识技能和习惯性行为目标以及按照单元形式组织所选择的学习目标。在成功标准的选择方面，林老师强调的基础阶段的忠实通顺到高级阶段的雅的质量标准要求也体现出行为主义学习理论强调的循序渐进的层级关系。不过，在翻译课程中，这种行为主义理论学习基础是较为粗糙的行为主义学习理论，因为学习目标和成功标准的推进并不一定按直线方式进行。学习目标与成功标准选择的社会建构主义学习理论基础主要体现林老师根据学生的翻译产品质量和已有知识与学生共同确定、协商和讨论学习目标和成功标准。

6.1.3.2　学习信息收集（翻译文本选择）

林老师翻译文本的选择的学习理论基础涉及行为主义学习理论和社会建构主义学习理论，其中行为主义学习理论的色彩更为浓厚。在形式和篇幅上，林老师认为应先掌握词和句子翻译，再掌握篇章翻译，所以文本中词与句子居多、篇章较少，体现了行为主义强调的技能发展的层级观。在难度上，林老师的选择难易混搭，因为林老师考虑到学生水平不一，希望同一班级不同水平的学生可以获得与自己水平相匹配的翻译任务，体现了行为主义学习理论关于最好根据学生技能水平分班教学的思想。在组织上，围绕统一学习目标，安排多个翻译任务，提供高强度高频率的刺激，遵循了行为主义学习理论的刺激—反应学习原理。文本选择的社会建构主义学习理论基础主要体现在文本任务本身的开放性以及对文本作为工作对象、知识载体和激励工具的属性的考量。

6.1.3.3　信息阐释与使用

林老师的信息阐释和使用的学习理论基础涉及行为主义学习理论和社会建构主义学习理论，其中行为主义学习理论的色彩更为浓厚。在横向扩展型反馈中，林老师的口译知识、文学常识、语言知识和百科知识以及纵向提升型反馈中的实践示范、目标与标准分享和理论提升，在很大程度上属于学习输入，教师的主要任务是传递知识，体现的是"教师说，学生听"的行为主义学习模式。在纵向提升反馈中，教师不断重复的操作性建议："查字典"和"大声朗读"，试图通过强化的方式帮助学生养成"查字典"和"大声朗读"的习惯，更是体现了行为主义学习理论所支持反馈形式。林老师信息阐释和使用主要体现在林老师为数不多的就翻译产品质量与学生展开的讨论。

6.2　研　究　贡　献

本书对形成性评价的概念进行了重构，并在此基础上对林老师的英译汉课堂形成性评价实践进行了探究，具有理论和实践两方面的贡献。

6.2.1　理论贡献

本书的理论贡献主要体现在以下三个方面。

6.2.1.1　形成性评价概念重构

本书在批判和整合各种形成性评价定义的基础上，对形成性评价的概念进行了重构，其主要内容包括：形成性是所有类型评价的伦理要求；所有评价、评价的各个方面及评价的整个过程都具有形成性潜力；形成性评价是看待教学和测试的新视角；学习理论是形成性评价最重要的理论基础。这一重构，在一定程度上消解了现有文献中形成性评价定义的各种冲突和矛盾，推进了人们对形成性评价的理解，为形成性评价的学术研究提供了概念基础。

6.2.1.2　研究发现的理论成果

首先，本书提出了翻译学习目标与成功标准、翻译文本、翻译教师反馈三个方面的新的类属。在学习目标与成功标准方面，本书提出了目标和标准的新分类：高计划性与低计划性目标以及高识别性和低识别性标准。在文本选择方面，本书提出了在教学语境中，翻译文本的三大属性：工作对象、知识载体和激励工具。在反馈方面，本书提出了两种新的反馈类型：横向扩展型反馈和纵向提升型反馈。这些新的类属的提出，将教师的日常评价实践概念化，推进了人们对教师翻译课堂实践的理解，在一定程度上丰富了翻译教学和评价理论。

其次，本书构建了林老师英译汉课程评价实践的分类框架模型、过程理论模型和活动理论模型。基于林老师翻译评价实践构建的翻译实践分类框架模型、过程理论模型和活动理论模型与现有文献中已经存在的分类框架模型、过程理论模型和活动理论模型既有相似处，也有不同点，进一步丰富了形成性评价的理论构建。

最后，本书探索了林老师学习目标与成功标准、翻译文本选择以及信息阐释和使用的学习理论基础。研究发现林老师的形成性评价实践具有行为主义理论和社会建构主义学习理论基础，且以行为主义学习理论主义基础为主，以社会建构主义学习理论为辅。这在一定程度上深化了人们对形成性评价学习理论基础的认识。

6.2.1.3　评价实践理论化方法

形成性评价是高度语境化、十分复杂的教师实践，将其实证数据概念化是形成性评价理论化的重要部分。现有文献中概念化形成性评价实践的方式包括构建分类框架模型、过程理论模型和活动系统模型，但是很少有研究将三者结合起来用于概念化同一研究对象的形成性评价实践。本书在这方面进行了尝试，并明确了三种模型在概念化形成性评价实践方面的优势和不足及互补关系，提出三者结合构成了概念化形成性评价实践的完整系统，进一步丰富了形成性评价实践理论化的方法。

6.2.2　实践贡献

本书具有明显的实践取向，意在为提升形成性评价的质量和促进教师发展提供启示，其实践贡献主要体现以下三个方面。

6.2.2.1　对翻译教育管理者的启示

本书对翻译教育管理者的启示主要在于如何构建机制、创造良好的环境，促进形成性评价特别是翻译教师形成性评价的发展。

首先，鼓励教师将形成性评价引入课程评价之中。本书显示，学院层面的评价改革为林老师这样的文学教师的评价实践的转变提供了契机和平台。形成性评价的系统实施不能仅仅依靠教师自己的主动求变，管理层面的支持和鼓励往往是改变的起点或触发器。因此，制度层面可建立机制要求教师在所有课程中实施形成性评价，为教师获取形成性评价知识提供入口。

其次，营造一个鼓励翻译教师从事翻译实践的环境。鉴于翻译实践经验对提高翻译课程形成性评价实践的重要性，对于开设翻译课程，而翻译专业师资匮乏的学院来说，应该建立机制，鼓励翻译教师从事翻译实践工作。具体而言，可从两方面入手。一方面，在市场混乱，笔译报酬较低的情况下，学院层面可以组织教师从事与实践付出对应的工作，或给予从事翻译实践的教师一定的经济补助。另一方面，翻译实践的工作成果与科研成果结合起来，减轻翻译教师科研与教学之间张力严重的问题。翻译教师需要从事翻译实践工作，但制度层面应该为教师参与翻译实践提供更多的动力，在制度层面提升翻译实践经验在翻译教师职业发展过程中的地位。

最后，营造一个鼓励非翻译专业的翻译教师学习翻译理论的环境。目前近 200 所院校开设了翻译本科专业，再加上翻译课程（包括基础翻译与高级翻译）是英语专业的必修课程，翻译教师的师资的缺口很大。翻译作为一门学科建立的时间并不长，翻译专业毕业生，特别是高层次毕业生的数量远远不能满足现有的翻译师资需求。目前大多数翻译课程的教师为英美文学专业或语言专业的毕业生，这一状况在可见的未来并不会出现实质性的转变。因此，建立机制鼓励非翻译专业教师进行翻译理论的学习以提高教师形成性反馈的层次显得十分重要。

6.2.2.2 对翻译教师教育者的启示

本书的发现对翻译教师教育者的启示主要在于如何改进翻译教师发展项目，促进教师形成性评价能力的提升。

首先，在翻译专业和翻译教师教育项目中引入形成性评价素养模块。形成性评价并不是全新的教育实践形式。实际上，许多教师都在自己的课堂实践中实施了形成性评价，只是不知道自己实施的是形成性评价，从而有意识地，根据形成性评价的研究发现，结合自己的语境改进自己的形成性评价实践。在翻译专业和翻译教师教育项目中引入形成性评价素养模块，其目的在于提升教师对形成性评价的认识和理解，学习形成性评价的基本思想与原则，为将来的形成性评价实践打下评价知识基础。

其次，在翻译专业和翻译教师教育项目中引入研究方法模块。形成性评价本身是高度语境化和个人化的教育实践，涉及信息的收集、阐释和使用，需要教师具有研究者，特别是质性研究者和行动研究者的素质。因此，本书建议在教师教育中引入研究方法模块，将翻译教师以质性（行动）研究者为目标进行培训。引入这一模块的好处在于不仅有利于形成性评价质量的提升，而且有利于提升翻译教师的研究水平，缓解大学翻译教师所面临的科研与教学的巨大张力。

最后，在翻译专业和翻译教师教育项目中引入基于专业背景的翻译理论与实践内容模块。本书发现，在形成性评价的实践过程中，教师的理论基础和实践经验都非常重要。此外，翻译作为一门跨学科的专业，其理论来源十分广泛，加之翻译课程师资的专业背景较为多样。因此，本书建议理论与实践模块的内容应该与教师的专业背景和／或本校翻译专业主攻的方向相结合。这种基于专业背景的翻译理论与实践课程的优势在于可以将翻译学习与专业学习结合起来，在学习翻译的同时，通过翻译学习发展专业知识。

6.2.2.3 对翻译课程教师的启示

本书对翻译教师的启示主要在于如何提升自己的形成性评价能力，提升课堂评价的质量。

首先，从重构的形成性评价的视角反思课堂教学与外部测试。从重构的形成性评价的视角来反思课堂教学：将课堂材料看作信息收集工具，注重其与目标和标准的匹配并考量其本身作为学习工具的价值；将课堂视为信息不断产生和流动的信息场，捕捉其中任何关于学生学习和发展的蛛丝马迹，分析其与短期和长期学习目标与成功标准的关系。教师应该关注自己在课堂中发出的各种信息，并将其与学习目标和成功标准联系起来，分析、反思其在多大程度上可以帮助学生实现目标和达到标准，促进学生综合素质的提升。教师尽量在课堂中通过各种方式向学生提供有意义的、能够引发学生各方面思考的信息，为学生实现目标和达到标准提供有益的输入；有意识反思自己阐释信息所使用的目标和标准，如它们的合理性和价值；有意识地将调整教学和提供高质量反馈视为课堂活动的最终目的之一。从重构的形成性评价的视角来看待高利害的外部测试：所有的评价以及评价的每一步和每一个方面都有促学的潜力，高利害外部测试也不例外，教师应该充分发掘高利害测试的潜力，使其为教学服务。比如，教师可以从学习理论和评价理论角度分析高利害测试的评价工具和评价标准，确定其促学价值，提升学生的评价素养，并同时开发形成性地运用高利害测试的方式，如利用多次评价合计总分的方式提升学习动机、监督学习进程。

其次，提升形成性评价过程三大步骤的质量。在翻译学习目标方面，鉴于国内翻译专业的人文学科的定位，教师应在注重翻译能力目标的同时，更加注意翻译教育的通识教育目标，通过翻译教学帮助学生提供人文素养和批判性思维能力。在翻译专业能力目标中，更关注翻译策略目标。在翻译评价标准方面，对于非翻译专业的翻译教师来说，可以多了解一些除文学翻译家提出的标准之外的，来自翻译教育领域和翻译测试领域的其他翻译评价标准。在信息收集方面，教师应该尝试了解、开发和使用多种信息收集工具。虽然翻译文本是最常用的信息收集工具，但除此之外，还有很多任务形式可以获得学生翻译能力的信息。在翻译文本选择方面，教师应该在学习生活中多留意有意义的文本，并了解关于如何选择文本的相关研究。如果可能的话，尽可能使用自己翻译过的文本。教师还需了解关于翻译文本组织原则的知识：除了以技能为单位进行组织之外，还有一些其他的组织方式可以运用。在信息阐释方面，教师应该尝试了解不同的翻译教学目标和标准类型。在信息使用方面，翻译教师试着提高纵向提升型反馈的频率和质量，从不同的理论视角阐释学习者的翻译作品。除此之外，翻译教师还应多提供关于译者翻译思维过程的反馈。

最后，结合自身专业，进行翻译学科内容知识学习，包括陈述性知识和程序性知识。翻译专业是一门跨学科专业，与相关学科关系密切。从形塑形成性评价的要素的角度来看，翻译教师可以结合自己的专业加强翻译理论方面的输入，将翻译教学与自己的专业学习结合起来，如文学教师学习文学翻译理论，语言学专业的教师学习翻译学的语言学理论。另外，翻译教师从事一定的翻译实践活动，在外部环境对翻译实践激励不足的情况下，从事翻译教学的教师可以从事与所学专业密切相关的翻译实践活动，如文学教师进行文学和文学理论的翻译，获取直接的翻译体验与经验。翻译教师可将本专业文本的翻译看作一种专业成长的方式，以翻译作为手段促进专业发展。

6.3　研究局限与未来研究方向

本书采用质性研究中的单个案研究方法对林老师的形成性评价实践进行了描述性和探索性的研究。虽然研究方法与本书的目的是匹配的，但从形成性评价研究的整体的现状和未来发展来看，本书还在内容和方法上存在局限，需要未来的研究进一步补充和完善。

6.3.1　本书的不足

本书采用个案研究法探索了英译汉课程教师林老师的形成性评价实践。反思整个研究语境、过程和结论，本书主要在以下三个方面存在局限之处。

6.3.1.1　教师评价实践的学生反应探究

形成性评价的目的是促进学习，而学习的主体是学生，因此学生对教师评价实践的反应是形成性评价重要的效度证据来源，可以为教师改进自己的评价实践提供参照。本书虽然系统地探究了林老师的形成性评价实践，但没有系统探索学生对教师评价实践的反应。这主要是因为：（1）教师评价实践过程的系统描述工作量已经非常大，如果再加上系统探究学生对教师评价实践的反应，工作量和论文篇幅都会翻倍，对于博士论文来说体量可能过大；（2）在本课程中，教师主要还是采用"教师讲和学生听"的模式，学生在课堂上的行为和语言反应并不多，为数不多的和教师的语言交流在信息阐释和选择部分也有所显示；（3）本书的研究目的是教师评价实践的探索，所以不涉及学生反应，也可理解。

6.3.1.2　教师评价实践的理论基础分析

形成性评价实践是有学习理论基础的。本书主要挖掘了林老师形成性评价实践的行为主义和社会建构主义两大学习理论基础。这主要是因为现有的形成性评价研究特别强调了行为主义和社会建构主义与形成性评价实践的关系，并指出应该以社会建构主义学习理论为学习理论基础。但是，实际上，形成性评价作为一种复杂的人类行为是可以从多种不同的理论视角进行阐释的。许多学者都提出过许多不同的形成性评价实践的理论基础，如社会学、心理学、教育学、课程论等方面的理论。限于本书的研究重点和研究者的研究精力与学术基础，本书并没有从这些方面对林老师的形成性评价实践进行分析。

6.3.1.3　单个案研究的比较与推广价值

任何一种研究方法本身都有其自身的不足之处。本书采用的是质性研究这把大伞下的案例研究法中的单个案研究法，其不足主要体现在两个方面。首先，本书采用的是案例研究中的单个案例研究，无法提供多个不同背景案例评价实践的对比。其次，从传统的研究结论的概化或推论的角度看，专注于案例的质性研究不如大规模的量化研究。不过也有研究者认为质性研究的推论内涵与量化研究不同，量化研究追求的是从样本得出的结论推广到整体的"同化"，而质性研究更关注"顺应"作用，即从案例得出的结论能够使读者不断修正和扩展自己的知识结构，为人们日用而不知的事物投上新的光。

6.3.2　未来研究方向

鉴于本书所存在的不足之处，未来的形成性评价研究，特别是翻译教育领域的形成性评价研究，可以从以下三个方面进一步展开。

6.3.2.1　教师评价实践的学生反应系统探究

如上文所述，学生对于教师评价实践的反应研究意义重大，应该关注学生对教师评价实践的反应和处理方式。本书认为可以从以下两方面展开相应研究。首先，基于完整评价过程的学生反应研究。目前已经有一些对形成性评价实践的反应研究，但由于传统主流的形成性评价常常与反馈混淆，现有的学生对教师形成性评价实践主要关注的是学生对教师反馈行为的反应，包括行为和态度，很少有研究关注学生对形成性评价过程其他部分的反应：如学习目标与成功标准的选择、信息收集法的选择与开发等。未来的形成性评价研究可以关注学生对整个翻译过程，特别是对教师目标与成功标准选择以及信息收集方式选择的反应，以便从不同视角审视教师的评价实践。其次，未来研究可以探究学生反应背后的社会和个人原因，以便教师为学生提供更具针对性的帮助。

6.3.2.2　教师评价实践的多元理论视角分析

如上文所述，形成性评价是为了促进学习，与学习密切相关，而学习本身是个非常复杂的、个人化和语境化的活动。同时，人类的评价行为也是一种非常复杂的、个人化和语境化的活动。因此，为了通过形成性评价活动提升学习的质量，仅仅分析形成性评价实践的宏观的学习理论（行为主义和社会构建主义）基础是不够的。本书认为未来的研究可以从以下两个大的方面展开对形成性实践的理论分析。首先，形成性评价是一种人类行为和一种决策过程，因此，未来研究可以从行为心理学、经济学和伦理学分析评价实践，帮助教师透视和反思评价实践行为的本质和决策过程。其次，形成性评价是为了促进学习，因此未来研究可以从除行为主义和社会建构主义之外的其他学习理论，如现象图析学（Prosser & Trigwell, 1999）以及浅层学习和深层学习（Biggs & Tang, 2011）的视角分析评价实践，以帮助教师开发创新性的评价实践以及论证评价实践的效度。

6.3.2.3　教师评价实践多个案以及量化研究

如上文所述，每种研究方法都有自己的不足。本书采用的质性研究中的个案研究方法本身有其不足之处。为更加全面准确地再现翻译教师形成性评价的实践样态，研究者可以采用不同的研究方法对翻译教师形成性评价实践进行探究。本书认为未来的研究可以从以下两个方面展开。首先，研究者通过更多的单个和／

或多个个案研究进一步对不同背景和不同的语境下的翻译教师形成性评价实践进行研究，将其与本书的研究结论进行对比，以获得关于翻译教师形成性评价更为全面和深刻的认知。其次，研究者可以根据质性研究中案例研究的结果，设计开发形成性评价实践调查问卷，开展针对翻译教师形成性评价实践的大规模的量化研究，得出在量化推论方面值得信赖的研究结论。

第 7 章　研究者反思

与量化研究不同，质性研究的论文写作规范要求研究者以"研究者反思"作为论文的完结部分。之所以做这样的要求，想来至少有两大原因。首先，质性研究的研究工具是研究者本人，研究者本人对研究过程的反思，其本身可视为科学研究所强调的研究效度论证的一部分。读者可以以研究者对过程的反思对研究的效度进行判断。其次，反思提供了质性研究的"溢出性"成果（陈向明等，2011：241）。质性研究除了提供启示性的研究发现之外，其研究过程亦是研究者自我成长的过程。无论是在研究过程中，还是研究即将结束之际，研究者的反思都有利于"自我成长"的发生。这种"自我成长"的感受也许是研究者能够在漫长枯燥的质性研究过程中坚持下来的重要动力之一。此外，自我成长的反思内容或许也可为同行研究者提供小小的启示与鼓励。由此，研究者将在本章对研究过程和研究者个人的成长进行回顾反思。

7.1　对研究过程的反思

质性研究过程是一个复杂的过程，可以反思的方面很多。鉴于研究效度的重要性以及研究效度与研究者研究过程反思的关系，研究者选择以影响研究效度的几个关键方面为抓手对研究过程进行反思。

7.1.1　研究者与被研究者的关系

质性研究是研究者与被研究者密切互动，共同构建知识的过程。因此，质性研究中的研究关系会对研究产生重要影响。在本书中研究对象是与研究者关系不错的同行教师，对林老师工作环境的了解以及对其思维方式和行为习惯的理解赋予了我熟人和局内人的身份，让我能够比较轻松地走进林老师评价实践田野的物理空间。必须承认，本书中研究对象的选择有很大程度上是出于便利性的考量。同时也必须承认，在提供便利性的同时，这种研究者和被研究者的密切关系，也可能为研究带来不利的影响。比如，因为熟人的关系，当研究者在现场时，被研究者在自然的"研究场域"的行为是否会受到这种关系的影响，而显得不够那么"自然"，从而妨碍了"真实数据"的获取。对此，研究者认为无法从理论上否认这种影响存在的可能性，但在实际研究过程，研究者感到，决定这种影响的与其实说是"熟人"的关系，不如说是研究关系中的"熟人"是什么样的人。林老师本人乐观开朗自信，教学口碑良好，科研成果丰硕，是其工作环境中为数不多的国家社科项目主持人，而笔者还是一个正在为博士论文苦苦挣扎的研究新手，平时和同事学生也如朋友般相处融洽。因此，在整个课堂观察过程中，林老师对于笔者作为研究者的存在并未对林老师评价实践的"自然"状态造成太大影响。

7.1.2　研究者本人的"前设"

质性研究对研究者的要求之一是悬置研究者的"前设"，让数据自己说话。最初听到这一说法时，笔者的个人感受是"怎么可能？这不科学"。质的研究要求研究者去理解被研究者，而人的理解的不是单向信息输入，是新的信息与人脑中的已知信息相互作用的结果，没有"先见"，就不会有"理解"。随着研究的推进，研究者开始逐渐意识到"先见"可能产生的不利影响。与林老师一样，研究者本人也曾教授过英译汉课程。因此，在观察林老师的课堂实践过程中，时常忍不住以同行教师的身份，而不是研究者的身份，"默默地"对林老师评价实践进行评价，并倾向于认为自己的做法可能比较好。换言之，教师的身份对研究者的身份产生了干扰，在一定程度上阻碍了研究者集中精力探索被研究者评价实践样态、实践背后的动因及其可能存在的形成性潜力。幸运的是，在课程观察的最初阶段，研究者就觉察到了自己的这种倾向，并在之后的课堂观察中，对此进行了有意识的克制。这说明：（1）"先见"确实会影响研究过程；（2）在研究者越关注的事情上，"先见"越容易入侵研究过程；（3）"先见"很难避免，但可以得到有效地制约。悬置"前设"，在研究者看来，不是说在研究过程中清空大脑，而是指将研究者对某件事应该如何的固有观念放在一边（这是可以做到的），尽量以新人的好奇心去观察被研究者的实践并思考其动因和价值。当然，个人的"前设"和"倾见"亦是使我们成为现在的"我"的关键，我们个人的看法和生活经历构成了自己现在所拥有的研究能力，并且决定了我们向世界的某一个方面开放自我（林小英，2013）。因此，对于研究者而言，"前设"也许有"悬置"的必要，但更重要的是，应成为研究者有意识地进行反思的对象。

7.1.3　研究数据的收集与处理

数据的收集与处理是质性研究中的关键部分。对此，许多研究规范都提出了明确的步骤和要求。在研究过程中，研究者最大的感触是，大量的研究数据的收集真的是研究过程中最为轻松的一个部分，只要按照"科学"的程序，就可以在"确定"的计划内完成。不得不说，这样"确定"的过程是美好的：虽然没有什么实质性的研究结论，但会让人有一种研究一直在进行的错觉。但是，这种"进行"的感觉，会在数据分析的阶段变得异常罕见。面对大量由日常语言构成的数据，从中提炼出"学术味"的研究发现，是一个循环往复、不断肯定自己和否定自己的过程。常常今天提炼出了一个自觉不错的"类属"或找到了一个新的"视角"，过几天再看便生出"这是什么？"的感叹。更常见的是，面对辛苦收集来的资料，长久的不知所措，毫无进展。质性研究强调要让数据自己说话，但研究者发现，对于研究新手来说，可能更重要的不是让数据自己说话，而是研究者要与数据"对话"。高质量的对话之所以会发生一方面是"真诚用心"，另一方面则是"脑中有料"。质性研究和形成性评价一样，工具就是人的心灵和大脑，心灵和大脑如果不够充实丰满的人，是无法进行高质量对话的。当资料的分析受阻时，往往可能不是资料本身出了问题，而是研究者本人的心脑容量不够，解决之道是通过阅读和思考进行扩容。研究过程显示，随着理论知识的积累，同样的资料在不同的分析阶段，常常得出不同的分析结果，不是研究资料变了，而是看待它的视角和方式变了。因此，对于研究新手来说，质性研究的过程是一个不断学习，边学边做的过程。这种边学边做的过程会伴随着不确定性和挫折感，而从不确定到确定的过程可能正是研究效度提升的过程，亦是研究者成长的过程。

7.2　研究者个人成长

回顾过往的求学和工作经历，研究者深感，博士研究阶段的这几年时间是研究者个人成长最为显著的几年，主要体现在作为教师、研究者以及作为人的成长这三个方面。

7.2.1　作为教师的成长

什么是好的教师和好的教学？有观点认为好的教学源于心灵，有观点强调教师知识才是重点。对形成性评价实践进行研究的过程中，研究者感到，两者是相互促进，不能割裂的。教师的心灵帮助教师提供了探索知识和技能的动力，而在对知识的探索、能力的提高的过程中，教师也在逐步丰盈着自己的心灵。教学和评价，本质上都是在释放自我、实现自我的过程，都是自我的投射。在技术层面，得益于评价研究，研究者感到，作为教师的自我越来越有目标和标准的意识。课堂的每个活动，每一个问题的设计，自己的每一次反馈，都有意识地思考其要实现的目的是什么？其与教育、专业、整个课程以及这一堂课的联系是什么？此外，形成性评价的目的是促进学习，但其实是很多情况下很难采用实证的方法判断评价实践是否会起到促进学习的作用，因为学习过于复杂，影响因素太多。但如果教育是为了让学生能够思考，而教师的评价刺激学生进行了思考，这实际就是一种促学，至少是一种进步的起点。它究竟会不会带来看得见的实际效用，可能需要时间去证明。正如萨德勒（1998）指出的，效果可能会被延迟，也可能会被其他因素所蒙蔽。

7.2.2　作为研究者的成长

博士研究期间，对研究的认识发生了改变。研究者似乎是一个自带光环的称呼，也给诸多从事研究工作以及正在学习如何研究的人带来压力。就科研工作而言，研究者感到，研究者不必首先将自己定位为一个需要探索什么宏大主题的"研究者"，而是应该寻找其真正的热情所在。当找到了自己热情所在，自然就成为一个研究者。人不可能不对自己感到热情的东西投入精力，进行实践、思考和提炼并因此感到兴奋，而这就是理想的研究过程的样子。有研究者感言，所有的研究都是"I Research"。只有一个人的研究关注的是内心热情所向往的领域，才更有可能抵抗研究过程的孤独和挫折，也才更可能将个人生活与学术生活融合在一起，避免分裂的发生。作为一名高校教师，具有研究者和教师双重身份。但窃以为，不以研究者的身份为出发点开展研究，以教学者（教师）的身份，从关心思考解决教学中的问题为起点展开研究，从改善教学实践、提高教育质量、提升教师能力、促进教师发展为出发点展开研究，对于研究的效率、研究者本人的身心和谐以及社会发展都更加有益。

博士研究期间，对于理论的认识发生了改变。理论不再是高高在上，遥不可及的知识，在本质上它只是人类思考的结果和进一步思考的工具。所有的理论实际上都是来自具体的实践，是基于具体现象观察的抽象的产物。因为理论建构所基于的实践是有限的，而进行建构工作的人也是有限的，所以没有一个理论是放之四海而皆准的真理，可以解释所有的现象，特别是当涉及教育领域中关于人的复杂的行为和现象时。理论建构的过程决定了理论成果的本质，同时也决定了必然存在进一步探索和修正的空间。作为研究者，面对理论，需敢于"祛魅"，不能只做理论的消费者、理论资本家的打工者。只要用心去体会和观察人类生活实践的精微之处，就有可能发现被忽略的知识，为理论的构建和完善提供新的可能。

博士研究期间，对创新的理解发生了改变。创新是研究的价值所在，也是研究者最为头痛的问题。"什么是创新？什么才算创新？"是博士研究过程中，一直萦绕于心头的问题。随着研究过程的推进，笔者不禁自问：在研究人类行为和经验的人文科学中，真的会有我们从来不曾感觉到、一点认知都没有的完全意义上创新和创见吗？笔者认为是没有的。因为那一定是超越了人类经验能力的，非人的东西。在人文社会领域的研究大都是对人类经验的提炼和总结，研究过程是深化理解的过程。任何能被用语言表达出来，而被人们所理解的东西都不是全新的，因为理解之所以会发生，是因为被理解的东西，与你脑中已有的知识发生了互动。所以创新不是发现从未被发现的东西，也没有什么是真正新的。创新也许可以被理解为一种新的理解。这与质性研究的趣味比较统一。质性研究似乎没有办法提供完全不同的东西，它只是赋予了理解不同的内容和层次。正如钟启泉（2014）所说，质性研究的发现不限于人类未知世界的发现，而是研究者通过自己的力量对人类文化知识"再发现"，即把现象重新组织或转换，使人能够超越现象进行组合，从而获得新的领悟，包括寻找正确的结构和意义。简言之，质性研究就是研究者用自己的头脑亲自获得知识的一切方式。作为质性研究者，我无法自信地主张我的研究发现是完全创新、前无古人的。但是我可以确定，我所提出的研究发现是我对特定主题认真思考的产物，它在我的脑中出现、孕育、成形，融入了我的视角和理解。因此，至少对于我来说，经过研究的过程，我对于这个主题的理解变得不一样了。对于读到我研究的人来说，他们对这个题目的理解变得也有那么一点不一样了。

7.2.3 作为人的成长

博士研究过程亦是一个个人成长的过程。评价无处不在，我们一直处在有意无意地对他人进行评价和被他人评价的过程中。在过去几年与评价这一概念和实践的亲密互动中，对周遭发生的各种评价的意识变得越来越来清晰和强烈。我开始清晰地感到，我们的很多言语行为中，都包含着对他人和世界的评价的成分，也都投射着自己作为人的价值观、世界观、人性的弱点和优点，而这种评价对于他人、自己和这个世界是有影响的。得益于所从事的研究，在日常生活中，研究者本人对于评价和评价的动机，变得更加敏感和自觉。有时候我们评价、建议的动机可能并不如我们想象的那样纯洁和无私。我们评价的东西往往是我们当下最有能力评价的东西。换言之，我们评价的动机有可能不是为了帮助，而是为了发挥自己的能力而已。笔者常常要对一些现象发表自己的看法、建议和不满。仔细考察这些我所作出评论，笔者发现：有一部分可能是出于情绪不满的发泄、完全没有建设性，而且还会伤人；另一部分则虽然在内容上有建设性，但与被评价者的接受水平不一致，或自己的表达方式不够智慧，被评价者接收不到调查者的信息或不愿意接收调查者的信息，因而也没有起到建设性的效果。在对形成性评价进行研究的过程中，笔者会不自觉地将自己从事学术研究的内容与日常生活中的行为联系起来，逐渐意识到自己作为一个评价者的不足之处，改变自己与他人的互动方式。在研究过程中，笔者开始逐步地、有意识地以形成性的目的要求自己的日常评价行为，主要体现为：（1）没有形成性（建设性）意义的话，尽量不说；（2）有形成性（建设性）的话，尽量以对方能够接受的方式传达。在对形成性评价进行研究的过程中，笔者感到自己变得更加趋于理性。当我情不自禁对一件事情表示赞叹时，常常会问自己，我如此赞美它，究竟依据的是什么样的标准？赋予了什么标准以什么样的权重？而这又反映了我怎样的价值观？人云亦云这件事逐渐变得困难，当别人，包括权威，对一件事情赞扬和批评时，我也忍不住会思考其评价的动机和标准是什么？所采用的标准以及判断所依赖的信息基础是否适当？当面对批评和赞美时，我感到自己变得更为淡定了一些，因为我知道所有的批评和赞美都基于一定的标准和视角，而最了解我自己的人可能是我自己。因此，我需要把别人对我的评价和自我的评价结合起来得出客观的结论，有则改之，无则加勉。在对形成性评价的研究过程中，通过对自己和他人评价行为的反思反省，我开始逐渐可以控制自己的情绪，向一个更明智、更克制的人的方向发展，这是最让我感到高兴的部分之一。

参 考 文 献

[1] 薄振杰:《中国高校英语专业本科翻译教学研究》,山东大学出版社 2011 年版。

[2] [法] 布迪厄、[美] 华康德:《实践与反思:反思社会学导引》,李猛、李康译,中央编译出版社 1998 年版。

[3] 陈向明:《质的研究方法与社会科学研究》,教育科学出版社 2000 年版。

[4] 陈春花、刘祯:《案例研究的基本方法——对经典文献的综述》,载《管理案例研究与评论》2010 年第 2 期。

[5] 陈向明等:《搭建实践与理论之桥——教师实践性知识研究》,教育科学出版社 2011 年版。

[6] 曹荣平:《形成性评估的概念重构》,北京大学出版社 2012 年版。

[7] 曹荣平、陈亚平:《形成性评估及其在口译教学中的应用探析》,载《中国翻译》2013 年第 1 期。

[8] 何刚强:《译学无疆, 译才不器——翻译 (院) 系培养人才应有长远的眼光》,载《上海翻译》2006 年第 2 期。

[9] 胡安江:《再论翻译教学》,载《中山大学研究生学刊: 社会科学版》2006 年第 2 期。

[10] 黄忠廉、方梦之、李亚舒等:《应用翻译学》,国防工业出版社 2013 年版。

[11] 金圣华:《翻译工作坊》,载《教学法剖析》2000 年第 4 期。

[12] 李清华:《形成性评估的现状与未来》载《外语测试与教学》2012 年第 3 期。

[13] 李清华、王伟强、张放:《形成性评估研究》,科学出版社 2014 年版。

[14] 林小英:《小学语文互文阅读教学策略》,载《福建基础教育研究》2013 年第 2 期。

[15] 林娟、战菊:《"活动"中的英语写作教材评估与使用——来自高校英语教师的声音》,载《现代外语》2015 年第 6 期。

[16] 刘润请、韩宝成:《语言测试和它的方法》,外语教学与研究出版社 1991 年版。

[17] 刘宓庆:《翻译教学: 实务与理论》,中国对外翻译出版公司 2007 年版。

[18] 刘和平:《论本科翻译教学的原则与方法》,载《中国翻译》2009 年第 6 期。

[19] 罗少茜、黄剑、马晓蕾:《促进学习:二语教学中的形成性评价》,外语教学与研究出版社 2015 年版。

[20] 罗少茜:《英语课堂形成性评价》,外语教学与研究出版社 2003 年版。

[21] [美] 洛林·W. 安德森等:《布卢姆教育目标分类学: 分类学视野下的学与教及其测评 (完整版)》,蒋小平、张美琴、罗晶晶译,外语教学与研究出版社 2009 年版。

[22] 吕俊:《翻译标准的多元性与评价的客观性》,载《外国语》2007 第 2 期。

[23] 马会娟、管兴忠：《发展学习者的汉译英能力——以北外本科笔译教学为例》，载《中国翻译》2010 第 5 期。

[24] [英] 莫礼时：《香港学校课程的探讨》，陈嘉琪等译，香港大学出版社 1996 年版。

[25] [美] 帕克·帕尔墨：《教学的勇气》，吴国珍、余巍峨等译，华东师范大学出版社 2005 年版。

[26] 潘鸣威、冯光武：《质量是核心，评价是关键——论〈高等学校英语专业本科教学质量国家标准〉中的评价要求》，载《中国外语》2015 年第 5 期。

[27] 彭萍：《本科翻译教学研究》，外语教学与研究出版社 2015 年版。

[28] 秦洪武、王克非：《对应语料库在翻译教学中的应用：理论依据和实施原则》，载《中国翻译》2007 年第 5 期。

[29] 宋志平：《关于翻译测试的理论思考》，载《中国翻译》1997 年第 4 期。

[30] 桑仲刚：《翻译家研究的活动理论途径》，载《外国语》2015 年第 2 期。

[31] 谭惠娟、余东：《金针度人无定法——关于翻译教材的思考》，载《中国翻译》2007 年第 5 期。

[32] 文军：《翻译学导论课程：调查分析与设置》，载《外语界》2012 年第 3 期。

[33] 万宏瑜：《基于形成性评估的口译教师反馈——以视译教学为例》，载《中国翻译》2013 年第 4 期。

[34] 王树槐：《翻译教学论》，上海外语教育出版社 2013 年版。

[35] 文秋芳：《〈文献阅读与评价〉课程的形成性评估：理论与实践》，载《外语测试与教学》2011 年第 3 期。

[36] 吴刚、洪建中：《一种新的学习隐喻：拓展性学习的研究——基于"文化-历史"活动理论视角》，载《远程教育杂志》2012 年第 3 期。

[37] 肖维青：《本科翻译专业测试研究》，人民出版社 2012 年版。

[38] 杨华：《中国高校外语教师课堂即时形成性评估研究》，北京外国语大学博士论文 2012 年版。

[39] 杨鲁新、王素娥、常海潮、盛静：《应用语言学中的质性研究与分析》，外语教学与研究出版社 2012 年版。

[40] 余菁：《案例研究与案例研究方法》，载《经济管理》2004 年第 20 期。

[41] 于书林、Lee I.：《基于社会文化活动理论的二语写作同伴反馈系统模型构建》，载《山东外语教》2013 年第 5 期。

[42] 张汝伦：《我国人文教育的现状及出路》，引自孙有中主编《英语教育与人文通识教育》，外语教学与研究出版社 2008 年版。

[43] 张莲、孙有中：《基于社会文化理论视角的英语专业写作课程改革实践》，载《外语界》2014 年第 5 期。

[44] 张秋云、朱英汉：《对英语专业学生小组电子翻译作业的在线访谈研究》，载《外语电化教学》2015 年第 6 期。

[45] 钟启泉：《课程论》，教育科学出版社 2014 年版。

[46] 周文叶、崔允漷：《论促进教学的表现性评价：标准-教学-评价一致性视角》，引自杨向东、崔允漷主编《课堂评价，促进学生的学习和发展》，华东师范大学出版社 2012 版。

[47] Apple, M. W., The Political Economy of Text Publishing. *Educational Theory*, Vol.34, No.4, 1984, pp.307-319.

[48] Assessment Reform Group, *Assessment for Learning: Beyond The Black Box [Brochure]*. Qualifications and Curriculum Authority, 1990.

[49] Audibert, S., En D'Autres Mots... L'ÉValuation Des Apprentissages! *Mesure Et ÉValuation En ÉDucation*, Vol.3, 1980, pp. 59-64.

[50] Bachman, L. F. and Palmer, A. S., *Language Testing in Practice: Designing and Developing Useful Language Tests*. Oxford: Oxford University Press, 1996.

[51] Bailey, A. L. and Heritage, M., *Formative Assessment for Literacy, Grades K-6: Building Reading and Academic Language Skills Across The Curriculum*. Corwin Press, 2008.

[52] Ball, D. L. and Bass, H., Interweaving Content and Pedagogy in Teaching and Learning to Leach: Knowing and Using Mathematics. In J. Boaler (eds.), *Multiple Perspectives on Mathematics Teaching and Learning*. Westport, Ct: Ablex, 2000,p.83-104.

[53] Bangert-Drowns, R. L., Kulik, C.-L. C., Kulik, J. A., and Morgan, M., The Instructional Effect of Feedback in Test-Like Events. *Review of Educational Research*, Vol.61, No.2, 1991, pp.213-238.

[54] Beeby, A., Evaluating The Development of Translation Competence. *Benjamins Translation Library*, Vol.38, No.185, 2000, pp. 185-198.

[55] Bell, B. and Cowie, B., *Formative Assessment and Science Education*. New York: Kluwer Academic Publishers, 1996.

[56] Bell, B. and Gilbert, J. K., *Teacher Development: A Model From Science Education*. Psychology Press, 1996.

[57] Bennett, R. E. , Formative Assessment: A Critical Review. *Assessment in Education: Principles, Policy & Practice*, Vol.18, No.1, 2011, pp.5-25.

[58] Bernstein, B. B., *Pedagogy, Symbolic Control, and Identity: Theory, Research, Critique*. London: Taylor & Francis, 1996.

[59] Biggs, J., Assessment and Classroom Learning: A Role for Summative Assessment? *Assessment in Education: Principles, Policy & Practice*, Vol.5, No.1, 1998, pp.103-110.

[60] Biggs, J. and Tang, C., *Teaching for Quality Learning at University*. New York: Open University Press, 2011.

[61] Black, P., Formative Assessment: Raising Standards Inside The Classroom. *School Science Review*, Vol. 80, 1998,pp.39-46.

[62] Black, P., Assessment Learning Theories and Testing Systems. In P. Murphy (eds.), *Learners, Learning and Assessment*. London: Paul Chapman Publishing, 1999, p. 118-134.

[63] Black, P., Full Marks for Feedback. *Make The Grade: Journal of The Institute of Educational Assessors*, Vol.2, No.1, 2007, pp.18-21.

[64] Black, P., Formative and Summative Aspects of Assessment: Theoretical and Research Foundations in The Context of Pedagogy. In J. H. Mcmillan (eds.), *Sage Handbook of Research on Classroom Assessment*. Thousand Oaks, CA: Sage,2012, p. 167-178.

[65] Black, P., Formative Assessment-An Optimistic But Incomplete Vision. *Assessment in Education: Principles, Policy & Practice*, Vol.22,No.1, 2015,pp.161-177.

[66] Black, P., Harrison, C., and Lee, C., *Assessment for Learning: Putting It into Practice*. Mcgraw-Hill Education (Uk) , 2003.

[67] Black, P. and Wiliam, D., Assessment and Classroom Learning. *Assessment in Education: Principles, Policy & Practice*, Vol. 5, No.1, 1998,pp.7-74.

[68] Black, P. and Wiliam, D., "kappan classic": inside the Black Box–Raising Standards through Classroom Assessment Phi Delta Kappan, Vol. 80, No. 2, 1998, pp. 139-148.

[69] Black, P. and Wiliam, D., Developing a Theory of Formative Assessment. In J. Gardner (eds.) *Assessment and Learning*. London: Sage, 2006, pp. 81-100.

[70] Black, P. and Wiliam, D., Developing The Theory of Formative Assessment. *Educational Assessment, Evaluation and Accountability*, Vol.21,No.1,2009,pp.5-31.

[71] Bloom, B. S., Some Theoretical Issues Relating to Educational Evaluation. *Educational Evaluation: New Roles, New Means: The 63rd Yearbook of The National Society for The Study of Education (Part ii)* ,1969,pp.26-50.

[72] Bloom, B. S., The 2 Sigma Problem: The Search for Methods of Group Instruction as Effective as One-to-One Tutoring. *Educational Researcher*, Vol.13,No.6,1984,pp.4-16.

[73] Bloom, B. S., Hastings, J. T., and Madaus, G. F., *Handbook on Formative and Summative Evaluation of Student Learning*. Eric, 1971.

[74] Bonner, S. M., Validity in Classroom Assessment: Purposes, Properties, and Principles. In J. H. McMIllan (eds.),*Sage Handbook of Research on Classroom Assessment*. Thousand Oaks, CA: Sage, 2012, pp. 87-106.

[75] Boud, D., Assessment and Learning: Contradictory or Complementary. In P. Knight (eds.), *Assessment for Learning in Higher Education* . Birmingham: Kogan Page, 1995, pp. 35-48.

[76] Boulet, M. M. and Melo, D. D., Formative Evaluation Effects on Learning Music. *Journal of Educational Research*, Vol.84, No.2, 1900, pp.119-125.

[77] Brannon, L. and Knoblauch, C. H., on Students' Rights to Their Own Texts: A Model of Teacher Response. *College Composition & Communication*, Vol.33, No.2, pp.157-166.

[78] Broadfoot, P., Assessment and Intuition. In T. Atkinson and G. Claxton (eds). *The Intuitive Practitioner*, Buckingham: OUP, 2000, pp. 199-219.

[79] Brookhart, S. M., Developing Measurement Theory for Classroom Assessment Purposes and Uses. *Educational Measurement: Issues and Practice*, Vol.22, No.4, 2003, pp.5-12.

[80] Brookhart, S. M., Research on Formative Classroom Assessment, Paper Presented at American Educational Research Association Annual Conference, Montreal, Canada, 2005.

[81] Brookhart, S. M., Expanding Views about Formative Classroom Assessment: A Review of The Literature. In J. H. MCMillan (eds.), *Formative Classroom Assessment: Theory into Practice*. New York: Teachers College Press,2007, pp.43-62.

[82] Brown, E. and Glover, C., Evaluating Written Feedback. In C. Bryan, and K. Clegg (eds.), Innovative Assessment in Higher Education. London: Routledge,2006,pp. 81-91.

[83] Brown, G. A., Bull, J., and Pendlebury, M., *Assessing Student Learning in Higher Education*. London: Routledge , 1997.

[84] Brown, J. D., *Using Surveys in Language Programs*. Cambridge: Cambridge University Press , 2001.

[85] Butler, R., Task-Involving and Ego-Involving Properties of Evaluation: Effects of Different Feedback Conditions on Motivational Perceptions, Interest, and Performance. *Journal of Educational Psychology*, Vol.79, No.4, 1987, pp.474.

[86] Butler, R. and Neuman, O., Effects of Task and Ego Achievement Goals on Help-Seeking Behaviors and Attitudes. *Journal of Educational Psychology*, Vol.87, No.2, 1995, pp.261.

[87] Cameron, J. and Pierce, W. D., Reinforcement, Reward, and Intrinsic Motivation: A Meta-Analysis. *Review of Educational Research*, Vol.64, No.3, 1994, pp.363-423.

[88] Campbell, S., *Translation into The Second Language*. London: Routledge , 1998.

[89] Carless, D., *From Testing to Productive Student Learning: Implementing Formative Assessment in Confucian-Heritage Settings*. New York: Routledge , 2011.

[90] Cech, S. J., Test Industry Split Over "Formative" Assessment. *Education Week*, Vol.28, No.4, 2007, p.1.

[91] Cheng, X., The Concept of "Object" in Activity Theory and Its Application in Classroom Research: A Case Study of a Phonetics Course. *Chinese Journal of Applied Linguistics*, Vol.34, No.3, pp.72-88.

[92] Cizek, G., An Introduction to Formative Assessment: History, Characteristics, and Challenges. In Andrade, H. & Clzek, G. J.(eds.), *Handbook of Formative Assessment.* New York: Routledge, 2010.

[93] Clarke, D., Constructive Assessment: Mathematics and the Student. *Flair: Aamt Proceedings. Adelaide: AAMT*, 1995.

[94] Clarke, S., *Targeting Assessment in the Primary Classroom: Strategies for Planning, Assessment, Pupil Feedback and Target Setting.* Hodder & Stoughton , 1998.

[95] Cobb, P., Where Is the Mind? Constructivist and Sociocultural Perspectives on Mathematical Development. *Educational Researcher*, Vol.23, No.7, 1994, pp.13-20.

[96] Cole, M., *Cultural Psychology: A Once and Future Discipline.* Harvard University Press , 1998.

[97] Colina, S., *Translation Teaching, From Research to the Classroom: A Handbook for Teachers.* Mcgraw-Hill , 2003.

[98] Cowan, J., Assessment for Learning-Giving Timely and Effective Feedback. *Exchange*, Vol.4, 2003, pp. 21-22.

[99] Cowie, B. and Bell, B., A Model of Formative Assessment in Science Education. *Assessment in Education: Principles, Policy & Practice*, Vol. 6, No. 1, 1999, pp.101-116.

[100] Crooks, T., Key Factors in the Effectiveness of Assessment of Learning. Aera Annual Meeting, Chicago, 2003.

[101] Dassa, C., Formative Assessment in a Classroom Setting: From Practice to Computer Innovations. *Alberta Journal of Educational Research*, Vol.39, No.1,1993,pp.111-125.

[102] Day, J. D. and Cordón, L. A., Static and Dynamic Measures of Ability: An Experimental Comparison. *Journal of Educational Psychology*, Vol.85, No.1, 1993, pp.75-82.

[103] Denzin, N. K. and Lincoln, Y., Case Studies. *In N.K. Denzin & Y.S. Lincoln (eds.). Handbook of Qualitative Research (2nd Ed.).* Thousand Oaks UA, 2000, pp. 49-53.

[104] Dewey, J., *Experience and Education.* New York: Macmillan/Collier Books, 1938.

[105] Dollerup, C., Systematic Feedback in Translation Teaching. *Systematic feedback in translation teaching*, Vol.2,1994,pp.121-132.

[106] Duff, P., *Case Study Research in Applied Linguistics.* Taylor & Francis, 2008.

[107] Ecclestone, K. and Pryor, J., "Learning Careers" or "Assessment Careers"? The Impact of Assessment Systems on Learning. *British Educational Research Journal*, Vol.29, No.4,2003, pp.471-488.

[108] Elbow, P., *Writing With Power: Techniques for Mastering the Writing Process.* New York: Oxford University Press, 1981.

[109] Ellis, R., A Typology of Written Corrective Feedback Types. *Elt Journal*, Vol.63, No.2,2009, pp.97-107.

[110] Engeström, Y., *Learning by Expanding*. Cambridge University Press, 1987.

[111] Engeström, Y., Non Scolae Sed Vitae Discimus: Toward Overcoming the Encapsulation of School Learning. *Learning and instruction*, Vol.1, No.3, 1991, pp.243-259.

[112] Engeström, Y., Developmental Studies of Work as a Testbench of Activity Theory: the Case of Primary Care Medical Practice. In S. Chaiklin and J.Lave (eds.), *Understanding Practice: Perspectives on Activity and Context*. Cambridge, UK: Cambridge University Press, 1993,pp. 64-103.

[113] Engeström, Y., Miettinen, R., and Punamäki, R.-L., *Perspectives on Activity Theory*. Cambridge University Press, 1999.

[114] Entwistle, N., Skinner, D., Entwistle, D., and Orr, S., Conceptions and Beliefs about "Good Teaching": An Integration of Contrasting Research Areas. *Higher Education Research and Development*, Vol.19, No.1,2000, pp.5-26.

[115] Farahzad, F., Testing Achievement in Translation Classes. In C. Dollerup & A. Lindegaard (eds.), *Teaching Translation and Interpreting: Training, Talent, and Experience*, 1991, pp. 271-278.

[116] Filer, A., The Assessment of Classroom Language: Challenging the Rhetoric of "Objectivity". *International Studies in Sociology of Education*, Vol.3, No.2, 1993, pp. 193-212.

[117] Filer, A., Teacher Assessment: Social Process and Social Product. *Assessment in Education: Principles, Policy & Practice*, Vol.2, No.1, 1995, pp.23-38.

[118] Fulcher, G., Assessment in English for Academic Purposes: Putting Content Validity in Its Place. *Applied Linguistics*, Vol.20, No.2,1999, pp.221-236.

[119] Galán-Mañas, A. and Hurtado Albir, A., Competence Assessment Procedures in Translator Training. *The Interpreter and Translator Trainer*, Vol.9,No.1,2015, pp.63-82.

[120] Gardner, J. N. and Gardner, J., *Assessment and Learning*. Sage, 2006.

[121] Gareis, C. R., Reclaiming an Important Teacher Competency: The Lost Art of Formative Assessment. *Journal of Personnel Evaluation in Education*, Vol.20, No.1-2,2007,pp.17-20.

[122] Gibbs, G., Simpson, C., Gravestock, P., and Hills, M., Conditions Under Which Assessment Supports Students' Learning. *Learning and Teaching in Higher Education*, Vol.1, 2004, pp.3-31.

[123] Gipps, C., *Intuition or Evidence?: Teachers and National Assessment of Seven Year Olds*. Open University Press, 1995.

[124] Gipps, C., Socio-Cultural Aspects of Assessment. *Review of Research in Education*, Vol. 24, 1999, pp.355-392.

[125] Gipps, C. V., *Beyond Testing: Towards a Theory of Educational Assessment.* London: Falmer Press, 1994.

[126] Good, T. L. and Grouws, D. A., *Process-Product Relationships in Fourth Grade Mathematics Classrooms*, Columbia, MO, University of Missouri, 1975.

[127] Griffin, P., The Comfort of Competence and the Uncertainty of Assessment. *Studies in Educational Evaluation*, Vol.33, No.1,2007, pp.87-99.

[128] Guskey, T. R., Formative Assessment: The Contributions of Benjamin S. Bloom. In H. L. Andrade & G. J. Cizek (eds.), *Handbook of Formative Assessment.* New York, Ny: Taylor & Francis, 2010, pp. 106-124.

[129] Hargreaves, E., The Validity of Collaborative Assessment for Learning. *Assessment in Education*, Vol.14, No.2, 2007, pp.185-199.

[130] Harlen, W. and James, M., Creating a Positive Impact of Assessment on Learning. Eric Document Reproduction Service (No. Ed397137).

[131] Hattie, J. and Timperley, H., The Power of Feedback. *Review of Educational Research*, Vol.77, No.1,1996, pp.81-112.

[132] Havranek, G., When Is Corrective Feedback Most Likely to Succeed? *International Journal of Educational Research*, Vol.37, No.3,2002, pp.255-270.

[133] Heritage, M., Formative Assessment and Next-Generation Assessment Systems: Are We Losing an Opportunity? *Washington, Dc: Council of Chief State School Officers. Retrieved From Www.Ccsso.Org/Documents/2010/Formative_Assessment_Next_ Generation_2010.Pdf.*

[134] Heritage, M., Gathering Evidence of Student Understanding. In J. H. Mcmillan (eds.), *Sage Handbook of Research on Classroom Assessment.* Thousand Oaks, CA: Sage, 2012, pp. 179-195.

[135] Heritage, M., Kim, J., Vendlinski, T., and Herman, J., From Evidence to Action: A Seamless Process in Formative Assessment? *Educational Measurement: Issues and Practice*, Vol.28, No.3, 2009, pp.24-31.

[136] Irons, A., *Enhancing Learning Through Formative Assessment and Feedback.* London: Routledge, 2008.

[137] James, M., Assessment, Teaching and Theories of Learning. In: Gardener, J. (eds.). *Assessment and Learning.* London: Sage, 2006, pp. 47-60.

[138] James, M., Pollard, A., Rees, G., and Taylor, C., Researching Learning Outcomes: Building Confidence in Our Conclusions. *Curriculum Journal*, Vol.16, No.1, 2005,pp.109-122.

[139] Johnson, K. E., *Second Language Teacher Education: A Sociocultural Perspective.* London: Routledge, 2009.

[140] Kahl, S., Where in the World are Formative Tests? Right Under Your Nose. *Education Week*, Vol.25, No.4,2005, p.11.

[141] Kelly, D., *A Handbook for Translator Trainers.* Manchester: St. Jerome, 2005.

[142] Kelly, D., Text Selection for Developing Translator Competence: Why Texts From the Tourist Sector Constitute Suitable Material. In C. Schaffner and B. Adab (eds), *Developing Translation Competence.* Shanghai: Sflep, 2012, pp. 157-170.

[143] Kincheloe, J. L., *Toward a Critical Politics of Teacher Thinking: Mapping the Postmodern.* Westport, Ct: Bergin & Garvey, 1993.

[144] Kiraly, D., *A Social Constructivist Approach to Translator Education: Empowerment From Theory to Practice.* London: Routledge, 2010.

[145] Kluger, A. N. and Denisi, A., The Effects of Feedback Interventions on Performance: A Historical Review, A Meta-Analysis, and a Preliminary Feedback Intervention Theory. *Psychological Bulletin*, Vol.19, No.2, 1996,pp.254.

[146] Koyré, A., *ÉTudes D'histoire De La Pensée Scientifique*, Volume 92. Editions Gallimard.

[147] Kuutti, K., Activity Theory as a Potential Framework for Human-Computer Interaction Research. In B. A. Nardi (eds.) . *Context and Consciousness: Activity Theory and Human-Computer Interaction.* Cambridge, MA: MIT Press, 1996, pp. 17-44.

[148] Lantolf, J. P. and Thorne, S. L., *Social-Cultural Theory and Genesis of Second Language Development.* Oxford: Oxford University Press, 2006.

[149] Lather, P., Fertile Obsession: Validity after Poststructuralism. *The Sociological Quarterly*, Vol.34, No.4,1993, pp.673-693.

[150] Leont' Ev, A. N., *Activity, Consciousness, and Personality.* Englewood Cliffs, N.J.: Prentice-Hall Inc, 1978.

[151] Leont' Ev, A. N., The Problem of Activity in Psychology. *The Concept of Activity in Soviet Psychology. Armonk, Ny: M. E. Sharpe, Inc,* 1981.

[152] Li, D., Making Translation Testing More Teaching-Oriented: A Case Study of Translation Testing in China. *Meta: Translators' Journal*, Vol.51, No.1, 2006, pp.72-88.

[153] Lincoln, Y. S. and Guba, E. G., *Naturalistic Inquiry*, Volume 75. Beverly Hills, Ca: Sage Publications, 1985.

[154] Linn, R. L. and Gronlund, N. E., *Measurement and Assessment in Teaching (Eighth Edition).* New Jerse: Prentice Hall, 2000.

[155] Liu, Y., The Construction of Pro-Science and Technology Discourse in Chinese Language Textbooks. *Language and Education*, Vol.19, No.4, pp.304-321.

[156] Luke, A., *Literacy, Textbooks and Ideology: Postwar Literacy Instruction and the Mythology of Dick and Jane.* London: Falmer Press, 1988.

[157] Marshall, B., Formative Classroom Assessment in English, the Humanities, and Social Sciences. In J. H. Mcmillan (eds.), *Formative Classroom Assessment: Theory into Practice.* New York: Teachers College Press, 2007, pp.136-152.

[158] Marshall, B. and Hodgen, J., *Formative Assessment in English.* Private Communication in Preparation for Publication.

[159] MartíNez, J. F., Stecher, B., and Borko, H., Classroom Assessment Practices, Teacher Judgments, and Student Achievement in Mathematics: Evidence From the Ecls. *Educational Assessment*, Vol.14, No.2, 2009, pp.78-102.

[160] Masters, G. N. and Forster, M., *Progress Maps: Assessment Resource Kit.* Melbourne, Victoria Australia: The Australian Council for Educational Research, 1996.

[161] Maxwell, J. A., *Qualitative Research Design: An Interactive Approach .* Thousand Oaks: Sage, 2012.

[162] Mcmanus, S., Attributes of Effective Formative Assessment. Washington, D C: Council of Chief State School Officers. *Retrieved March 2, 2011, From Http: //Www. Ccsso. Org/Publications/Details. Cfm?*

[163] Mcmillan, J. H., The Impact of High-Stakes Test Results on Teachers' Instructional and Classroom Assessment Practices. Eric Document Reproduction Service (No. Ed490648).

[164] Mcmillan, J. H., *Formative Classroom Assessment: Theory into Practice.* New York: Teachers College Press, 2007.

[165] Mcmillan, J. H., The Practical Implications of Educational Aims and Contexts for Formative Assessment. In Andrade, H. & Cizek, G. J. (eds.). *Handbook of Formative Assessment.* New York: Routledge,2010, pp. 41-58.

[166] Meisels, S. J., Impact of Instructional Assessment on Elementary Children's Achievement. *Education Policy Analysis Archives*, Vol.11,2003, p.9.

[167] Meltzer, L. and Reid, D. K., New Directions in the Assessment of Students With Special Needs: The Shift Toward a Constructivist Perspective. *The Journal of Special Education*, Vol.28, No.3, 1994,pp.338-355.

[168] Merriam, S. B., *Qualitative Research and Case Study Applications in Education.* San Francisco: Jossey-Bass Publishers, 1998.

[169] Miles, M. B. and Huberman, A. M., *Qualitative Data Analysis: An Expanded Sourcebook.* Thousand Oaks, Ca: Sage, 1994.

[170] Moss, C. M. and Brookhart, S. M., *Advancing Formative Assessment in Every Classroom: A Guide for Instructional Leaders.* St. Alexandria: Ascd , 2009.

[171] Nardi, B. A., *Context and Consciousness: Activity Theory and Human-Computer Interaction.* MA: MIT Press, 1996.

[172] Newman, D., Griffin, P., and Cole, M., *The Construction Zone: Working for Cognitive Change in School.* Cambridge: Cambridge University Press, 1989.

[173] Nicol, D. J. and Macfarlane-Dick, D., Formative Assessment and Self-Regulated Learning: A Model and Seven Principles of Good Feedback Practice. *Studies in Higher Education*, Vol.31, No.2,2006, pp.199-218.

[174] Nitko, A. J. and Brookhart, S. M., *Educational Assessment of Students (6th Ed)*. Boston, M.A: Pearson, 2011.

[175] Nord, C., *Translating as a Purposeful Activity: Functionalist Approaches Explained*. Manchester: St. Jerome, 1997.

[176] Nyquist, J. B., *The Benefits of Reconstruing Feedback as a Larger System of Formative Assessment: A Meta-Analysis*. Nashville, TN: Vanderbilt University, 2003.

[177] O'loughlin, M., Rethinking Science Education: Beyond Piagetian Constructivism Toward A Sociocultural Model of Teaching and Learning. *Journal of Research in Science Teaching*, Vol.29, No.8,1992, pp.791-820.

[178] Orlando, M., Evaluation of Translations in the Training of Professional Translators: At the Crossroads Between Theoretical, Professional and Pedagogical Practices. *The Interpreter and Translator Trainer*, Vol.5,No.2,2011,pp.293-308.

[179] Orozco, M., Building a Measuring Instrument for the Acquisition of Translation Competence in Trainee Translators. *Benjamins Translation Library*, Vol.38,2000,pp.199-214.

[180] Pacte. First Results of a Translation Competence Experiment: "Knowledge of Translation" and "Efficacy of the Translation Process" In J. Kearns (eds.), *Translator and Interpreter Training: Issues, Methods and Debates*. London: Continuum, 2005, pp. 104-126.

[181] Parkes, J., Reliability in Classroom Assessment. In Mcmillan, J.H. (eds.), *Sage Handbook of Research on Classroom Assessment*. London: Sage, 2012, pp. 107-124.

[182] Parsons, D., Formative Assessment in Discussion Tasks. *Elt Journal*, Vol.71,No.1, 2017, pp. 24-36.

[183] Pearson (2005). Achieving Student Progress With Scientifically Based Formative Assessment: A White Paper From Pearson Education. *Http://Www.Reedpetersen.Com/ Portfolio/Pe/Formative/Pdf/Scientific-Paseries.Pdf*.

[184] Pellegrino, J. W., Chudowsky, N., Glaser, R., et al., *Knowing What Students Know: The Science and Design of Educational Assessment*. National Academies Press, 2001.

[185] Perrenoud, P., From Formative Evaluation to a Controlled Regulation of Learning Processes. Towards a Wider Conceptual Field. *Assessment in Education Principles Policy & Practice*, Vol.5,No.1,1998,pp.85-102.

[186] Plake, B. S., Impara, J. C., and Fager, J. J., Assessment Competencies of Teachers: A National Survey. *Educational Measurement: Issues and Practice*, Vol.12, No.4,1993, pp.10-12.

[187] Polanyi, M., *Personal Knowledge.* London: Routledge and Kegan Paul, 1958.

[188] Popham, W. J., Defining and Enhancing Formative Assessment. Annual Large-Scale Assessment Conference, Council of Chief State School Officers, San Francisco, CA, 2006.

[189] Popham, W. J., *Transformative Assessment.* Alexandria, VA: ASCD, 2008.

[190] Popham, W. J., *Classroom Assessment: What Teachers Need to Know (6th Ed.).* Boston, Ma: Pearson Education, Inc, 2011.

[191] Popper, K., *Conjectures and Refutations: The Growth of Scientific Knowledge.* London: Routledge , 2002.

[192] Prosser, M. and Trigwell, K., *Understanding Learning and Teaching: The Experience In Higher Education.* Buckingham: Open University Press, 1999.

[193] Pryor, J. and Crossouard, B., A Socio-Cultural Theorisation of Formative Assessment. *Oxford Review of Education,* Vol.34, No.1, 2008, pp.1-20.

[194] Pryor, J. and Crossouard, B., Challenging Formative Assessment: Disciplinary Spaces and Identities. *Assessment & Evaluation in Higher Education,* Vol.35, No.3, 2010, pp.265-276.

[195] Pryor, J. and Torrance, H., Teacher-Pupil Interaction in Formative Assessment: Assessing the Work or Protecting the Child? *The Curriculum Journal,* Vol.7,No.2,1996, pp.205-226.

[196] Pym, A., Epistemological Problems in Translation and Its Teaching: A Seminar for Thinking Students. *Calceit: Edicions Caminade,* 1993.

[197] Ramaprasad, A., on the Definition of Feedback. *Behavioral Science,* Vol.28, No.1, 1983, pp.4-13.

[198] Rea-Dickins, P., Mirror, Mirror on the Wall: Identifying Processes of Classroom Assessment. *Language Testing,* Vol.18, No.4, 2001, pp.429-462.

[199] Rea-Dickins, P., Classroom-Based Assessment: Possibilities and Pitfalls. In J. Cummins & C. Davison (eds.), *International Handbook of English Language Teaching. New York: Springer,* 2007, pp. 505-520.

[200] Richards, J. C., What's the Use of Lesson Plans. In J.C. Richards (eds.). *Beyond Training.* New York: Cambridge University Press, 1998, pp. 103-121.

[201] Roos, B. and Hamilton, D., Formative Assessment: A Cybernetic Viewpoint. *Assessment in Education: Principles, Policy & Practice,* Vol.12, No.1,2005, pp.7-20.

[202] Rowntree, D., *Assessing Students: How Shall We Know Them?* London: Harper and Row, 1987.

[203] Ruiz, M. A., Primo, E., Furtak, M., Ayala, C., Yin, Y., and Shavelson, R. J., Formative Assessment, Motivation, and Science Learning. In Andrade, H. & Cizek, G. J. (eds.). *Handbook of Formative Assessment.* New York: Routledge, 2010, pp. 139-158.

[204] Ryle, G., *The Concept of Mind*. London: Hutchinson, 1949.

[205] Sadler, D. R., Formative Assessment and the Design of Instructional Systems. *Instructional Science*, Vol.18, No.2, 1989, pp.119-144.

[206] Sadler, D. R., Formative Assessment: Revisiting the Territory. *Assessment in Education: Principles, Policy & Practice*, Vol.5,No.1,1998,pp.77-84.

[207] Salomon, G. and Perkins, D. N., Individual and Social Aspects of Learning. *Review of Research in Education*, Vol.23,1998,pp.1-24.

[208] Sang, Z., An Activity Theory Approach to Translation for a Pedagogical Purpose. *Perspectives*, Vol.19, No.4, 2011, pp.291-306.

[209] Schneider, M. C., Egan, K. L., and Julian, M. W., Classroom Assessment in the Context of High-Stakes Testing. In J. H. Mcmillan (eds.), *Sage Handbook of Research on Classroom Assessment*. Thousand Oaks, Ca: Sage, 2012,pp. 167-178.

[210] Schoenfeld, A. H., Toward a Theory of Teaching-in-Context. *Issues in Education*, Vol.4,1998,pp.1-94.

[211] Schoenfeld, A. H., *How We Think: A Theory of Goal-Oriented Decision Making and Its Educational Applications*. New York: Routledge, 2010.

[212] Schunk, D. H. and Rice, J. M., Learning Goals and Progress Feedback During Reading Comprehension Instruction. *Journal of Literacy Research*, Vol.23, No.3, 1991, pp.351-364.

[213] Schunk, D. H. and Swartz, C. W., Goals and Progress Feedback: Effects on Self-Efficacy and Writing Achievement. *Contemporary Educational Psychology*, Vol.18, No.3, 1993, pp.337-354.

[214] Scriven, M. S., The Methodology of Evaluation. In R. W. Tyler, R. M. Gagne, & M. Scriven (eds.). *Perspectives of Curriculum Evaluation (Aera Monograph Series on Curriculum Evaluation)*. Chicago: Rand Mcnally, 1967, pp. 39-83.

[215] Shavelson, R. J., Young, D. B., Ayala, C. C., Brandon, P. R., Furtak, E. M., Ruiz-Primo, M. A., Tomita, M. K., and Yin, Y., on the Impact of Curriculum-Embedded Formative Assessment on Learning: A Collaboration Between Curriculum and Assessment Developers. *Applied Measurement in Education*, Vol.21, No.4, 2008, pp.295-314.

[216] Shepard, L. A., The Role of Assessment in a Learning Culture. *Educational Researcher*, Vol.29, No.7, 2000, pp.4-14.

[217] Shepard, L. A., The Role of Classroom Assessment in Teaching and Learning. In V. Richardson (eds.), *Handbook of Research on Teaching (4th Ed.)*.Thousand Oaks, CA: Sage. 2001, pp. 1066-1101.

[218] Shepard, L. A., Classroom Assessment. In R.L. Brennan (eds.), *Educational Measurement (4th Ed.)* . Westport, Ct: American Council on Education/Prager, 2006,pp. 623-646.

[219] Shepard, L. A., Formative Assessment: Caveat Emptor. In C. A. Dwyer (eds.), *The Future of Assessment: Shaping Teaching and Learning*. Mahwah, NJ: Lawrence Erlbaum Associates, 2008, pp.279-303.

[220] Shepard, L. A., Foreword. In J. H. Mcmillan (eds.), *Sage Handbook of Research on Classroom Assessment*. Thousand Oaks, CA: Sage, 2012, pp. xix-xxii.

[221] Shute, V. J., Focus on Formative Feedback. *Review of Educational Research*, Vol.78, No.1, 2008, pp.153-189.

[222] Siero, F. and Van Oudenhoven, J. P., The Effects of Contingent Feedback on Perceived Control and Performance. *European Journal of Psychology of Education*, Vol.10, No.1, 1995, pp.13-24.

[223] Smidt, S., *Observing, Assessing and Planning for Children in the Early Years*. New York: Routledge, 2005.

[224] Stiggins, R. and Chappuis, J., What a Difference a Word Makes. *Journal of Staff Development*, Vol.27, No.1, 2006, pp.10-14.

[225] Stiggins, R. J., Assessment Literacy. *Phi Delta Kappan*, Vol.72, No.7, 1991, pp.534-39.

[226] Stiggins, R. J., Teacher Training in Assessment: Overcoming the Neglect. In S. L. Wise (eds.), *Teacher Training in Measurement and Assessment Skills*. Lincoln, NE: Buros Institute of Mental Measurements, 1993, pp.27-40.

[227] Stiggins, R. J., The Unfulfilled Promise of Classroom Assessment. *Educational Measurement: Issues and Practice*, Vol.20, No.3, 2001, pp.5-15.

[228] Stiggins, R. J., Assessment Crisis: The Absence of Assessment for Learning. *Phi Delta Kappan*, Vol. 83, No. 10,2002, p.758.

[229] Stobart, G., *Testing Times: The Uses and Abuses of Assessment*. New York: Routledge, 2008.

[230] Swain, M., The Output Hypothesis: Its History and Its Future. *Foreign Language Teaching and Research*, Vol.40, No.1, 2008,pp.45-50.

[231] Taras, M., Assessment-Summative and Formative-Some Theoretical Reflections. *British Journal of Educational Studies*, Vol.53, No.4,2005, pp.466-478.

[232] Taras, M., Assessment For Learning: Understanding Theory to Improve Practice. *Journal of Further and Higher Education*, Vol.31, No.4, 2007, pp.363-371.

[233] Taras, M., Assessing Assessment Theories. *Online Educational Research Journal. Retrieved From Http://Www.Oerj.Org*.

[234] Taras, M., Where Is the Theory in Assessment For Learning. *Online Educational Research Journal. Retrieved From Http://Www.Oerj.Org*.

[235] Tomanek, D., Talanquer, V., and Novodvorsky, I., What Do Science Teachers Consider When Selecting Formative Assessment Tasks? *Journal of Research in Science Teaching*, Vol.45,No.10,2008, pp.1113-1130.

[236] Tomlinson, B., Materials Development Courses. In B. Tomlinson (eds.). *Developing Materials for Language Teaching.* London: Continuum, 2003, pp. 162-173.

[237] Tomlinson, B., Principles and Procedures of Materials Development. In N. Harwood (eds.). *English Language Teaching Materials: Theory and Practice.* Cambridge: Cambridge University Press, 2010, pp. 18-108.

[238] Torrance, H., Formative Assessment: Some Theoretical Problems and Empirical Questions. *Cambridge Journal of Education*, Vol.23, No.3, 1993, pp.333-343.

[239] Torrance, H., Colley, H., Garratt, D., Jarvis, J., Piper, H., Ecclestone, K., and James, D., *The Impact of Different Modes of Assessment on Achievement and Progress in the Learning and Skills Sector. Lsrc Research Report.* ERIC, 2005.

[240] Torrance, H. and Pryor, J., Investigating Teacher Assessment in Infant Classrooms: Methodological Problems and Emerging Issues. *Assessment in Education,* Vol.2,No.3,1995,pp.305-320.

[241] Torrance, H. and Pryor, J., *Investigating Formative Assessment: Teaching, Learning and Assessment in the Classroom.* Maidenhead Philadelphia: Open University Press, 1998.

[242] Torrance, H. and Pryor, J., Developing Formative Assessment in the Classroom: Using Action Research to Explore and Modify Theory. *British Educational Research Journal*, Vol.27, No.5, 2001, pp.615-631.

[243] Tsui, A., *Understanding Expertise in Teaching: Case Studies of Second Language Teachers.* Ambridge: Cambridge University Press, 2003.

[244] Tunstall, P. and Gipps, C., "How Does Your Teacher Help You to Make Your Work Better?" Children's Understanding of Formative Assessment. *The Curriculum Journal*, Vol.7, No.2, 1996, pp. 185-203.

[245] Tyler, R. W., *Basic Principles of Curriculum and Instruction.* University of Chicago Press, 2013.

[246] Wertsch, J. V., *Vygotsky and the Social Formation of Mind.* Cambridge, MA: Harvard University Press, 1985.

[247] Van Lier, L., *The Classroom and the Language Learner: Ethnography and Second-Language Classroom Research.* New York: Longman, 1988.

[248] Vienne, J., Which Competences Should We Teach to Future Translators, and How? *Benjamins Translation Library*, Vol.38,2000,pp.91-100.

[249] Viney, L. L. and Bousfield, L., Narrative Analysis: A Method of Psychosocial Research for Aids-Affected People. *Social Science & Medicine*, Vol.32, No.7, 1991, pp.757-765.

[250] Vygotsky, L., *Mind in Society.* Cambridge: Harvard University Press, 1978.

[251] Walsh, J. A. and Sattes, B. D., *Thinking Through Quality Questioning: Deepening Student Engagement.* CA: Corwin, 2011.

[252] Washbourne, K., Beyond Error Marking: Written Corrective Feedback for a Dialogic Pedagogy in Translator Training. *The Interpreter and Translator Trainer*, Vol.8,No.2,2014,pp.240-256.

[253] Watkins, C., *Learning: A Sense-Maker's Guide.* Association of Teachers and Lecturers, 2003.

[254] Way, C., Structuring Specialised Translation Courses: A Hit and Miss Affair. In C. Schaffner and B. Adab (eds), *Developing Translation Competence*, Shanghai: Sflep, The Interpreter and Translator Trainer, 2012.

[255] Wertsch, J. V., *Voices of the Mind.* Cambridge: Harvard University Press, 1991.

[256] Wertsch, J. V., Del Rio, P., and Alvarez, A., Sociocultural Studies: History, Action, and Mediation. In J.Wertsch, P. Del Rio, A. Alvarez (eds), *Sociocultural Studies of Mind.,1995*

[257] Wiggins, G. and Mctighe, J., Understanding by Design. Alexandria Va: Association for Supervision and Curriculum Development. *Social Studies Grade*, Vol.6,2005, p.31.

[258] Wiliam, D., Integrating Summative and Formative Functions of Assessment. *Keynote Address to the European Association for Educational Assessment, Prague, Czech Republic. Retrieved October 6, 2013, From Http://Eprints.Ioe.Ac.Uk/1151/1/Wiliam2000intergratingaea-E_2000_Keynoteaddress.Pdf.*

[259] Wiliam, D., An Integrative Summary of the Research Literature and Implications for a New Theory of Formative Assessment. In Andrade, H. & Cizek, G. J. (eds.). *Handbook of Formative Assessment.* New York: Routledge, 2010,pp. 18-40.

[260] Wiliam, D., *Embedded Formative Assessment.* Solution Tree Press, 2011.

[261] Wiliam, D., What Is Assessment for Learning? *Studies in Educational Evaluation*, Vol.37, No.1,2011, pp.3-14.

[262] Wiliam, D. and Black, P., Meanings and Consequences: A Basis for Distinguishing Formative and Summative Functions of Assessment? *British Educational Research Journal*, Vol.22, No.5,1996,pp.537-548.

[263] Wiliam, D. and Thompson, M., Integrating Assessment With Learning: What Will It Take to Make It Work? *In the Future of Assessment: Shaping Teaching and Learning*, New York: Erlbaum, 2008, pp. 53-82.

[264] Wininger, S. R. and Norman, A. D., Teacher Candidates' Exposure to Formative Assessment in Educational Psychology Textbooks: A Content Analysis. *Educational Assessment*, Vol.10, No.1, 2005, pp.19-37.

[265] Wolf, D. P., Assessment as an Episode of Learning. *Assessment Update*, Vol.4,No.1, 1992,pp.5-14.

[266] Wragg, E. C., *Primary Teaching Skills.* London: Routledge, 2002.

[267] Yin, R., *Case Study Research: Design and Methods* . *Beverly Hills*. Los Angels: Sage, 1994.

[268] Yorke, M., Formative Assessment in Higher Education: Moves Towards Theory and the Enhancement of Pedagogic Practice. *Higher Education*, Vol.45, No.4, 2003, pp.477-501.

[269] Yung, B. H.-W., Same Assessment, Different Practice: Professional Consciousness as a Determinant of Teachers' Practice in a School-Based Assessment Scheme. *Assessment in Education: Principles, Policy & Practice*, Vol.9,No.1,2002,pp.97-117.

附　　录

附录 1　知情同意书

研究题目： 本科英译汉课程教师形成性评价个案研究。

研究目的： 本研究旨在通过对相关文献的梳理和分析明确形成性评价的概念并在此基础上采用质性研究这把大伞下的个案研究方法探索具有一定代表性的英译汉笔译课程教师的形成性评价实践。

研究程序： 2014 年 9 月~2015 年 12 月。

（1）人工制品的收集：教学 ppt、测试、批改的学生作业等。

（2）课堂观察：研究者将对研究对象的英译汉课堂进行一学期的非参与式观察，全程录音并做田野笔记。

（3）正式访谈：研究者按访谈提纲对研究对象进行深度访谈。

（4）非正式访谈：研究对象和研究者之间的电话、电子邮件、短信交流等。

信息保密： 在研究中，所有关于研究对象的信息都是保密的，并且确保其真实身份不被泄露或辨识出来。研究将使用研究对象的假名。研究资料（访谈转写文本、反思日志、观察、录音和记录等）在研究对象过目并确认无误后，由研究者保存在其私人电脑或家中书房的上锁的书柜中，仅研究者本人可以开启查阅。研究结果将仅供学术研究或教育活动使用。

风险和收益： 研究者将对所有的有关研究对象的信息保密，并使用其假名，将其身份被泄露和识别的风险降至最低。同时，在研究对象对访谈问题感到不便回答或录音时，可随时拒绝回答或指出，研究者将尊重研究对象的意见和选择。研究将不会对研究对象个人产生任何实际利益，但是通过回忆、重构并反思其经历将有可能促进研究对象本人的专业成长，并将深化其对翻译教师形成性评价实践的了解，引起其对翻译教师形成性评价实践的关注和重视。此外，研究对象还将得到研究成果的最终报告。

退出和提问的自由： 研究对象的参与是自愿的，并且可以随时就研究有关问题向研究者提问，并且有随时退出研究的自由。

研究对象签字：_____   研究者签字：_____

研究对象假名：_____   日　　　期：_____

研究者：

地址：

电话：

邮箱：

附录 2 访谈提纲

尊敬的老师：您好！我是北京师范大学外文学院的博士生，正在进行一项有关"英译汉课堂教师形成性评价"的案例研究。下面我们将主要针对您的形成性评价实践进行访谈，包括您的评价知识以及课堂评价实践过程。我将严格遵守研究伦理对您的访谈内容保密。您有权利对某些问题选择不予回应，整个访谈过程中如果有任何不适可以随时退出。谢谢配合！

一、关于教师评价知识的教师访谈

（1）您在课程中非常重视过程性评价，常常在课上课下提到您不进行期末考试，而是采用过程性评价。您所说的过程性评价指的是什么呢？

（2）您还记得您是在什么情况下，接触到过程性评价这一概念的吗？

（3）你一般是如何实施过程性评价的呢？

（4）您觉得实施过程性评价的好处是什么呢？

（5）您听说过"形成性评价"吗？您是怎么理解形成性评价的？您是如何理解过程性评价和形成性评价的呢？

二、关于目标与标准选择的访谈

教师访谈（一）：翻译学习目标

（1）您在第一节课中用 ppt 的形式呈现了九种译者素养。这些素养目标是从什么地方来的呢？是您个人经验的总结，还是间接经验的总结，或是有具体的出处呢？

（2）您认为这些素养在本科翻译教学中的重要性如何？它们具有相同的重要性，还是具有不同等级的重要性呢？

（3）对有一些素养，比如理论素养、多种思维力、不断总结与完善，我觉得挺有趣，特别是多种思维力。多种思维力指的是什么呢？

（4）您在第一堂课中呈现这些译者素养的目的是什么呢？

（5）您课件中的每一个章节都设定了一些具体的学习目标和主题，如综合 VS. 分析以及形合 VS. 意合等。这些目标和主题是如何选择的？

教师访谈（二）：翻译质量标准

（1）我注意到您在第一节课中，用 ppt 的形式，呈现了许多大家提出的翻译标准，比如说信、达、雅，比如说化境、神似说等。您提供这些翻译标准的目的是什么呢？

（2）在呈现完这些标准之后，您好像是用自己的语言，又提炼或强调了"忠实与通顺"。为什么在分享了那么多大家的标准之后，又特别强调这两大标准呢？

（3）这些标准的内涵各有不同，甚至还存在矛盾的地方，比如"宁信而不顺"，您在自己评价实践中似乎没有采用这一标准，为什么会用 ppt 的形式展示出来呢？

（4）您选择呈现的标准多为文学翻译家基于文学翻译经验提出的标准，并没有涉及翻译教育领域中提供的课堂评价标准以及国外译者协会提出的相关测试标准。这是为什么呢？

（5）你在第一节课中呈现标准时强调了忠实与通顺。但观察您的课堂实践，我们发现，您对雅也十分关注，评价的时候经常提到译文的"雅和美"。这是为什么呢？

三、关于信息收集的教师访谈

教师访谈（一）：教师作为学生的翻译课程经验

（1）您以前上翻译课的时候，教师一般选用什么材料？

（2）您接触过一些关于如何选择翻译材料的研究吗？

教师访谈（二）：教材

您为什么用课件代替教科书？

教师访谈（三）：材料来源

（1）您 ppt 里面的很多翻译文本（译例）都来自一些经典的教科书。您为什么会选择从教科书中选择大量译例放到课件中呢？

（2）您有时候在上课过程中，会穿插一些您在生活中遇到的一些译例。这是为什么呢？

（3）记得您在讲课的时候，讲过一个自己翻译的例子，比如乍暖还寒，以后就很少讲自己翻译过的例子。这是为什么呢？

（4）您觉得哪种文本用于教学更好，您自己翻译的文本还是经典的翻译文本？

（5）您还选择了一些专八考试的翻译材料给学生翻译。为什么会选择这些材料作为课堂教学的任务呢？

（6）您还选择了一些比较另类的文本，如 iPhone 6 的广告、宣传单，还有比如羊年的不同译本。怎么会想到选择这些材料作为翻译教学的文本呢？

教师访谈（四）：主题

您在选择翻译文本时，文学方面的比较多，商务法律也涉及一些，但科技类的就相对比较少。这是为什么呢？

教师访谈（五）：体裁

您在选择文本时，有没有考虑文本体裁的问题呢？

教师访谈（六）：形式 / 篇幅

您在选择译例的时候，词和句的译例非常多，但篇章层次的翻译文比较少，我能记得是八级翻译的考试题以及说明书的翻译。为什么多选择词和句，而不是篇章作为翻译材料呢？

教师访谈（七）：文本特征

（1）您在分析译例的时候，经常用到"亮点"这个词，您这个亮点指的是什么呢？

（2）您在分析译例的时候，经常用到"经典／典型"这个词，您这个经典指的是什么呢？

（3）您在分析译例的时候，经常用到"极端"这个词，这个极端指的是什么？为什么会选择一些极端的例子呢？

（4）您在分析译例的时候，经常用到"常用"这个词，也就是说一些您选择的译例中，有一部分常用的表达。为什么会选择常用的表达作为翻译的材料？

（5）您在讲到"They have not done so well ideologically, however, as organizationally."这句的翻译时，最终没有要求学生翻译这句话，说了句："这句话算了，太土了。"请问您所说的"太土了"是什么意思？

（6）您为什么有时候选择比较难的句子作为翻译材料，有时候又选择比较容易的句子作为翻译材料？

四、关于学习信息阐释和使用的教师访谈

教师访谈（一）：教师评分

（1）您是如何给学生作业评分的？

（2）您任务和测试的评分标准是什么？

（3）您在评分中会考虑哪些因素？

教师访谈（二）：教师教学调整和反馈

（1）您在教学过程中，为学生提供的反馈比较多，但教学调整比较少。这是为什么呢？

（2）您说上课是提炼，学生实际翻译中有直觉。"提炼"指的是什么呢？

（3）您会在学生翻译完之后，进行很多知识上的扩展，比如口译、文学、语言和百科知识。这是为什么呢？

（4）您在给学生反馈时多次提到不破不立。这个不破不立指的是什么？

（5）您在课堂上有时候会对学生说"译得不错，你们已经出徒了"。这么说是什么意思？

（6）您在给学生的反馈中，时常强调身份目标和要求，您会说，作为职业译者，应该怎样，或作为英语专业的学生应该怎样。这是为什么呢？

（7）我注意到您在具体的课堂教学中，对一些素养提到的比较多，比如双语能力、翻译技巧等，特别是您经常强调学生要"勤查、勤用字典"。这是为什么呢？

附录 3　接触摘要单

接触类型： 访谈
研究对象： 林老师
接触日期： 2015/10/11

1. 本次接触中，什么样的主要议题或主题让你觉得印象最为深刻？

　　林老师对过程性评价的认识和实践。

2. 针对研究问题，简要记录在本次接触中所获得的资料。

研究问题	资料
什么是过程性评价？	不设置期末考试，将测试任务分散到平时的学习过程之中
如何实过程性评价？	Task 和 Test；章节结束后一个大型任务，目的可能比较综合，比如词汇的翻译，句子的拆分；test 比较集中，一个单元结束后，针对这个章节的任务，比如转换译法……测试章节所讲授的重点。任务 5 次，测试 5 次，然后每一次的分数加起来，作为期末成绩

3. 在本次接触中，有没有哪些东西对你造成了强烈的冲击——有趣的、震撼的、让人眼前一亮的东西？

　　林老师过程性评价与评价研究中的频繁的，迷你的终结性评价非常一致。有部分学者认为这种评价不属于形成性评价，但是林老师认为这种评价具有三个方面的好处：科学测量学生成就、督促学生平时学习和促进学习内容的内化。如果这种评价有上述三个方面的好处，且它涉及了完整的评价过程，为什么不能称其为形成性评价呢？将一些有可能促进学习的评价排除在形成性评价之外，又有什么样的意义呢？本研究倾向于认为所有有可能促进学习的评价实践都应该可以包含在形成性评价这个范畴之内。

4. 在下一次访谈中，你应该考虑哪些新（或旧）的问题？

　　就具体的任务和作业内容，询问林老师选择特定文本的原因。

5. 注意事项

　　在访谈中保持开放的态度，抓住访谈中的本土概念以及与文献不一致的地方，进行追问。

附录 4   访 谈 转 写

一、关于教师评价知识的教师访谈问题

R: 您在课程中非常重视过程性评价，常常在课上课下提到您不进行期末考试，而是采用过程性评价。您所说的过程性评价指的是什么呢？

L: 反正我觉得，尤其是语言学习，动态地进行监控，一个阶段讲完之后马上验收，然后进入下一阶段，这样比较科学。如果只是期末考试，可能没有办法把整个学期想要达到的目标全都展现出来。

R: 就是说如果只有期末考试，小的目标没法监控。

L: 再一个学生的表现也是这样，在整个学期学习过程中，一定是有变化的，他不可能从始至终表现都很好。这和他的知识构成也有关系，比如说他现有的知识只能完成我这一部分 50% 的要求。但在下一阶段他已有的知识构成就很丰富，就有可能超额完成任务。这样的话，他在波峰和波谷的状态你通过一次考试是看不到的。只有通过两次考试，才能综合评价这个学生，比如在语言层面，在文化层面，他都有不同。

R: 多次过程评价可以更科学、真实地反映他的能力什么样子的，仅仅期末考试只能说明他考试考得比较好，不能说明他整个学期学习得都很好。

L: 过程性考试也是为了督促学生。平时不好好学习，等到考前熬夜三天，他考试确实考得很好，再加上有的老师考前会给范围，这样学生学不到什么东西。

R: 就是还有一个推动他平时去学习的作用。这就相当于一个 motivation，push 他去学习是吧？

L: 对。一个阶段就进行一次考试，这样他有可能死记硬背，但比起期末考试，他内化的东西可能就更多、效果可能更好、performance 可能更好。

R: 这可能与我们的学科的性质也有关系，你一次一次的考试，可能就帮助他内化这个知识了……

二、关于目标与标准的教师访谈

R: 我注意到您在第一节课用 ppt 的形式呈现了九种评价素养。这些素养目标是从什么地方来的？是你个人的经验总结，还是间接经验的总结，还是有具体的出处？

L: 出处有一些，比如说针对译员有一些行为准则，国家译协有一个。

R: 您是专门从中摘录出来的吗？

L：　还有一些就是我根据工作，你比如说双语基础这个都不用写，肯定在里头，百科知识都不用说了。像第七个，应勤查勤用词典，运用辞书就是根据实践。

R：　就是根据您自己的实践。

L：　嗯，一定要查。

R：　而且，这个好像在课堂实践中不断有强调。

三、关于信息收集的教师访谈问题

R：　您接触过一些关于如何选择翻译材料的研究吗？

L：　研究没有接触过。但我觉得翻译教学中最重要的方法就是鉴赏，我喜欢的教学方法是多译本比较……经验是通过学习别人。

R：　就是要精选那个例子就对了……

L：　例子最好是有很多人译过，像红楼梦，很多人都译过，而且译得都很好，我就会拿来比较。红楼梦我喜欢用，再就是随时会找一些新发生的事情，因为新发生，所以他翻译的时候可能就没那么多时间去仔细考虑，它就有它的缺陷，可以根据你学习过的方法来鉴赏它到底哪里翻译得不好。

R：　红楼梦可能比较好理解，它是一个经典的文本，有很多的经典的译本……可以展现高手是怎么做的。那为什么会选择新的材料？

L：　没有官方的译本，没有 authorized 的版本，我们不能说它有错，新的译本有它存在和翻译的合理性，但也可能有问题。选择这些新的东西有几个好处：首先，学生很喜欢新的东西；你讲旧的材料，比如红楼梦，红楼梦的东西离他们很远，再一个像文学翻译这种东西与他们未来的工作关系也不大。所以你需要关注当下发生了什么？这个有好几个目的：一个就是扩展词汇，有些词别人已经试着译过，有合理性，就可以借鉴，如果它译得有错，我们可以稍加修改，之后把它接收过来，这样学生的兴趣就会比较大。另外一个，离生活近对他们工作比较有帮助。这些译本，毕竟都是活着的话，在工作中还可以用。

R：　语言鲜活，学生兴趣更浓……

L：　这是翻译的两个极端，一极是学习经典译本，那就是经验，我们要不断地反思和比较学习这种经验。另外一极是关注现实的，目的是将你内化的学习的方法付诸实践，检验你的方法。

四、关于学习信息阐释和使用的教师访谈

R:　您在给学生的反馈中，时常强调身份目标和要求，您会说，作为职业译者，应该怎样，或作为英语专业的学生应该怎样。这是为什么呢？

L:　我会反复提醒他们，就是干砸一次，以后就别想有活。

R:　就是他的职业素养或他的职业身份对他是这样一个要求。

L:　这个在笔译课上，可能还不太明显，在口译课上比较明显，比如说他的着装，声音的控制，这些都是非语言的因素，你比如说你在翻译的时候你怎么去做，跟在翻译人的什么位置。这些怎么说呢？这些可能在教学大纲中是不会有的，教给口译的学生要怎么怎么样，但实际上和未来的工作又密切相关，所以必须要让学生知道。

R:　这个和现在口译教学的发展方向一样，他们现在好像是要强调从"翻译能力"改向"译者素养"，它可能内容就更广一点了。

附录 5　课堂录音转写

片段 1

"将译本与同桌交换，不要看原文，大声读一下你拿到的译文，在读不通的地方划线……"。（KT3: 14:32-15:00）

片段 2

"安全理事会、安理会负责……平时啊，大家有口译课，口译老师练的材料可能比较新。要紧跟时代，因为翻译这个东西每天都有新词不断出现，要及时关注。你比如说今年，如果我要出八级题的话，如果让我出的话，那咱们就出个 APEC 多好，刚在中国开吗，出个简短的 APEC 的介绍。"（KT7: 1:20:44-1:21:09）

片段 3

"一般文学散文篇章为主，今年关于国际政治的，13 年联合国题材属于一个例外，很难得，这个应该属于说明文，对吧？说明文的翻译难度很小。因为它的句式也好，用词也好，没有那么丰富。可是文学文体和散文，它的 figurative language 是不是很多啊，修辞性的语句很多，所以就难。接下来大家关注近五年国家政府工作报告，英译汉涉及散文、论说和评论，这三种文体，英译汉以散文为主，占 6/10，论说文占 3/10，时事评论最少，仅占 1/10。准备八级翻译还要做一些练习的，重点做这些文体，一周做一篇就可以了。从语域上来说，主要涉及人文历史诸方面。很少涉及科学技术，原因很简单，科技文体中大量的 glossary 没有办法进行转译。从内容上看，主要涉及人文、哲学思想和风俗习惯、城市和公共机构的介绍……"。(KT7: 1:33:00-1:35:00)

片段 4

"He shook his head and his eyes were wide, then narrowed in indignation.
他摇了摇头,两目睁得圆圆的,接着又眯成一条线,脸上露出了愤怒的神色。本来应该是眼神愤怒,但译成脸上露出了愤怒的神色,进行一个变化。原因很简单,就是要向着目标语的方向。我们之前讲过一个术语,大家还记得吧,叫作 domestication,就是本土化。就是你译出的目标语,一定要更符合它的 target language 的文化,这才是成功的翻译。"（KT8: 12:00-12:36）

片段 5

"Buckly was in a clear minority. Minority 什么意思啊？少数派。有些电影就翻译得莫名其妙，什么叫 Minority Report? Tom Cruise 主演的一部老电影，翻译成《少数派报告》，字面是这么译的啊，可以看那个电影名，你们能知道它是什么吗？少数的人？然后呢？人群。其实那是一个科幻片，和这个族裔没有关系。这个电影名的翻译就不好，大家记不记得我上次讲的 Lolita，那是一个很成功的案例。它翻译得就很文雅。这里的 clear minority 也一样进行了一个转移和拆分：这是明摆着的事实。最近中国的一个科幻小说不是挺火的吗，叫《三体》，你们有没有看到它的英文版本怎么翻译的啊？叫 three body？还是 bodies？就叫 three body。哇，为啥啊？所以要观察啊，多看看我们翻译的东西，挺有意思。还有下一个 United Nations Framework Convention on Climate Change《联合国气候变化框架公约》，也要加书名号吧，我没扣分，但要注意啊。我们是 professional translator，所以要体现你的 professionalism。好先休息一会。"（KT8: 15:45-17:23）

片段 6

"英语中的头衔啊，一般来说，口译老师可能会提一下这个，英文在口译的过程中，对官阶的翻译是一个非常敏感的事情。最怕把别人的级别翻低了。翻高了，他不会生气的，那比如我们回忆几个。我考大家几个。"

T: 主席。

S: chairman.

T: "还 chairman 呢？president。总理呢？premier。国务委员，国外没有的官阶，state councellor，比总理低一些比副总理高一些。部长是 minister。司局长，比处长高一点, director in chief。大家以后查一下，这些都是比较重要的，你们以后翻译这些东西都会碰到。"（KT8: 28:05 － 30:56）

附录 6 田 野 笔 记

人物：林老师、14 级英语专业学生 20 人
内容：第一章概述最后部分（译者素养）和第二章英汉语言对比开始部分
时间：10:10-11:50 a.m. 2014-9-11
地点：某校教室

时间	课堂内容	研究者观察与反思
10:10-10:20	呈现和分析 iPhone 广告语的台湾和大陆译本	教师开始上课时，没有紧接着上次第一堂课的内容，讲解译者素养，而是选择分享和讲解 iPhone 的翻译。iPhone 6 刚发布，教师选择了网上比较火的材料作为翻译教学材料。这个材料具有时效性，是当下热点。学生似乎很感兴趣，参与度很高。应该仔细分析教师到底传达了哪些有关翻译标准、技巧等的信息。可以在访谈中询问选文教师选择这个任务的原因
10:20-10:52	呈现和解释译者素养	列出了译者的素养，并对素养进行了解释和点评，主要是"教师说、学生听"的形式。有的目标，教师认为重要的，如扎实的双语基础；有的目标，教师认为超出学生能力范围，如高超的翻译技巧；有的目标，教师认为不言自明，如严肃认真的态度；有的教师认为比较实在，如勤查勤用字典。从教师对这些素养的评价来看，教师对这些素养有自己的看法，似乎有一套自我系统帮助教师筛选和过滤这些素养，形成在自己的课程中重视的目标。比如，教师似乎比较重视认知和技能目标。译者素养作为一种培养目标十分重要，应该在今后的课堂观察中，跟踪这些目标在评价过程中被运用的情况

10:52-11:15	呈现和英汉对比的基本知识概览：语系、文字＆发音、词汇和语法	这部分主要采用讲座的形式：教师讲学生听。形成性评价研究认为这样的形式不好，没有师生的互动。但是，研究者认为，如果教师讲得十分有趣抓人，学生在心中琢磨教师讲的内容，就算没有语言的交流，但也算是一种互动。另外，教师把英汉对比作为一个章节，说明教师任务英汉对比知识（双语）是翻译的基本能力，对其非常重视。可以进一步关注教师是怎样针对这部分的学习目标进行评价的
11:16-11:44	教师重点呈现并讲解了《天净沙·秋思》的不同译本，以解释英汉形合与意合的差别	教师强调每年都会用这个例子，因为它非常好地诠释了英文和中文在形合与意合方面的差异。教师强调每年都选择这个例子，说明教师在选择翻译文本的时候，是有自己的考量的，并不像一些研究者观察的那样，翻译教师的翻译文本选择非常随意。从这个例子看出，教师的选材的标准是，文本在多大程度上可以有效地反映教师想要学生掌握的学习目标。 此外，教师还对翻译方法进行了点评：原文没有动词，如果这样直接翻译外国人没法理解，翻译过来又韵味全无。这种讲评本身可以看作是一种标准的分享，它强调了翻译要保留原文的韵味
11:45-11:50	布置课后小测试的任务：三个句子的翻译	教师在布置作业的时候强调，虽然是翻译句子，但给分或评价是看词的翻译，教师已经把词划了出来。也就是说，教师向学生指出评价的重点

附录 7 研 究 日 志

研究日志
时间：2015 年 1 月 2 日
地点：某学术报告厅
事件：关于课堂评价的讲座

　　形成性评价简单来说，就是以形成性为目的的对评价的操纵。形成性的目的比较好理解，就是促进学生的学习和发展，当然对于什么是学习和发展，不同的时代也有不同的看法。存在争议较大的是评价，关于评价的定义也是五花八门，笔者认为比较接地气，与实践紧密练习的是陈老师的定义，评价为：工具、过程、事件和决定。但陈老师的定义忽略了评价最核心的特质，即标准。因为所有的工具、过程、事件和决定都与标准密不可分，都在标准的或明或暗的指导下进行。陈老师本人也认可，评价任务和教学任务最大的区别在于有没有标准（criteria）。因此，我认为形成性评价就是对评价过程的形成性的操作，特别是对标准的操作。有学者在区分形成性评价与终结性评价时也谈到了标准。所以，我个人认为，形成性评价研究的核心是研究（教师／学生）对标准的认识、理解，然后再看这些标准在工具、事件、过程和决定中是如何被运用的。

致　　谢

在过去近五年的博士学习生活中，想感恩的人有很多。

感谢我的导师罗少茜教授。在本书的选题上，是罗老师将我这个对"形成性评价"一无所知的门外汉，领入了形成性评价这个既有理论建构潜力，又与我关心的教学研究密切相关的研究领域，令我渐渐对它从产生兴趣、感到"着迷"，再到深信其研究价值，决心将其作为自己博士及后续研究工作的重心。在论文写作过程中，罗老师对我的研究方法和写作规范一再"苛刻"地要求，使我这个英语语言文学专业的毕业生，逐渐熟悉了应用语言学领域的研究方法和写作思路，逐渐感受到了质性研究的魅力和"门道"。在个人成长上，是罗老师鼓励我在专业阅读之外多阅读人文社科方面的经典，提升人文素养，开拓眼界。虽然这些阅读与我博士研究的内容无关，甚至占用了不少研究时间，但却让我能以平和、积极的心态面对博士研究期间的种种挑战和问题。此外，对于我在为人处世方面的任性与不周之处，罗老师亦给予了包容和提点。在个人生活方面，是罗老师时常提醒我兼顾学习与生活，让我感受到了家庭般的温暖，对学术界更增添了一份归属感。

感谢参加我博士论文预答辩的田贵森教授、周燕教授、范文芳教授、张政教授以及林敦来副教授。他们的真知灼见，为我的论文修改理顺了思路、指明了方向。

感谢我的博士同学们。他们给我提供了许多研究上的启发、学术方面的信息以及技术方面的帮助。感谢林敦来同学同我分享了许多评价研究方面的资料和研究心得。感谢师姐颜奕为我提供了许多质性研究方面的讲座信息，她对质性研究的思考，令我受益匪浅。

感谢我的家人和朋友。博士研究工作要求高强度的时间和精力的投入，研究与生活的界限模糊，昼夜不分，全年无休。陪伴家人与朋友的时间被压缩，承诺父母的年度旅行计划已两年没有兑现，亲人与朋友的活动邀约多次被我无情拒绝。感谢你们并没有因此心生抱怨，反而在情感和行动上给了我更多的支持与帮助。

感谢我的好运气。很多人比我聪明，比我努力，比我够坚持，比我够义气，却在求学和生活的道路上比我经历了更多的艰辛和坎坷。何其有幸，我遇到了如此优秀、真诚、善良的导师与同学、家人与朋友，在学习与生活中给了我这么多无私的扶持与帮助。冥冥之中我一定是有好运眷顾，对此心怀感恩，从而以更加真诚的态度工作与生活，才能报之一二。

黄剑

2016 年 10 月 15 日